Claude Marie Guyon

Geschichte derer Amazonen

Claude Marie Guyon

Geschichte derer Amazonen

ISBN/EAN: 9783743656512

Hergestellt in Europa, USA, Kanada, Australien, Japan

Cover: Foto ©ninafisch / pixelio.de

Weitere Bücher finden Sie auf **www.hansebooks.com**

Vorbericht des Uebersetzers.

Es ist ohnstreitig die Geschichte derer Amazonen in denen ältern und neuern Zeiten, Einer derer merkwürdigsten und angenehmsten Theile der Geschicht-Kunde. Ich habe daher durch gegenwärtige Uebersetzung eines gelehrten, und diese, zum Theil bisher in Verwirrung und Dunkelheit gebliebene Materie, in ein helles Licht setzenden, Werkes, welches sich in seiner Urschrift etwas selten gemacht hat, denen Liebhabern der Geschichte, und Gelehrsamkeit, keinen unangenehmen Dienst zu erzeigen geglaubet; und der Herr Verleger hat ebenfalls, in dieser Absicht, an der äussern Schönheit und Zierde des Werkes nichts ermangeln lassen.

Wegen der unübersetzt gelassenen Stellen derer in denen Anmerkungen angeführten lateinischen Dichter, glaube bey denenjenigen Lesern, die nebst mir, eine gegen einen jeglichen Dichter in seiner Sprache, geziemende Hochachtung besitzen, gerechtfertigt zu seyn. Es haben, meines Erachtens, vornemlich die lateinischen Dichter eigene Schönheiten, welche auch durch die glücklichste Uebersetzungen, verunzieret werden, oder gänzlich verschwinden. Diejenige Leser, welche die gelehrte Sprache nicht verstehen, werden durch den in der Abhandlung selbst mehrentheils befindlichen wesentlichsten Innhalt ihrer Gedanken, schadlos gehalten.

Sollte jemand etwa bey Gegeneinanderhaltung der Uebersetzung mit der Urschrift, bey Anführung derer in denen Anmerkungen angewiesenen Stellen, einen Unterschied finden, so müsse er mich keines Versehens beschuldigen, indem ich bey eigener Nachschlagung derer meisten Schriften, worauf sich der Herr Verfasser bezieht, die mehresten Stellen unrichtig angeführt gefunden, und solchergestalt in der Uebersetzung berichtiget habe.

D. Jo. Ge. Krünitz.

Innhalt dieses Werkes.

Historische Vorrede des Herrn Verfassers, von berühmten Regentinnen.

Geschichte derer Amazonen,
Erster Theil.

Das erste Kapitel,
Von der Benennung und Würklichkeit derer Amazonen,   Seite 1

Das zweyte Kapitel,
Von dem Ursprunge, dem Zeit-Alter, und denen Sitten derer Amazonen,   48

Geschichte derer Amazonen,
Zweeter Theil.

Das dritte Kapitel,
Von der Kleidung, und denen Waffen derer Amazonen,   69

Das vierte Kapitel,
Von denen Kriegen derer Amazonen,   86
Erster Abschnitt. Der erste Krieg der Amazonen,   87
Zweeter = = zweete = 103
Dritter = = dritte = 108
Vierter = = vierte = 112
Fünfter = = fünfte = 124

Das fünfte Kapitel,

Von denen Denkmählern der Amazonen, in den verschiedenen Ländern, welche sie bewohnet haben, = = S. 134

Erster Abschnitt. Die Stadt und Gegend Themiscyra = = 136

Zweeter = Ephesus, und der Tempel der Dianen, = = 141

Dritter = Die Stadt Smyrna, nebst denen umliegenden Gegenden, 158

Vierter = Die Stadt Thyatira, 166

Fünfter = Myrine, Cuma, Paphos, und andere, = = 167

Das sechste Kapitel,

Von denen Gräbern, oder Grabmählern derer Amazonen, = = 171

Das siebente Kapitel,

Von der denen Amazonen wiederfahrnen göttlichen Verehrung, = = 178

Das achte Kapitel,

Von dem Zeit-Alter, und der Dauer derer Amazonen, = = 183

Das neunte Kapitel,

Von denen fremden, oder neuern Amazonen. 191

Histo-

Historische Vorrede
des
Herrn Verfassers.

Ein gewisser Zeitraum von müßigen Stunden, hat gegenwärtige Geschichte derer Amazonen veranlasset. Mir war zwar nicht unbekannt, daß bereits drey Schriftsteller sich mit dieser Materie beschäftiget haben; die Art aber, wie sie selbige abgehandelt, hat mich bewogen, sie aufs neue vorzunehmen. Die Dissertation des Gorop ist das Werk eines pedantischen Gelehrten, welches voll seltsamer Vorstellungen, und wunderlicher Wortforschungen ist. Weit mehr Ordnung, Vernunft, und Gelehrsamkeit, findet man in der Schrift des Herrn Petit; beyde aber

aber sind in lateinischer Sprache abgefaßt, und sind folglich nur von wenigen zu nutzen. Das Werk dieses gelehrten Arztes ist von einem Holländer, welcher die französische Sprache blos in den Niederlanden erlernet hatte, übersetzet worden; wie es sich denn dieserhalb auch nicht anders, als mit Widerwillen, lesen läßt.

Die Schreibart einer Dissertation, ist nicht nach eines jeden Geschmacke. Auch selbst diejenige, welche, selbige zu verstehen, im Stande sind, begreife ich mit darunter. Es ist unendlich leichter, in Gestalt einer Dissertation zu schreiben, als dieselbige Materie in eine französische Geschichte, welche denen mehresten Lesern gefalle, zu bringen. Zu der erstern gehört nichts weiter, als einige, mehr oder weniger natürliche, Verbindungen, wodurch man Stellen auf Stellen, griechische, oder lateinische, zusammen häuft, welche der Verfasser, so wie er sie in denen Urschriften findet, abschreibt. Dergleichen Arten von Abhandlungen sind bald zusammen gebracht, wann einem nur die Quellen ein wenig bekannt sind. Man kann aber selbige mit denen Materialien eines Gebäudes vergleichen. Es gehört Mühe dazu, selbige

zusam=

zusammen zu bringen; und sie bleiben so lange unnütz, und liegen zur Last, bis sie die Hand des Künstlers verarbeitet hat; und eben dieses letztere ist das schwerste. Wie viele haben ihr ganzes Leben hindurch nichts gethan, als Nachrichten zusammen gesucht, von denen niemals, weder in Ansehung ihrer selbst, noch anderer, der geringste Gebrauch hat gemacht werden können. Dergleichen lateinische Dissertationen demnach, sind vor das gemeine Wesen wenig nutzbar, ohnerachtet sie öfters gar wichtige Materien in ein Licht setzen. Eine Französische Geschichte sieht nicht so gelehrt aus, und ist doch weit schwerer zu verfertigen. Es kömmt dabey nicht auf eine blosse Ausschreibung verschiedener Stellen aus denen Alten an; sondern, man muß selbige mit Verstande übersetzen; das Unnütze, oder nicht zur Sache gehörige, ausmerzen; das Wahre von dem Falschen absondern; die würkliche Begebenheiten neben einander in Ordnung bringen; die widersinnige Stellen zusammen schmelzen, selbige gehörig einkleiden, in eine natürliche und fliessende Erzählung bringen; und den Leser durch die Annehmlichkeiten und Zierlichkeit des Vortrages gewinnen. Dieses sind die Pflichten eines

eines Geschichtschreibers, welche sich sehr schwer, bis zu jenem Grade der Vollkommenheit, als die Feinheit des gegenwärtigen Jahrhunderts erfordert, erfüllen lassen. Jedoch, wer wird alle diejenige Gemählde, welche von keinem Apelles verfertigt sind, darum wegwerfen?

Ich habe gegenwärtige Geschichte derer Amazonen lieber kürzer fassen, als mich der Gefahr aussetzen wollen, selbige durch kritische Untersuchungen, und Erörterungen, welche höchstens nur vor den Geschmack derer Gelehrten gewesen wären, trocken, und unangenehm zu machen. Das Wenige, so etwa in selbiger vorkommen mögte, wird hoffentlich die Folge der Erzählung nicht unterbrechen, oder verwirren. Es kömmt selbiges blos unten auf denen Seiten vor, woselbst ich meine Quellen, und Gewährmänner angeführt habe; und wodurch ich habe zeigen wollen, daß ich in einer Sache, welche sehr viele, mehr aus Vorurtheil, als wegen vorhergegangener gründlichen, und redlichen Untersuchung, für fabelhaft ansehen, nichts von mir selbst erdacht habe.

Diese

XI

Diese vorgefaßete Meynung, wodurch man fast durchgängig gegen die Würklichkeit derer Amazonen eingenommen ist, ist der erste Bewegungsgrund gewesen, welcher mich zur Verfertigung ihrer Geschichte vermogt hat. Man kann sich nicht vorstellen, daß es dergleichen berühmte Heldinnen, so wie man sie abschildert, jemals in der Welt gegeben haben sollte; dieweil man theils in Ansehung alles dessen, was uns die Alten von ihren Kriegen, und Staats-Verfassungen schriftlich aufbehalten haben, gänzlich unwissend ist, theils auch selbiges für blosse poetische Erdichtungen ansieht: und mithin behauptet man, daß alles, was uns die besten Schriftsteller, und die unstreitigsten Denkmähler davon berichten, grundfalsch sey. Die Quelle, woraus dergleichen nachtheilige Vorstellung fließt, ist leicht zu entdecken. Ich halte es aber für eine Ungerechtigkeit, ein ganzes Geschlecht, wegen besonderer und persönlicher Schwachheiten, zu verurtheilen, und zu verachten.

Wäre selbige dermassen allgemein, daß nicht die geringste Ausnahme davon statt fände, so müßte man auch alles, was wir in denen Geschichten der mittlern und neuern Zeiten,

von

von Prinzeßinnen lesen, welche blühende Königreiche und Länder, mit einer Weisheit, die sie mit denen grössesten Fürsten in Eine Reihe setzt, und dazu noch in ausserordentlich verworrenen (kritischen) Zeitläuften, beherrschet haben, läugnen. Gegenwärtige Vorrede ist bestimmt, einige Beyspiele davon aufzuführen, um dadurch zur Geschichte derer Amazonen vorzubereiten, und zu zeigen, daß dasjenige, was man davon berichtet, die Grenzen der Wahrscheinlichkeit im geringsten nicht überschreite.

Die Kaiserinn Irene.

Es hatten sich über das Morgenländische Reich die fürchterlichsten Ungewitter zusammen gezogen, als die Kaiserinn Irene den Thron von Constantinopel bestieg. Innerlich richtete die Ketzerey derer Bilderstürmer die entsetzlichste Unruhe an, welche zween hitzige Kaiser, mit einer Wuth, welche ihres gleichen nicht hatte, eingeführt, und durchgesetzt hatten; und die Furcht vor erschreckliche Leibes- und Lebens-Strafen, welche man alle Tage erneuerte, die Unwissenheit, und die Hofnung, sich bey dem Fürsten in Gunst zu setzen, hatte ungemein viele

Gemü-

Gemüther verwildert. Drey von der Kirche abtrünnige Patriarchen, und eine Menge von Bischöfen, waren die eyfrigsten Beförderer dieser Ketzerey. Kein Laster ward so streng, als die denen Heiligen, und deren Bildern, gehörig erwiesene göttliche Verehrung, bestrafet. Aeusserlich waren fürchterliche Feinde, welche die beste Provinzen des Reiches wegnahmen. Die Lombarden hatten seit kurzem alles, was noch in Italien übrig war, an sich gerissen; und die Saracenen griffen im Orient immer weiter um sich; so, daß sie zuweilen sogar bis vor die Thore von Constantinopel kamen, und dem Kaiser Trotz boten.

Irene führete Frieden in die Kirche, und Ruhe in den Staat ein. Ich will anjetzt nur einen kurzen Auszug dessen, was ich davon in einem andern Werke (*) gemeldet habe, hieher setzen. Nach dem Tode des Leo Porphyrogeneta, wußte diese, in der Kunst, die Gemüther zu regieren, und sie zu ihren Absichten zu lenken, geschickte Prinzeßinn, die Gunst derer Grossen

(*) Im XI Th. der unter dem Namen *Laurens Echard* von mir herausgegebenen Histoire Romaine Byzantine.

XIV

Grossen zu gewinnen. Selbige riefen sie, nebst ihrem Sohne Constantin, welcher damals neun Jahre alt war, zur Kaiserinn aus, und ersuchten sie, das Ruder des Reiches in ihre Hand zu nehmen. Nachdem sie sich auf den Kaiserlichen Thron gesetzet hatte, war sie gleich anfänglich darauf bedacht, ihr Ansehen zu bevestigen, und legte den Grund zu einer Herrschaft, welche sie, nach ihrer Absicht, weit über die Jahre ihrer Regierung hinaus zu setzen, und nicht eher, als mit dem Tode, zu verlassen, gedachte. Sie war dahinter gekommen, daß einige Rathsherren auf Mittel bedacht wären, den Purpur dem Nicephor, Bruder des Leo von Isaurien, zu übertragen. Sie ließ selbige mit Ruthen streichen, und verwies sie ausser Landes, nach verschiedene Inseln, um ihre Anschläge zugleich mit ihnen zu zerstreuen. Sie ließ zweene Vetter des jungen Kaisers in Priester einkleiden, dieweil man den Verdacht auf sie hatte, daß sie nach der Krone trachteten. Sie war sorgfältigst darauf bedacht, wie sie ihre grosse Hochachtung gegen die Bilder zu Tage legen, und die Zuneigung des Volkes, welches nach einer sanftern Regierung, als die vorhergehenden gewesen, seufzete, immer mehr

und

und mehr verdienen mögte. Es gelüng ihr auch hierinn, so wie in andern Stücken; und sie ward, wegen ihrer glücklichen Unternehmungen, als eine Fürstinn, welche über Römer zu gebieten würdig wäre, angesehen.

Die grausamsten Feinde des Reiches, fürchteten sich vor ihr, selbst in dem Innersten ihres Pallastes. Wegen der geschickten Auswahl, die sie in Ansehung dererjenigen, denen sie das Obergebiet (Commando) ihrer Armeen anvertrauete, zu treffen wußte; und wegen der weisen Befehle, die sie ihnen ertheilete, konnte ihr niemals der Sieg entgehen. Elpid, Statthalter von Sicilien, bewegete die ganze Insel, bey seiner Ankunft daselbst, zum Aufstand. Irene schickte den General Theodor gegen ihn. Dieser schlug die Aufrührer, zwang sie, sich wiederum zum Gehorsam zu bequemen; und nöthigte ihren Anführer, sich in Eil zu denen Afrikanischen Saracenen zu begeben; welche ihn mit Ehren aufnahmen. Diese Völker, welche allemal sehr aufmerksam darauf waren, sich die geringste unruhige Veränderungen, welche sich in dem Reiche ereigneten, zu Nutze zu machen, waren in die Länder von Klein-Asien eingebrochen, woselbst

sie

sie verschiedene Oerter mit Gewalt eingenommen, und entsetzliche Verheerungen angerichtet hatten. Irene schickte eine mächtige Armee gegen sie, welche sie auf das Haupt schlug, und den Califen Mohadi, zwang, um Frieden zu bitten.

Hierdurch bekam die Kaiserinn Luft, daß sie nunmehro ihre Waffen gegen andere, nicht so fürchterliche Feinde richten konnte. Die Sklavonier waren bis nach Thessalien, und Griechenland, vorgedrungen, allwo sie sich derer besten Plätze bemächtiget hatten. Irene nahm ihnen, in einem Feldzuge, alle diese Vortheile, welche sie niemals zu verlieren glaubten, wieder ab. Sie schickte den Edlen (Patricius) Staurax, welcher ein so grosser Feldherr als eyfriger Unterthan war, gegen sie. Nachdem dieser selbige in verschiedenen Scharmützeln geschlagen hatte, verfolgte er sie bis an ihre Grenzen, und kam mit der ihnen abgenommenen Beute beladen, und in einem Gefolge von einer zahlreichen Menge Gefangenen, nach Constantinopel wieder zurück. Zur Belohnung seiner Tapferkeit, und die oberste befehlshabende Officierer zur Nacheiferung zu ermuntern, ließ ihn die Kaiserinn mit allen Ehrenbezeigungen im Triumph einhohlen. Bey

Bey so vielen nach einander erfolgten ansehnlichen Glücks=Umständen, gerieth sie auf die Gedanken, vor den jungen Kaiser, um die Tochter Carls des Grossen, den eine Menge von Siegen, zum grössesten Monarchen, den jemals die Französische Nation besessen, gemacht hatte, anzuhalten. Sie hoffete, durch diese Verbindung, dasjenige, was ihr die Lombarden in Italien weggenommen hatten, wiederum an das Reich zu bringen. Carl nahm den Antrag der Kaiserinn mit Freuden an. Selbige ward aber, bey nachmaliger Bedenkung ihres eigenen Nutzens, wieder andern Sinnes, und verheyrathete den Kaiser an eine junge Armenerinn, welche zwar überdas schön, aber von niedrigen Herkommen war, und wenig Verstand hatte: in Hofnung, selbige beständig in Hochachtung, Furcht, und Untergebenheit zu erhalten.

Ohnerachtet sie sich gänzlich und allein mit denen Staats=Sachen zu beschäftigen schien, so war sie doch auch eben so sehr auf die Religions=Angelegenheiten bedacht. Da soviel Blut wegen der Einführung des Irrthums hatte vergossen werden müssen; hielt es auch um soviel schwerer, einen jeden wiederum zur

Warheit zu führen. Die mehresten Bischöfe, oder Grossen des Reiches, welche die Ketzerey des Leo, und seines Sohnes, Copronymus, angenommen hatten, waren zuletzt der vesten Meynung, daß der Bilderdienst etwas Abgöttisches an sich habe; oder hielten es sich auch wohl für schimpflich, zu wiederrufen. Irene traf ein weises Mittel, welches niemanden erbittern konnte, und die Gemüther, gleichsam von selbst wieder auf andere Gedanken lenken muste. Sie ließ einem jeden die Freyheit, seinem Gewissen, und seinen Einsichten, in Ansehung der gegenwärtigen Mißhelligkeiten, zu folgen, und hob das Verbot, welches Copronymus, wegen Annehmung des Mönchstandes, hatte ergehen lassen, auf. Sie machte sich die letztere Gesinnungen des Pauls, Patriarchen zu Constantinopel, welcher vor seinem Tode dem Irrthum absagete, zu Nutze; und erwählte an seine Stelle den Tharasius, welcher denen Lehrsätzen der Kirche unverrückt anhieng, und es nicht anders, als mit dem Bedinge, daß man eine allgemeine Kirchen=Versammlung anstellen mögte, annahm. Sogleich ließ die Kaiserinn dieserhalb ein Schreiben an den Pabst Adrian, und einen Befehl an sämmtliche Morgenländi=

ländische Bischöfe ergehen, sich nach Constantinopel zu verfügen. Als man aber zur Eröfnung der Versammlung schreiten wollte, hetzeten die Officierer, welche durch die Bilderstürmer unter denen Bischöfen dazu aufgebracht worden waren, die Soldaten an, die Versammlung derer Catholicken zu verhintern. Sie traten mit bewafneter Hand in die Kirche, und droheten, den Patriarchen, nebst denen rechtgläubigen Prälaten, um das Leben zu bringen, wofern sie in denen einmal vestgesetzten Verordnungen die geringste Veränderung vornehmen würden. Sie scheueten sich nicht einmal, selbst vor der Gegenwart des Kaisers, und der Kaiserinn, welche sich in ihrem gewöhnlichen Stuhle befanden; sie sprachen der Wache, welche, um sie in Verhaft zu nehmen, abgeschickt worden war, Hohn; und hielten die Haltung der Kirchen-Versammlung, beynahe acht Monate lang, zurück. Irene fand es nicht für rathsam, zur Bestrafung der Aufrührer sich ihres Ansehens zu bedienen; sondern gedachte lieber so lange an sich zu halten, bis sich ihre Wuth gelegt hätte. Als sie aber sahe, daß die Unbändigkeit doch noch anhielt, verlegte sie die Kirchen-Versammlung nach Nicäa in Bithy-

b 2 nien,

nien, woselbst der Irrthum durch ihre Vermittelung abgeschaffet, die Warheit erkannt, und der Kirchen=Friede wieder hergestellet wurde.

Ich kann es zwar nicht verhehlen, daß Irene einige Jahre nachher, durch die traurige Folgen des Ehrgeitzes, dem sie sich ergab, um ihren Ruhm kam. Bis zu diesem unangenehmen Unfall aber, hatte sie sich in Ansehung der Weisheit, Klugheit, und Geschäftigkeit ihrer Regierung, denen Fürsten, welche wir auf das höchste erheben, gleich gesetzet.

Die Kaiserinnen Zoe und Theodore.

Der Scepter des morgenländischen Reiches, kam zum zweytenmal in die Hände zwoer Frauenzimmer, bey denen es nicht das geringste von seiner Macht und Ansehen einbüssete. Ohnerachtet Zoe, und Theodore nicht ohne Fehler waren, so regiereten sie doch auf eine anständige Art, und das Volk war mit ihrer Herrschaft vollkommen zufrieden. In der Zeit, da sie das gemeinschaftliche Regiement führeten, merkte man, daß in dem Pallaste alles mit solcher Anständigkeit, Ordnung, und Hochachtung vorgenommen wurde, als wann ein grosser

ſer Fürſt auf dem Throne geweſen wäre. Die Leibwacht war eben ſo zahlreich, und ordentlich. Der Hofſtaat war es nicht minder. Man gab auf die gewöhnliche Art Gehör: wobey einem jeden, ohne Anſehen der Perſon, Gerechtigkeit wiederfuhr. Mit denen Abgeſandten ward auf eben die Art umgegangen. Die Rathsherren, und Obrigkeitliche Perſonen machten ordentlich ihre Aufwartung; und erhöheten das majeſtätiſche Anſehen des Thrones. Man verſpürete weder Neid, noch Eiferſucht zwiſchen denen beyden Kaiſerinnen.

Theodore nahm den Conſtantinus Monomachus zum Gemahl; überlebete ihn, und ſahe ſich allein im Beſiz der Krone. Weil ſie damals bereits über ſiebenzig Jahre alt war, wollte man ſie bereden, daß ſie ſich jemanden erwählen mögte, der den Purpur tragen, und die Regierungs-Laſt mit ihr theilen könnte. Sie nahm es aber ſehr übel, daß man ſie nicht mehr für tüchtig halten wollte, das Ruder des Reiches annoch veſt zu halten; und that daher, um das Gegentheil zu beweiſen, mehr, als ihre Kräfte erlaubten, ohnerachtet ſie einen viel faſſenden Geiſt hatte, der ſich überall zurecht finden

finden konnte. Sie ließ sich einige Stunden lang, ohne ermüdet zu scheinen, sprechen: nahm die Gesandten an; hörete eine jede Privatperson mit Aufmerksamkeit an; antwortete auf ihre Anfragen; und schlichtete die unter selbigen entstandene Mishelligkeiten, nach Billigkeit. Zu keiner Zeit, ist die Kunst, sich sowohl in Furcht als Liebe zu setzen, auf eine glücklichere Art von jemanden mit einander verbunden worden. Die Staabs-Officierer leisteten ihren Befehlen vollkommenen Gehorsam; und die Truppen waren allemal auf ihren Wink bereit. Die Türken, welche sich vor den Monomachus, Ueberwinder derer Patzinacken nicht gefürchtet hatten, getraueten sich nicht, den Boden des Reiches, welches von einem Frauenzimmer beherrschet wurde, zu betreten. Das Volk liebete sie, wegen ihrer Gerechtigkeits-Liebe, und sanften Regierung. Man wünschte, daß selbige nur eher angefangen hätte, und man sich eine lange Dauer derselben mögte versprechen können. Sie starb aber bereits in dem zweyten Jahre einer so glücklichen Regierung.

Die Königinnen von Engelland in denen nächst verflossenen Jahrhunderten.

Engelland, welches das Frauenzimmer nicht für unwürdig, den Scepter in ihrem eigenen Namen, und eigenhändig zu führen, erkannt hat, hat an selbigen eben soviel Klugheit, Staatskunst, Geschicklichkeit, Scharfsinnigkeit, Stärke und Grösse der Seelen, als es jemals an denen grössesten Königen, seit dem Anfange der Englischen Monarchie an, gefunden hat, erfahren. Ich will nur blos diejenigen, welche in denen letztverflossenen Jahrhunderten regiert haben, und mithin am bekandtesten sind, anführen.

Margarethe von Anjou.

Als ein Theil von Frankreich unter Englischer Bothmäßigkeit, wegen der daselbst vorgenommenen feindlichen Einfälle, und Verheerungen, stand; veranstaltete man einen Wäffenstillstand zwischen denen beyden Kronen; und es ward selbiger durch die Heyrath der Margarethe von Anjou, Tochter des Renatus von Anjou, welcher den Titul eines Königes von Sicilien führete, bestättiget. Selbige vermählte sich mit Heinrich dem sechsten, Könige von Engelland. Sie war eine Nichte der Königinn von Frankreich, welche Carl den siebenten, den Siegreichen genannt, zum Gemahl hatte. Der Graf von Suffolk, welcher diese Vermählung vermittelte, suchte eine Prinzeßinn, von ausnehmenden Vorzügen, und Verstande, welche der Unfähigkeit Heinrichs, ihres Gemahls, zu Hülfe kommen könnte; und traf diese Eigenschaften bey der Margarethe von Anjou an. Es war selbige von lebhaften, muthigen, durchdringenden, und gesetzten Geiste, welcher sich weder durch die Hinternisse, noch Schwierigkeiten, die sich ihm, bey der Ausführung eines Vorhabens, im Wege stellen onnten, abschrecken ließ.

Ohnerachtet ihr Vermählungs-Fest, bereits im Monat November 1444, zu Tours, durch einen Bevollmächtigten vollzogen wurde, so begab sie sich doch erst im Maymonate des folgenden Jahres nach Engelland. Sobald sie die Gemüthsart des Königes kennen gelernt hatte, nahm sie selbige gar bald unter ihre uneingeschränkte Gewalt, und verband sich auf das genaueste mit dem Grafen von Suffolk,

dem

dem Cardinal von Winchester, und dem Erzbischofe von York, als welche sie ihres Zutrauens würdig, und zu ihrer Behauptung gegen den Herzog von Glocester, für geschickt erkannte, welcher sich ihrer Vermählung widersetzet hatte, und in dem Königreiche sowohl, als in Frankreich, woselbst er als Reichs-Verwalter, oder Königlicher Statthalter (Unter-König) derer eroberten Länder anzusehen war, sehr hoch angeschrieben stand. Dieser mächtige, und eifersüchtige Mitbuhler der Krone, begab sich nach Engelland zurück, und erregte einen fürchterlichen Aufstand gegen die Königinn. Das Volk zu London stand eben in Bereitschaft, sie mit gewafneter Hand, aus dem Palaste, und der Stadt zu jagen, als der Herzog in dem Gefängnis, worein ihn die Königinn hatte setzen lassen, todt gefunden ward. Man stellete ihn einige Tage lang vor dem Ober- und Unterhause des Parlements zur Schau; und fand, bey aller angestellten Untersuchung, nicht das geringste Merkmahl einer Gewaltthätigkeit an seinem Körper. Indeß glaubte man doch gewiß, daß er auf Befehl der Margarethe und ihrer Minister, hingerichtet worden sey. Sie verlohr, einige Zeit nachher, zweene von denen=

denenselben, nemlich den Cardinal, und den Grafen von Suffolk, welcher einen ungemein offenen Kopf hatte.

Bey erfolgtem Tode des Herzoges von Glocester, als des nächsten Kron=Erben, bekam der Herzog von York Hofnung, dazu gelangen zu können, indem er von der regierenden Linie war. Da man gegen die Königinn gar sehr eingenommen war, entschloß er sich, sich von denen Rebellen eine Armee zu errichten, stellete sich an die Spitze derselben, und gieng damit vor die Thore von Londen, welche ihm, nach erfolgter Niederlage der Truppen des Königs, geöfnet wurden. Eine Art von Versöhnung, welche getroffen wurde, hob zwar das Geräusch der Waffen auf, verminderte aber im geringsten nicht den Haß, und die Ehrbegierde des Herzoges. Die Königinn, welche hinter sein Vorhaben gekommen war, widersetzte sich demselben aus allen Kräften, sowohl ihres eigenen Nutzens wegen, als auch zum Besten des Königes, und des Prinzen, seines Sohnes.

Nachdem sie solchergestalt ihres Anschlages, in Ansehung der Person des Herzoges, den sie

nebst

nebst seinen Anhängern in gefängliche Verhaft hatte nehmen lassen wollen, verfehlet hatte, stellete sie sich, als ob sie sich vor ihn fürchtete; und entwich nach Schottland. Der Herzog machte sich ihre Abwesenheit zu Nutze, und ließ sich unterdessen von dem Parlamente, und mit Einwilligung des Königes Heinrich, zum Thronfolger erklären. Als er aber in seinen Hofnungen am vestesten zu stehen glaubte, und, eine unumschränkte Gewalt auszuüben, den Anfang machte, erhielt er die Nachricht, daß die Königinn, nebst dem Prinzen, ihrem Sohn, und einer Armee von achtzehn tausend Mann, welche sie persönlich anführete, bereits an der Grenze von Engelland wäre. Sogleich brach er von London, mit vier bis fünf tausend Mann, auf, indem er glaubte, daß diese Anzahl bereits hinreichend wäre, die Prinzeßinn aufzuhalten. Die Nachrichten, welche ihm, gleich in denen erstern Tagen seines Marsches hinterbracht wurden, lehreten ihn, daß er sich sehr betrogen habe. Er sahe kein ander Mittel weiter vor sich, als sich, in sein Schloß zu Sandalien, welches so gut, wie eine starkbevestigte Burg war, zu werfen. Die Königinn begab sich eilends dahin; ließ den besten Theil ihrer Armee hinter einem Hügel

gel stehen, und rückete bis an die Mauren von Sandalien vor, woselbst sie dem Herzoge Hohn sprach, ihm drohete, ihn herausfoderte, und es ihm zur Schande rechnete, daß ein Mann, wie Er, welcher nach der Krone strebete, sich von einem Frauenzimmer habe einsperren lassen. Da sie aber keine Artillerie bey sich hatte, gereichte es ihr zum grössesten Verdrusse, daß sie den Platz nicht angreiffen, oder die Gewalt, darinn sie ihn hatte, sich nicht zu Nutze machen konnte. Der Herzog, entweder aus Erbitterung über die schmerzlichst beschimpfende Vorwürfe, welche sie ihm jeden Tag machte, oder aus Mangel der Lebensmittel auf seinem Schlosse, begieng die Unbesonnenheit, sich aus selbigem heraus zu begeben, und es mit denen wenigen Truppen, die er hatte, auf eine Schlacht ankommen zu lassen. Es wurden selbige gänzlich geschlagen; und Er selbst büssete, mit denen Waffen in der Hand, sein Leben ein. Ein Officierer, welcher seinen Körper unter denen Todten gefunden hatte, hieb ihn den Kopf ab, und brachte selbigen zur Prinzeßinn, welche ihn auf eine Lanze auffstecken, und auf denen Mauren von York zur Schau auffstellen ließ.

Der

XXIX

Der Graf de la Marche, Sohn des Herzoges, befand sich eben damals in der Provinz Wàllis, an der Spitze von zwanzig tausend Mann, die er seinem Vater zur Hülfe zu führen in Bereitschaft setzete. Als er die Nachricht von seinem Tode erhielt, fassete er den Entschluß, selbigen zu rächen, und sollte es auch sein eigenes Leben kosten. Als ihm hinterbracht worden, daß die Königinn von der Seite von London, im schnellen Marsche anrückte, kam er ihr daselbst zuvor, ließ sich die Stadt-Thore öfnen, und wiegelte die Gemüther des Volkes dermassen gegen die Prinzeßinn auf, daß es sich öffentlich wider selbige erklären muste. Er berief den grossen Rath, welcher aus allen Bischöfen, weltlichen Herren, Edelleuten, und Obrigkeitlichen Personen, so in London befindlich waren, bestand, zusammen. Eduard, sein älterer Bruder, machte demselben die Rechts-Ansprüche, die er auf die Krone hätte, vorstellig; und da sich niemand ihm zu widersprechen unterstand, ward er vor den rechtmäßigen Besitzer erkläret, und der König Heinrich entthronet.

Es begab sich selbiger, nebst der Königinn, nach Schottland, welche daselbst binnen wenig Tagen, eine Armee von sechzig tausend Köpfen

Köpfen zusammen brachte. Sie konnte aber mit aller ihrer Herzhaftigkeit, Anstalten, und Geschicklichkeit, gegen den Eduard, welcher die ganze Macht, und die gesammte Hülfsmittel des Königreiches in seinen Händen hatte, länger nichts ausrichten; sondern fiel ihm endlich in die Hände, und wäre in dem Tower zu London umgekommen, wofern sie nicht der König Ludwig der Eilfte aus selbigem erlöset hätte. Man muß die Personen der Fürsten durchaus nicht nach ihrem Ruhme, oder ihrer Erniedrigung, beurtheilen: sondern sie an und vor sich selbst, und nach denen kritischen Zeitumständen, betrachten. Nach diesem Grundsatze, ist niemand des Thrones würdiger, als Margaretha von Anjou, gewesen, und niemand hat die Unglücksfälle, welche ihrer Laufbahn ein Ende gemachet, weniger verdienet, als eben sie.

Johanne Gray.

Man kann ihr in diesen Stücke, die berühmte, und unglückliche Johanne Gray, welche in Ansehung ihrer Gesinnungen, in der Geschichte ihrer Zeit, ihres gleichen nicht gehabt hat, beygesellen. Es war selbige eine Enkelinn

der

der Marien, Schwester Heinrichs des Achten, Königes von Engelland; und eine Tochter des Herzoges zu Suffolk, Heinrich Gray: welche sie, zu ihrem Unglück, nach denen Sätzen der vorgegebenen Reformirten Religion hatten unterrichten lassen. Eduard der Sechste, welcher eben diesen Irrthümern sehr stark zugethan war, mogte lieber seine beyde Schwestern, Marien, und Elisabeth, unrechtmäßiger Weise, um das Recht, welches sie an die Krone hatten, bringen, als vor ihre Erziehung mit sorgen, indem sie Catholisch waren. Er zog ihnen die Johanne Gray vor, welche einiger maßen von dem königlichen Geblüte entfremdet war. Als er sich von der Krankheit, daran er sterben muste, befallen sahe, und keine männliche Erben nachließ, erklärete er sie zur Thronfolgerinn; und es ward dieser seltsame Einfall durch den Rath des Volkes genehmiget. Der Herzog von Northumberland, welcher diese Sache geführet hatte, ließ zugleich seinen Sohn sich mit der Prinzeßinn, welche damals, nicht über funfzehn oder sechszehn Jahre alt, aber bereits mit Vorzügen, Einsichten, und Gesinnungen, welche ein reifes Alter voraussetzen, begabet war, vermählen.

Zweene

xxxii

Zweene Tage nach dem tödtlichen Hintritte Eduards, ließ der Herzog von Northumberland seine Schwieger-Tochter, nach dem Testamente des Königes, zur Königinn von Engelland ausrufen; und es nahm selbige den Eyd der Treue, vom Rathe, der Obrigkeit, und dem Volke zu London, an. Allein es nahm die junge Prinzeßinn, es sey nun, daß sie Gewissens-Bisse empfunden, oder eine geheime Ahndung von ihren bevorstehenden Unglück gehabt, diese Würde nicht anders, als mit vielem, und offenbaren Widerwillen, an.

Marie, die rechtmäßige Erbinn der Krone, befand sich damals, als sie die Nachricht von dem Tode ihres Bruders erfuhr, so man vor ihr hatte geheim halten wollen, eben zu Hunsdon, zwanzig Meilen von London. Nachdem sie ihre Person, vor die Unternehmungen des Herzoges in Sicherheit gesetzet hatte, ließ sie sich an verschiedenen Orten Engellandes zur Königinn ausrufen. Sie hatte das Vergnügen, die Völker ihr mit Freuden anhängen, und die Grossen ihre Sache öffentlich vertheidigen zu sehen.

Der Vater der Johannen, welcher von Jedermann verlassen war, vergaß auch sein selbst.

selbst. Er gieng in das Zimmer seiner Tochter, um sie zu bereden, daß sie der königlichen Würde entsagen, und in ihren vorigen Zustand wieder treten mögte. Johanne hörete ihn, ohne der geringsten Veränderung im Gesichte an, und sprach zu ihm: Es wiederfährt mir durch diesen Antrag ein weit grösserer Gefallen, als damals, wie ich wider meinen Willen, und auf eure Bedrohungen, diese Ehrenstelle annehmen muste. Ich begieng zu der Zeit einen starken Fehler, und es kam mir gar ungemein schwer an, euch zu gehorchen, und mich nach denen Gedanken meiner Mutter zu bequemen; anjetzt aber folge ich denen natürlichen Bewegungen meines Herzens. Es ist meiner eigenen Neigung vollkommen gemäß, wenn man mich nöthiget, den Thron zu verlassen, und den Fehler eines andern wieder gut zu machen; wofern selbiger würklich durch das Geständniß, so ich dieserhalb thue, und durch meine eigene Ablegung der königlichen Würde, wieder verbessert werden kann. Hierauf begab sie sich wiederum in ihr Zimmer, und war weit mehr ihres Lebens wegen

gen besorgt, als daß ihr der Verlust ihrer Kro=
ne sonderlich nahe gegangen wäre.

Diejenige, welche von ihrer Regierung,
Ehre und Glück erwarteten, gaben sich so leicht
nicht darinn. Verschiedene schmiedeten aller=
ley Anschläge unter sich, um sie in ihrem Zu
stande zu erhalten. Marie bekam von der an=
gezettelten Zusammenverschwörung Nachricht;
ließ die Rädelsführer beym Kopfe nehmen, und
verurtheilete sie zur Enthauptung. Diese Le=
bensstrafe betraf mehr denn vier und zwanzig
Personen. Ohnerachtet die von der Johannen vorgekehrte Maaßregeln, sie vor ein so
grausames Schicksal hätten decken sollen, so
hielt sie es doch für rathsamer, gänzlich davon
abzustehen, um die Unruhen, und den Aufstand,
auch sogar bis auf den Schein, zu hintertreiben. Nachdem sie ihr eben dasjenige Todes-
Urtheil, welches bereits über ihre Anhänger er=
gangen war, zuerkannt hatte, schickete sie ihr
einen Geistlichen zu, der sie, als eine Catholickinn
zu sterben, und die wahre Religion anzuneh=
men, bereden sollte. Johanne ertheilete zur
Antwort, daß sie nicht Zeit genug dazu habe,

sich

sich in die Theologische Streitfragen einzulassen, und daß sie es für schicklicher erachtete, die noch übrig habende Augenblicke zur Anrufung Gottes, daß er ihr die Gnade, als eine Christinn sterben zu können, erweisen mögte, anzuwenden. Der Geistliche glaubte, daß Johanne bloß darum also spräche, damit sie Gelegenheit haben mögte, ihr Leben zu verlängern. Er gieng daher zur Königinn, und bewirkte den Aufschub ihrer Hinrichtung auf drey Tage lang. Er kam zur Johannen zurück, um ihr diese Nachricht zu hinterbringen; und ermahnete sie, ihm Gehör zu geben, und diese Verzögerung dazu anzuwenden, um denen Lehrsätzen, welche die allgemeine Kirche bekennete, beyzutreten. Sie erwiederte ihm hierauf: Ich hatte letzteres gar nicht in der Absicht zu ihnen gesprochen, damit Sie es der Königinn hinterbringen sollten; oder, um Ihnen die Gedanken beyzubringen, als wann mir das Leben so ausnehmend lieb wäre. Seit dem Sie mich verlassen hatten, habe ich eine so grosse Abneigung dagegen bekommen, daß ich bloß mit ewigen Gütern beschäftigt bin; und an nichts so sehr, als an den Tod denke; und da die Königinn selbigen über mich beschlossen hat, so will ich ihn recht gern über mich ergehen lassen.

Ehe sie zur Richtstätte geführet wurde, erhielt ihr Eheherr, Gilfort, die Erlaubnis, zu guter letzt von ihr noch Abschied zu nehmen. Allein, Johanne mogte ihn nicht sehen, sondern ließ ihm sagen, daß eine dergleichen Unterredung, den Schmerz nur mehr vergrösserte, als Trost gäbe; Sie fügete hinzu, daß sie in kurzem durch weit genauere Bande mit ihm vereiniget werden, und sie beyderseits die Freude haben würden, sich in einem weit glückseligern Zustande zu erblicken. Als sie aus dem Tower heraustrat, ersuchte sie der Oberaufseher, ihm etwas zum Andenken von sich zu hinterlassen. Um seine Bitte zu erfüllen, forderte sie eine Schreibtafel, und schrieb in Griechischer, Lateinischer, und Englischer Sprache, (denn dieser drey Sprachen war sie mächtig,) drey kurze Betrachtungen, welche auf ihre Unschuld gerichtet waren. Ohnerachtet sie gestand, daß ihr Verbrechen den Tod verdienet habe, so bezeugte sie doch, daß ihr ihre Unwissenheit zur Entschuldigung vor Menschen hätte gereichen können, ohne daß die Gesetze darunter im gerings ringsten gelitten hätten. Jm Hingehen nach den Platz, wo die Blutbühne aufgerichtet war, grüssete sie, mit einem heitern Gesichte, alle diejenige, von ihren Bekandten, die sie unterweges antraf, und empfahl sich ihrer Fürbitte, ohne den Geistlichen, den sie an der Hand hielt, zu verlassen. Als sie auf dem Gerüste angelanget war, umfassete sie selbigen, mit einer Artigkeit und Bescheidenheit; und sprach zu ihm: Jch bitte Gott, daß er die Gütigkeit, die Sie mir erwiesen haben, mit seiner Gnade belohnen wolle! Jch gestehe es Jhnen, daß ich selbige weit mehr, als die Schrecken des Todes, empfunden habe, der, seit dem man mir selbigen angekündiget hatte, mir beständig vor Augen geschwebet hat. Hierauf wandte sie sich gegen die Umstehende, und trug ihnen alles, was, in Ansehung ihrer vorgegangen war, vor. Jch bin deshalb nicht, sagte sie zu ihnen, daß ich nach der Krone getrachtet habe, straffällig; sondern mein Verbrechen bestehet darinn, daß ich selbige nicht, da sie mir angetragen wurde, standhaft genug ausgeschlagen habe. Jch werde der Nachwelt zu einem Beyspiele dienen, daß die Unschuld selbst, Dinge, welche wi=

der

der den Staat gerichtet sind, nicht rechtfertigen könne; und daß man strafwürdig sey, wenn man sich dem Ehrgeitz, und dem unziemlichen Anmuthen anderer, wiewohl wider seinen Willen, ergiebet.

Sie flehete hierauf zur Barmherzigkeit des Höchsten, und nachdem sie sich, mit Beyhülfe ihrer Gespielinnen, das Kopfzeug abgenommen hatte, knüpfete sie selbst ihre Haare auf, bedeckete sich das Gesicht damit, und bückete sich mit dem Haupte vor den tödtlichen Streich des Scharfrichters nieder. Dieses war das Schicksal der Johanne Gray, welche wegen ihrer vornehmen Abkunft berühmt, wegen ihrer grossen Seele aber noch weit berühmter war. Sie nahm, zur Befriedigung des Stolzes eines Schwieger-Vaters, und einer herrschsüchtigen Mutter, den unglücklichen Namen einer Königinn an, welcher sie nur blos von dem Throne auf die Blutbühne brachte, woselbst sie vor das Verbrechen eines andern, büssen mußte. Das einzige, was man ihr etwa zur Last legen könnte, war eine allzustarke Anhänglichkeit an die Irrthümer, welche sie mit der Milch einzusaugen, das Unglück gehabt hatte. Dieses Feh-

Fehlers ohnerachtet aber, muß man dennoch gestehen, daß man so leicht keine Mannspersonen, selbst in ihrem reifen Alter, antreffen werde, welche mehr Verstand, mehr Gerechtigkeitsliebe, mehr Stärke, und Unerschrockenheit an sich blicken lassen sollte, als diese unglückliche Regentinn, an die sechszehn Jahre lang, an den Tag geleget hat. Das Königreich hätte von ihrer Regierung, eben soviel, als von denen grössesten Fürsten, sowol in Ansehung derer Wissenschaften, als auch der Ehre des Staates, erwarten können, wann sie in Ruhe die Krone behalten hätte.

Die Aufführung der Marien, um sich in den vesten Besitz derselben zu setzen, und den Irrthum, welcher sich in Engelland, unter der Regierung Heinrichs, ihres Vaters, eingeschlichen hatte, zu zerstören, läßt sich so leicht nicht entschuldigen. Wenn man sie indessen, von Seiten der Staatskunst, betrachtet, so müssen auch selbst ihre erklärtesten Feinde, an ihr, eine Gesetztheit, einen weiten Umfang, und eine Vorzüglichkeit ihrer Gemüthsfähigkeiten, welche auf dem Throne von Engelland, in jeden andern Umständen, geglänzet haben würden, erkennen.

Die

XL.
Die Königinn Elisabeth.

Alle diese vortrefliche Eigenschaften indessen, verschwinden, wann man die Vorzüge der Elisabeth, ihrer Schwester, welche ihr in der Regierung folgete, dagegen hält. Das wäre noch lange nicht genug, wenn man weiter nichts, als dieses von ihr sagen wollte, daß niemals ein Frauenzimmer mit mehrerer Ehre regieret habe; sondern, man muß noch hinzu setzen, daß es wenig grosse Monarchen gebe, deren Regierung der ihrigen gleich geschätzet werden könnte. Man hat selbige als das vortreflichste Stück in der Geschichte von Engelland, und als die Schule, in welcher sich die geschicktesten Minister, und die grössesten Staatsmänner gebildet haben, angesehen. Man muß sich von ihr keinen andern Begriff, als von einer Prinzeßinn machen, welche einzig und allein auf ihren Ruhm, und auf die Ruhe ihres Königreiches bedacht gewesen, und welche, um zu beyderley Absicht zu gelangen, Menschen und Religion Preis gegeben, und alles denen Grundsätzen der kühnesten Staatskunst aufgeopfert.

Elisabeth war eine Tochter Heinrichs des Achten, und Annen von Boulen. Marie,

Marie, ihre Halbschwester von väterlicher Seiten, hatte sie im Verdacht gehabt, daß sie in der Zusammenverschwörung, welche verschiedene Grossen des Reiches gegen sie angestiftet hatten, mit verwickelt gewesen; und war willens, sie enthaupten zu lassen. Und, es wäre auch das Todes=Urtheil würklich an ihr vollzogen worden, wann sich nicht der König, und Gemahl der Marien, Philipp, dawider gesetzet hätte. Sie richtete sich in ihrem Gefängnisse, durch Lesen, und Erlernung derer Sprachen, und schönen Wissenschaften, auf. Sie war in dem Lateinischen, Deutschen, Englischen, Französischen, und Italiänischen, beynahe gleich stark. Da sie zu allen Wissenschaften aufgelegt war, fand sie an Erlernung derer allerschweresten, ein Vergnügen. Ins besondere liebte sie die Ton= und Dichtkunst; und las die Verse des Ronsard, welche ihr in Engelland, als sie daselbst bey ihrer Rückkunft aus Schottland durchreisete, zu Gesichte gekommen waren, mit einem allemal neuen Vergnügen.

Als Philipp, nach dem Tode der Marien wieder nach Spanien zurückgekehret war, bestieg sie in dem fünf und zwanzigsten Jahre

c 5 ihres

ihres Alters den Thron, und zeigete, daß sie sogleich die vollkommenste Einsicht von denen Dingen hatte, sobald ihr nur selbige vorkamen. Man erblickte an ihr einen reifen, und durch Widerwärtigkeit erhöheren Verstand; eine junge Prinzeßinn, welche sich selbst regieren wollte, welche den Rath eines jeden anhörete, und sich von niemanden führen ließ; welche die Mäßigung mit einer unverrückten Standhaftigkeit zu vereinigen wuste; welche gegen den trotzigen, und hitzigen Adel streng, und gegen den gemeinen Mann voll Huld war, sich in Ehrfurcht und Hochachtung setzete, und die Zuneigung des übrigen Theils des Volkes gewann. Die Gleichförmigkeit der Seele, und der Denkungsart, welche aus ihrem gesamten Betragen hervorleuchtete, beförderte diese unwandelbare und stete Glückseligkeit, welche sie bis an ihren Tod begleitete. Ohnerachtet ihre Gnadenbezeigungen sehr ansehnlich waren, so sahe sie dabey doch allemal mehr auf Verdienste, als daß sie ihrem blossen Triebe hätte folgen sollen; und die Austheilung ihrer Freygebigkeit war, mit einer weisen Sparsamkeit vergesellschaftet, um sich nicht durch allzu freygebige Schenkungen zu erschöpfen, und sich

nach=

nachher genöthiget sehen zu dürfen, ihre Völker
durch allzu grosse Beysteuer zur Aufrechterhaltung
des Staates übermäßig zu beschweren.
Sie ward durch den Glanz ihrer Glückseligkeit
niemals verblendet. Genoß sie selbige in Frieden,
so geschahe dieses mit keiner verwegenen
Sicherheit, welche sich allen Vergnügungen
übergiebt, sondern mit einer Art von Unruhe,
welche einem Fürsten, der beständig gegen Veränderungen,
denen die noch so vest stehende
Throne unterworfen sind, auf seiner Hut zu
seyn pflegt, würdig ist.

Nach ihrer Neigung hätte sie die Annehmlichkeiten
der Ruhe, dem Geräusch der Waffen,
und der Ehre derer Eroberungen vorgezogen,
wofern sich dieses bey der Gemüthsart ihrer
Unterthanen hätte thun lassen. Da sie aber
unruhige und kriegerische Völker, welche die
Musse aufsätzig, und aufrührisch macht, zu regieren
hatte, so ließ sie keine Gelegenheit vorbey,
selbige ausser ihrem Königreiche in Beschäftigung
zu setzen. Sie schickte Hülfs-Truppen
nach Schottland, und die Niederlande. Sie
gab dergleichen an Heinrich den Vierten, den
sie wie ihren Bruder liebte, in verworrenen
Zeitläuften, wo er ihren Beystand gar sehr

von

von nöthen hatte, ab. Unter ihrer Regierung wurden jene berühmte Reisen nach West-Indien, welche von so glücklichen Folgen waren, unternommen. Unter eben ihrer Regierung, that Franz Dracke seine Reise um die Welt, und bahnete dreisten Seelen einen Weg, sich jener Schätze, welche die Spanier vor sich allein besitzen wollten, zu bemächtigen. Philipp, ihr König, und vormaliger Gemahl der Marien, wollte sich dieserhalb in Europa, dadurch, daß er in Engelland einfiel, rächen. Es reuete ihn aber sein Unternehmen, und er muste, durch Vermittelung Heinrichs des Vierten, die Elisabeth um Frieden bitten. Die Englische Nation, ohnerachtet sie von einem Frauenzimmer beherrschet wurde, verlohr nicht das geringste von dem Ruhme, den sie sich unter denen vorigen Königen erworben hatte.

Damit die Schwäche ihres Geschlechtes nicht eine Verachtung ihrer Person hervorbringen mögte, wollte sie sich in Furcht, und Hochachtung bey ihren Unterthanen, jedoch ohne ihnen übel zu begegnen, setzen. Sie hielt zu Westmünster eine Versammlung, und erneuerte bey dieser Gelegenheit die alten Gesetze, welche
ihren

ihren persönlichen Zustand, und die Ruhe des Reiches, in Sicherheit setzen, und bevestigten. Es ward darinn verordnet, daß ein jeder, wer der Königinn, entweder in Worten, oder Thaten, zu nahe treten; welcher selbige bekriegen, oder andere, ihr den Krieg anzukündigen, vermögen; welcher sich verlauten lassen würde, daß ihr das Reich nicht, als eine rechtmäßige Erbfolge zuständig sey, und daß jemand einen weit gegründetern Anspruch daran habe; welcher sich das Königliche Ansehen anmassen, oder selbiges einem andern beylegen würde; welcher sie beschuldigen würde, daß sie ketzerisch, oder eine Feindinn des Glaubens sey; und welcher behaupten würde, daß die Reichs-Gesetze, und Verordnungen hierinn nicht das geringste entscheiden könnten; in die von Ihrer Majestät bestimmte Strafen verfallen sollte. Man setzete ferner vest, daß, wann jemand bey Lebzeiten der Königinn behauptete, daß ein anderer Kron-Erbe, oder ein anderer Reichs-Nachfolger sey, oder seyn sollte, als die Kinder, welche von ihr gebohren werden würden, zur harten Gefängnis-Strafe verurtheilet werden, und aller seiner Güter, zum Nutzen des Staates, verlustig gehen sollte.

Ihre

Ihre ganze Regierungskunst beruhete auf vier Hauptsätzen, auf welche sie beständig ihr Augenmerk richtete. Erstlich: die Gelder, welche das Parlament hergab, nicht durch überflüßigen Aufwand, und übermäßig ausgetheilte Geschenke zu verschwenden; wie denn auch selbiges sowol in Vorschießung der Geld-Summen sich jederzeit bereit und willig finden ließ; als auch das Volk die Abgaben, so man von ihm forderte, unverweigerlich bezahlete. Ferner: die Ehrenstellen und Bedienungen niemanden, ausser verdienstvollen, und mit Vorzügen begabten Personen, welche von jedermann dafür angesehen würden, zu übertragen. Hiernächst: einem jeden ohne Ansehen der Person Recht und Gerechtigkeit wiederfahren zu lassen; und endlich, die in Frankreich, Schottland, Spanien, und denen Niederlanden entstandene Unruhen geschickt zu unterhalten; damit, wann solchergestalt diese Mächte in einer beständigen Beschäftigung mit sich selbst, oder gegen einander erhalten würden, selbige nicht die Ruhe ihres Reiches stöhren mögten, und sie selbst, bey vorfallender Gelegenheit, sich deren Schwäche, so etwa ihrer Uneinigkeit wegen verursachet worden, sich zu Nutze machen könnte.

Engel-

Engelland demnach befand sich indeß, daß das Feuer derer bürgerlichen, oder auswärtigen Kriege, alle Theile von Europa verwüstete, in Ruhe und blühenden Wohlstande. Die in selbigen regierende Fürsten, bewarben sich unter einander in die Wette, um die Freundschaft der Elisabeth, und sie trugen ihr insgesamt Bündnisse an.

Sobald der König in Spanien, Philipp, die Nachricht von dem Tode der Königinn Marien, seiner Gemahlinn, und der Krönung der Elisabeth erfahren hatte, schmeichelte er sich, wieder in den Besitz Engellandes zu kommen; sintemahl er der neuen Königinn die eheliche Verbindung mit ihr antragen ließ; und die Auswirkung der Erlaubnis beym Pabste, in Ansehung dieser Heyrath, als welche er eigentlich, da er die Schwester zur Gemahlinn gehabt, nicht mehr vornehmen durfte, auf sich nähm. Elisabeth suchte, aus wichtigen Gründen, diesen Fürsten zum Freunde zu behalten. Sie hatte ihm das Leben zu verdanken. Sie wußte, daß Frankreich sehr stark Ansuchung bey dem Pabste that, sie für unehelich zu erklären: indem Anne von Boulen, ihre Mutter, nichts weiter als eine Liebste vom Heinrich gewesen.

wesen. Ihr war nicht unbekannt, daß die Franzosen die Krone von Engelland gar zu gern auf das Haupt der Marien, Königinn von Schottland, welche an den Dauphin vermählt war, spielen wollten. Sie hatte keinen andern Beystand gegen diese Mächte, als den Philipp, welcher ihr allein, ihr Königreich behaupten, helfen konnte, welches mit Schulden beladen, und durch Einbüssung verschiedener wichtiger Plätze, ungemein geschwächt war. In Betrachtung aller dieser Umstände, konnte sie dem König von Spanien seine Bitte nicht füglich abschlagen. Elisabeth aber besorgete, sie mögte, wann sie jemanden zum Gemahl nähme, an ihm einen Gebieter, oder ihres gleichen, bekommen. Sie nahm den Antrag ihres Gesandten, mit aller Höflichkeit an; bath sich Bedenkzeit aus; und brachte den Fürst, ohne ihm im allergeringsten hart begegnet zu haben, nach und nach dadurch, daß sie sich für die Lehre derer Protestanten erklärete, von seinem Vorhaben ab.

Es war diese junge Prinzeßinn nichts weniger, als gegen die natürliche Leidenschaften der Menschheit, unempfindlich. Ihr Herz entdeckte mehr als einmal, was die Verschlagenheit,

heit, die Züchtigkeit, und die Weltweisheit zu verbergen suchten. Elisabeth war sehr groß, und die Natur hatte ihr die Gesichtsbildung, und das annehmliche Wesen ihrer Mutter gegeben, deren seltene Schönheit ihr ganzes Glück zuwege gebracht hatte. Ihre nie stillstehende Augen, gaben wenigstens ein eben so feuriges Temperament, als lebhaften, und scharfsichtigen Geist zu erkennen. Die Gaben, welche eine junge Person von der Natur erhalten hat, sind das Erste, was sie kennen lernt; und dasjenige, was sie gar zu gut in Ansehen zu setzen weiß; was sie mit einer gar grossen Wohlgefälligkeit vor andern sehen läßt, und allemal verehrt zu sehen wünscht. So groß auch die Stärke der Seelen bey der Elisabeth war, so war sie doch von dieser Schwachheit nicht gänzlich befreyt. Sie wußte es, daß sie schön war; und wer ihr schmeicheln wollte, mußte seine Rührung davon an den legen. Die General-Staaten hatten eine starke Gesandtschaft von denen Vornehmsten der Republik nach London abgesendet. Ein junger Holländer, unter dem Gefolge der Gesandten, stand, bey ihrer ersten Audienz, der Königinn gerade über, und sagte zu einem Englischen Herrn, daß er
nie-

niemals ein Frauenzimmer gesehen habe, welches das Herz einer artigen Mannsperson in Flammen zu setzen, würdiger gewesen wäre. Es ward eine gute Weile über diesen Umstand gesprochen. Die Königinn, welche ihre Augen mehr auf diese zweene junge Herren, (indem sie merkte, daß selbige von ihr sprächen,) als auf die Abgesandten gerichtet hatte, ließ nach der Audienz den Engländer vor sich kommen, und befahl ihm bey ihrer Ungnade, ihr zu gestehen, was der Holländer zu ihm gesprochen habe. Vergebens nahm er die Ausflucht, und antwortete, es wären nur bloße Kleinigkeiten, und ganz gleichgültige Dinge, die ihm bereits wieder entfallen wären, gewesen. Die Königinn setzte unter Bedrohungen in ihn; und er sahe sich genöthigt, ihr die Liebe, die der Holländer, gegen sie zu empfinden, bezeuget habe, zu bekennen. Elisabeth ließ sich ihre Gedanken dabey im mindesten nicht merken. Weit gefehlt aber, daß sie dieses hätte ungnädig nehmen sollen, schickte sie vielmehr, nachdem die Abgesandten ihre Abschieds-Audienz bey ihr gehabt hatten, einem jeden eine goldene Kette, von acht hundert Thalern am Werth, und dem jungen Holländer Eine, welche gedoppelt soviel werth war. Der

Der Bewegungsgrund einer so sehr in die Augen fallenden, als besonders liebreichen vorzüglichen Begegnung, blieb nicht verborgen. Das Parlement nahm daher Gelegenheit, der Königinn die Vorstellung zu thun, daß es zum Besten des Staates sehr gut wäre, wann sie sich einen Prinzen nähme, von dem sie rechtmäßige Thronfolger bekommen könnte. Sie lehnete den Antrag mit vieler Geschicklichkeit ab, und gab auf eine besonders höfliche Weise zur Antwort, daß sie an ihrem Krönungstage sich mit dem Volke vermählet habe. Mit dieser Entschuldigung aber blieben die Engländer nicht lange zufrieden; sondern fünf Jahre darauf überreichten sie ihr eine neue Bittschrift, worinn sie selbige ersuchten, sich entweder zu vermählen, oder ihren Nachfolger zu ernennen, welcher dem Vorgeben nach, kein anderer, als die Königinn von Schottland, Marie Stuart, welche vor kurzem einen Sohn gehabt hatte, seyn konnte. Widrigenfalls sie sich dazu nicht bequemen würde, sollte das Parlement, wider ihren Willen, vor einen Nachfolger sorgen. Elisabeth zerstreute diesen Sturm von Drohungen, durch eine dermassen weitläuftige, vermischte, und zweydeutige Antwort, daß die Abgeordneten gar nicht klug daraus werden konnten; wobey sie aber jedesmal nicht die geringste Ursach, sich darüber zu beschweren, hatten; sondern vielmehr glaubten, daß der Wunsch der Nation in kurzem befriediget werden würde.

Mitten in dieser Unentschlossenheit, schmeichelte sich das Haus Oesterreich der Sache ein Ende zu machen, indem es ihr den jungen Erzherzog Carl in Vorschlag brachte. Elisabeth, welche es mit der Familie, und denen Freunden dieses Prinzen nicht verderben wollte, schien anfänglich an dieser Verbindung das grösseste Wohlgefallen zu bezeugen. Es waren hierüber Gesandten von beyden Theilen abgefertiget worden, welche sowol hier als dort mit grossen Ehrenbezeigungen empfangen wurden; und es gereichten diese Unterhandlungen der Königinn zu einem desto grössern Vergnügen, indem sie dabey vor denen Verfolgungen, und Zusetzungen ihres Parlamentes verschont blieb. Indessen merkte man, daß ihr ganzes Betragen, und diese Schwierigkeiten, nichts weiter als eine blosse List gewesen, um diejenige, welche auf die Vermählung drangen, zu hintergehen. Ehe man ihr selbiges vorhielt, erklärte sie sich,

daß,

daß, weil sie ihren Sinn einmal auf die Religions-Veränderung gesetzet hätte, und der Erzherzog von der alten Religion nicht abgehen würde, sie unmöglich mit der Einigkeit, welche unter Eheleuten herrschen muß, mit einander würden leben können, sondern, daß selbige unabläßig durch die Art, wie der eine sowol als andere Theil seine Gottesdienstliche Uebungen anstellete, unterbrochen werden würde. Auf solche Art wickelte sie sich aus denen anscheinenden Verbündlichkeiten, worein sie sich eingelassen hatte, wieder heraus, ohne dabey die Hochachtung und Freundschaft, welche zwischen ihr, und dem Kaiser obwaltete, und wovon sie, nach wie vor, sich einander gegenseitige Beweise gaben, zu brechen. Dieser Vorwand der Religion war allemal das Mittel, dessen sie sich ingeheim bedienete, um die Catholische Fürsten, welche sie zur Gemahlinn zu bekommen suchten, auf eine geschickte Art, aufzuhalten. Was die Protestantische Fürsten, welche eben dergleichen zur Absicht hatten, anlangete, so ließ sie selbigen, da sie nicht so mächtig, und in ihren Augen weniger fürchterlich waren, sogleich zu verstehen geben, daß sie sich nur keine Hofnung machen mögten. Es meldeten sich dergleichen beständig

dig in grosser Menge. Die vornehmsten darunter waren, der König von Schweden; der Herzog von Holstein; der Graf von Haran, nächster Kron-Erbe von Schottland; der Graf von Arundel, und der Ritter Pickering. Niemand aber schien sich eine stärkere Hofnung machen zu können, als Robert Dudley, Sohn des letzten Herzoges von Northumberland. Selbiger war der wahre Günstling (Favorit); der Canal aller Gnadenbezeigungen; der eigentliche Herr (Mylord) am Hofe; und man wußte zuverläßig, daß die Königinn etwas mehr als Hochachtung, und Freundschaft, gegen ihn hegete. Indessen dachte sie doch niemals daran, ihm den Königlichen Titul zu schenken.

Der letzte, der um ihre Person Anwerbung that, war der Herzog von Anjou, Bruder Carls des Neunten, Königes von Frankreich. Catherine von Medicis, dessen Mutter, welche einen unmäßigen Ehrgeitz besaß, ließ ihn der Elisabeth zum Gemahl antragen; theils, damit sie ihren Kindern Königreiche verschaffen; theils auch die Heyrath der Elisabeth mit dem Prinzen von Navarra, als von der damals die Rede gieng, hintertreiben;

theils

theils endlich, denen Proteſtanten in Frankreich, die Gelegenheit, Hülfe in Engelland zu ſuchen, benehmen mögte. Sie ſchickte in dieſer Abſicht vier vornehme Herren, als auſſerordentliche Abgeſandten, an ſie ab. Die Königinn hätte ebenfalls wichtige Urſachen, dieſen Antrag anzunehmen, oder ihn doch wenigſtens nicht gerade zu auszuſchlagen. Es war nöthig, daß dem Aufſtande derer unterdrückten Catholicken vorgebeuget, und die fürchterliche Kriegerüſtung des Königes von Spanien, ſo auf Engelland zunächſt gerichtet war, aufgehalten wurde. Eliſabeth, welche ſowol dieſem, als jenem, Einhalt thun wollte, zog die Unterhandlungen in die Länge, und ward endlich über die Artikel, deren ſie, um Zeit zu gewinnen, eine gar groſſe Menge hatte zu Papiere bringen laſſen, einig. Sie gab dem Herzoge von Anjou, zur Verſicherung ihrer Treue, Ringe; und nahm auch dergleichen wiederum von ihm an. Ja, ſie ſchien ſogar dieſe eheliche Verbindung ſehnlichſt zu wünſchen, weil ſie in einem Alter wäre, wo es die höchſte Zeit ſey, auf ihre Nachkommenſchaft bedacht zu ſeyn; welcher Umſtand ihr verſchiedenen Anlaß zur Beſorgnis wegen der Zukunft gab, wie ſie denn zum öftern zu ſagen pflegte,

pflegte, daß niemals Völker, welche die untergehende Sonne angebetet, gewesen wären.

Allein, alles ihr Betragen und Reden, war weiter nichts, als List, und Blendwerk. Als ihr Heinrich der Dritte, zuletzt die Unterzeichnung derer Artikel anmuthete, ließ sie ihn durch seinen Abgesandten zur Antwort wissen, daß sie aus keinem andern Grunde an ihre Heyrath gedacht hätte, als blos um ihre Völker, welche ihr inständiglich anlägen, die Thronfolge in Richtigkeit und Gewißheit zu bringen, zu befriedigen; daß sie unter allen denenjenigen, welche um sie angehalten hätten, den Herzog von Anjou, seiner persönlichen Eigenschaften, und ansehnlichen Standes wegen, vorzuziehen, keinen Anstand genommen hätte; daß sie sich in einer Sache, der nachher nicht wieder abzuhelfen wäre, unmöglich übereilen könnte; daß sie von dem einstimmigen Beyfalle ihrer Unterthanen noch nicht vest genug überzeugt sey; daß die Hitze also, mit welcher man ihr in diesem Stück zusetzete, gar nicht vernünftig sey; daß der Herzog von Anjou, da er sich eben mit Philipp dem Zweyten, um besonderer Angelegenheiten willen, in einen Krieg einlassen wollte,

wollte, die Engelländer mit darein verwickeln
würde, welche doch im Gegentheil nichts, als
die Fortdauer des Friedens, darinn sie lebeten,
suchten; daß sie also Ursach zu befürchten hätte, daß sie etwa alsdann eben soviel Widerwillen gegen sie äussern mögten, als sie anfänglich
Lust an ihrer Heyrath bezeuget hätten; daß es,
bey so bewandten Umständen, schicklicher sey,
die Vollziehung derselben so lange aufzuschie-
ben, bis der Prinz seinen Zwist mit Spanien
geendiget hätte, und bis das Off- und Defensiv-
Bündnis, zwischen Frankreich und Engelland, völlig zu Stande gekommen, und unterzeichnet wäre. Endlich sagte sie auch noch,
daß ihr die Aerzte, und Frauenspersonen, versichert hätten, wie sie sich nicht ohne der augen-
scheinlichsten Lebensgefahr dem Kinderzeugen
würde aussetzen können. Hieraus konnte der
König von Frankreich gar deutlich abnehmen, daß an diese eheliche Verbindung gar
nicht mehr zu denken sey; und der Herzog von
Anjou, welcher bereits in Engelland war,
nahm wiederum seinen Abzug.

Zu gleicher Zeit, da Elisabeth alle fremde
Prinzen, welche sie zur Gemahlinn zu erhalten

sucheten, innerlich aufzog, hintergieng sie selbige auch, mit eben der Geschicklichkeit, in Ansehung derer Verträge, und Bündnisse. Da sie beständig und einzig auf die Ruhe und das Wohl ihres Königreiches bedacht war, ließ sie sich in keine andere Verträge ein, oder hielt selbige, ausser solche, welche zu ihrem Vortheil gereichten; und es fehlete ihr niemals an Mitteln, oder Vorwande, sich von denen übrigen los zu machen. In der erstern Zeit ihrer Regierung, schien sie gegen Philipp den Zweyten besonders viel Erkenntlichkeit zu hegen. Sie nannte selbigen ihren Erretter; sie hatte sein Bildnis neben ihrem Bette hängen; und gab diese ihre Gesinnungen gegen ihn an jedermann zu erkennen. Als sie sich aber auf dem Throne vollkommen vest erblickte, und nicht mehr Ursach, sich vor ihm zu fürchten, zu haben glaubete; erklärete sie sich, bey Gelegenheit einer beträgtlichen Summe, welche sie Italiänischen Kaufleuten weggenommen hatte, öffentlich wider ihn.

Um sich nun gegen seine Rachgier in Sicherheit zu setzen, und jemanden zu haben, an dem sie sich halten könnte, trat sie mit Frankreich, und Schottland, vermittelst des Edimburgher Ver-

Vertrages, in ein Bündnis. Bald nachher machte sie sich wegen der Vermählung der Marie Stuart mit dem Dauphin, Sorge. Sie bildete sich ein, daß die Franzosen, durch Schottland in Engelland einbrechen wollten: sie brach daher den Frieden mit diesen beyden Mächten wieder, und ergriff gegen selbige die Waffen. Sie ließ Marien in Verhaft nehmen, und auf den Towr zu Londen setzen, und suchte lange Zeit unter der Hand die Unterhandlungen, welche, um sie in Freyheit zu setzen, vorgenommen wurden, und die sie sich getreulich gefallen zu lassen schien, zu verzögern.

Verschiedene Umstände vereinigten Carl den Neunten mit der Elisabeth, und es ward zwischen beyden Höfen ein Off- und Defensiv-Bündnis errichtet. Ohnerachtet die Königinn über die Schlacht bey St. Barthelemi entrüstet, und aufgebracht war, so ließ sie sich doch gegen den König nicht das geringste merken, sondern behielt allen äußerlichen Schein eines guten Vernehmens bey; und ließ sich sogar gefallen, bey einer Französischen Prinzessinn, die Patenstelle zu vertreten. Unterdessen schickte sie eine Flotte, unter Commando des
Gra-

Grafen von Montgommery, denen in Rochelle belagerten Hugenotten zu Hülfe. Als der Französische Abgesandte seine Klage darüber bey ihr anbrachte, wußte sie selbige auf eine geschickte Art zu vernichten. Sie gab nemlich zur Antwort, daß, wann jemand aus ihren Häfen ausgelaufen wäre, dieses ganz unbekandte Personen, und Landstreicher, seyn müßten, welche man nur, wofern man ihrer habhaft werden könnte, ungescheut davor abstrafen dürfte; es müßte denn seyn, daß es Kaufleute wären, als deren Freyheit im Handel und Wandel ungestöhrt bleiben müßte. Deutlicher zu erklären, getrauete sie sich nicht; indem die wenige Verbindung, die sie mit Frankreich hatte, ihre Feinde in Ehrfurcht zu erhalten, dienete.

Man wird sich darüber, daß man Elisabeth die Mannspersonen dermassen hinter das Licht führen siehet, so sehr nicht mehr verwundern, wann man erwäget, wie sie bereits bey Antritt ihrer Regierung, mit der Religion ein Gespött getrieben. Die in Engelland, unter Eduard, und seinem Sohne Heinrich, aufgekommene Lehre derer Protestanten, verbreitete sich damals, als sie zur Regierung kam, ungemein

mein stark; und ohnerachtet sie in der irrigen Lehre unterrichtet worden war, so war sie doch von deren Gewißheit gar nicht überzeuget. Sie gestand zum Herrn von Lansac, daß sie die Oberherrschaft des Pabstes anerkenne; und zum Spanischen Gesandten, daß sie deren Würklichkeit vest und gewiß glaube. Allein, ihr Eyfer vor die Religion, richtete sich, dem Geständnis selbst protestantischer Schriftsteller zufolge, allemal nach ihren besondern Nutzen. Einer unter selbigen (*), welcher in Ansehung dieser Freyheit, oder Gleichgültigkeit derer Gedanken, ihr ähnlich dachte, läßt sich folgender massen darüber heraus: „Ohnfehlbar würde, „wann alles an beyden Seiten gleich gewesen „wäre, Elisabeth die Protestantische Religion „der Römischen vorgezogen haben, denn man „hatte sie in der erstern erzogen. Allein, zur „Vermeidung der Gefahr, die sie bey einer „Religions-Veränderung vor sich sahe, hätte „sie sich zur Catholischen, wofern sie ihren Nu„tzen dabey gefunden hätte, bekennet. War „der Pabst etwa ein wenig zu streng, so erklä„rete sie sich vor die Protestantische Religion. Sie„

(*) Bayle, unter dem Artikel Elizabeth, in der Anmerkung F.

„Sie begriff es gar wohl, daß, wofern sie Ca-
„tholisch bliebe, sie nicht läugnen könnte, daß
„sie die Krone nicht einem unrechtmäßigen
„Eingriff, oder einem Nachsehen des Römi-
„schen Hofes, zu verdanken haben sollte, wel-
„ches ihren Thron täglich tausend Streitig-
„keiten aussetzen würde. War sie Catholisch,
„so mußte sie die Ehescheidung ihres Vaters
„von der Catherine von Arragonien für
„nichtig erkennen, und es konnte solchergestalt
„die Ehe Heinrichs des Achten, mit der
„Anne von Boulen, nichts weiter, als eine
„Kebs-Ehe gewesen seyn. Nun kann aber bey
„erblichen Monarchien, ein uneheliches Kind
„niemals die rechtmäßige Blutsverwandten
„verdrängen, ohne ein Grundgesetz über den
„Haufen zu stossen, und mithin ein unrecht-
„mäßiger Besitzer zu seyn. Solchergestalt
„mußte also Elisabeth die Römische Kirche
„verlassen, damit sie behaupten konnte, daß
„der Römische Stuhl an der Verwerfung der
„Ehe der Annen von Boulen, Unrecht gethan
„habe. Hiernächst aber sahe sie auch, bey der
„ihr eigenthümlichen Schärfe des Verstandes,
„gar wohl, wie die Hauptsachen stunden, als
„daß sie einen Augenblick daran gezweifelt
„hätte,

„ hätte, daß, im Falle sie sich wider den Pabst
„ erklärete, sämtliche Protestanten in Europa
„ mit ihr gemeinschaftliche Sache machen wür-
„ den, und daß sie solchergestalt dem bürgerli-
„ chen Kriege, bey ihren Nachbaren, so lange
„ als möglich, Nahrung verschaffen würde."

Dieses sind die Gedanken, und Grundsätze, welche dieser freye Schriftsteller der Elisabeth beylegt, und in seinen nachfolgenden Betrachtungen, welche ich aber nicht hieher setzen mag, weiter bestättigt. So freymüthig, und empörend selbige auch klingen, so ist doch sehr wahrscheinlich, daß er dieser Prinzeßinn nichts beymesse, was sie nicht in der That gedacht haben sollte; und es zeiget ihr ganzes Betragen, daß sie dieser Denkungsart gemäß gehandelt habe.

Wann man indessen ihre Absichten, und ihre Denkungsart, mit den Gedanken davon absondert, muß man eingestehen, daß kein Prinz auf der ganzen Welt, den Scepter mit so vieler Klugheit, als Elisabeth, in denen bedenklichen Umständen, und Zeitläuften, darinn sie sich befunden, geführet haben würde. Ich werde hierüber die Worte eines gewissen Schrift-

Schriftstellers (*), der nicht in dem geringsten Verdacht stehet, daß er die Lobeserhebungen in Ansehung ihrer übertrieben habe, anführen: „Elisabeth, schreibt er, ist eine Prinzeßinn,
„deren Name uns sogleich eine Vorstellung in
„unsern Verstand bringt, welche in denen von
„ihr gemachten Schilderungen gar nicht voll-
„ständig erreicht wird. Nie hat jemals ein
„gekröntes Haupt die Regierungskunst besser
„verstanden, und weniger Fehler in einer lan-
„gen Regierung begangen. Die Freunde
„Carls des Fünften konnten die seinigen zäh-
„len; die Feinde der Elisabeth konnten der-
„gleichen an ihr gar nicht einmal finden, und
„diejenige, welche ihr Betragen gar zu gern
„mit gehäßigen Farben vorstellen wollten, ha-
„ben sie bewundert. Sie hatte keine andere
„Absicht, als, zu herrschen, zu regieren, die Ober-
„herrschaft zu führen, ihre Völker in Unterthä-
„nigkeit, und ihre Nachbaren in Hochachtung,
„zu erhalten. Sie war so wenig, ihre Unter-
„thanen zu entkräften, als über Fremde Erobe-
„rungen davon zu tragen, bedacht; das aber
„konnte

(*) Der Jesuit, P. d'Orleans, im II Th. seiner Histoire des Révolutions d'Angleterre, a. d. 459 Blatt.

„ konnte sie durchaus nicht leiden, daß jemand
„ sich an ihrer Obermacht, welche sie sowol
„ durch die Staatskunst, als auch durch die
„ Stärke zu behaupten wuste, vergriffen hätte.
„ Denn, niemand zu ihrer Zeit besaß mehr
„ Verstand, mehr Geschicklichkeit, und mehr
„ Scharfsichtigkeit, als sie. Sie war zwar
„ nicht kriegerisch, wuste aber dermaßen gut
„ Kriegeshelden zu ziehen, daß Engelland seit
„ langer Zeit weder mehrere, noch auch erfahr-
„ nere Leute gesehen hatte."

Berühmte Regentinnen in Frankreich.

Das Gesetz, welches dem Frauenzimmer
in Frankreich, selbst das Ruder der Regierung
zu führen, nicht gestattet, hat die Gaben verschiedener berühmter Prinzeßinnen, welche die
Ehre des Thrones, seit länger als dreyzehn hundert Jahren, da unsere Monarchie stehet, getheilet haben, vergraben. Die Geschichte, welche,
nach diesem Grundgesetz, die Beweisthümer der
Weisheit, und glücklichen Anlagen zur Regiements-Führung, welche man bey verschiedenen
bemerket hat, zu sammlen, und aufzubewahren
unterlaßen hat, thut deßen nur blos obenhin
Erwähnung. Indeßen meldet sie doch soviel
davon,

davon, daß sich zur Genüge daraus ersehen läßt, daß einige gewesen, welche, in Ansehung ihrer Verdienste, wenigstens Fürsten, welche eine uneingeschränkte Gewalt ausgeübet, gleich gekommen.

Catharine von Medicis.

Ohne mich bey weitläuftiger und mühsamer Hervorsuchung dergleichen besonderer, in denen verschiedenen Zeitaltern unserer Geschichte hin und her zerstreueter, Fälle aufzuhalten, nehme ich die berühmte Catharine von Medicis vor mir, welche sich mit der Verwaltung des Königreiches, einen grossen Theil des sechszehnten Jahrhunderts hindurch, abgegeben hat. Sie hat diese Zeit über, die Ehre, und die Gerechtsame der Regierung, dreymal in Händen gehabt; erstlich in der Zeit, da ihr Gemahl, Heinrich der Zweyte, nach Lothringen verreiset war; nachher, während der Minderjährigkeit Carls des Neunten; und zuletzt, von dem Tode dieses Herrn an, bis zur Wiederkunft Heinrichs des Dritten, welcher König von Pohlen war. Ohnerachtet sie in diesen Zwischenzeiten nicht den Titel einer Regentinn geführet, so muste sie sich doch allemal in dem Ansehen derselben zu erhalten. Es

LXVII

Es gehörete gerade soviel Verstand, Staatskunst, und gesetztes Wesen dazu, als sie besessen, um sich mitten unter denen Unruhen, und Ungewittern, von denen das Reich erschüttert wurde, aufrecht zu erhalten. Von der Zeit ihrer ersten Regierung an, im Jahre 1552, waren ohngefähr dreyßig Jahre verflossen, da die Irrthümer der vorgegebenen Religions-Verbesserung, die Ruhe der Kirche zu stöhren angefangen hatten. Das in einem Jahrhunderte, worinn die Unwissenheit herrschete, auf eine geschickte Art beygebrachte Gift, hatte zum Unglück einen Theil des Volkes, und Hofes, angestecket. Diejenige, welche sich hatten verführen lassen, giengen in ihrem Eyfer eben so weit, als diejenige, welche die Reinigkeit der alten Lehre vertheidigten. Die grössesten Häuser des Reiches, waren hierüber einander feind geworden; und die vom Königlichen Geblüte waren in Bereitschaft, die Waffen wider sich selbst zu ergreiffen. Mit einem jeden Tage kamen Schmähschriften zum Vorschein, wurden Versammlungen angestellet, und Bewegungen der Empörung vorgenommen.

Das Volk, welches durch die Unkosten eines langen, und grausamen Krieges, erschöpft worden war, sehnete sich nach den Frieden, und bekümmerte sich sehr wenig darüber, welcher Theil die Oberhand behalten würde, wann ihm nur eine Erleichterung dabey angediehe. Indessen war es doch denen Guisen, welches, die Gunst des Volkes besonders zu gewinnen, geschickte, freygebige, prächtige, und der Religion, darinn sie gebohren, und erzogen gewesen, unverrückt anhangende Prinzen waren, vorzüglich zugethan. Auf einer andern Seite richteten die Edlen ein eigenes Schrecken an. Da sie durch die letztern Kriegesdienste rein ausgezehret waren, wollten sie ansehnliche Geld-Summen, die sie zu fordern hatten, ausgezahlt haben. Zum Unglück aber, war die Königliche Rentkammer leer, und mit ohngefähr vierzig Millionen Schulden, von denen die Zinsen fortliefen, beladen. Ein Theil der Königlichen Kammer-Güter war veräussert, und die Gefälle waren bereits auf viele Jahre voraus gehoben. Die Herren kamen alle auf einmal, und verlangten die Belohnungen ihrer Dienste, und wandten sich an eine oder die andere Partey der gegenseitigen Prinzen, um Bedienungen, oder Gnaden-Geschenke zu erhalten; und es fanden letztere, da sie sich endlich öffentlich wider

einan-

einander erkläreten, an denenjenigen, die selbige zu Beschützern zu bekommen hoffeten, ihre Anhänger.

Wären aber auch gleich damals keine Parteyen bereits vorhanden gewesen, so wäre doch die einzige Catharine von Medicis, dergleichen in dem Staate zu verursachen, vermögend gewesen. Sie legte sich, sowol um ihres Nutzens willen, als auch aus natürlichen Triebe, recht darauf, den Saamen der Uneinigkeit unter denen Grossen auszustreuen; indem sie bald auf Seiten derer Catholicken, bald wieder derer neuen Religions-Verbesserer war, nach dem alten Grundsatz, und der Devise ihres Hauses, Quellen der Uneinigkeit unter seinen vornehmsten Unterthanen einzuführen, oder zu unterhalten, um solchergestalt allen Anschlägen und Entwürfen der Empörung vorzubeugen, und mit mehrerer Sicherheit zu regieren: Diuide, vt regnes. Vermöge ihrer Staatskunst, brachte sie alle nur erdenkliche List, und Kunstgriffe, zur Ausführung. Sie stellete sich, als wann sie denenjenigen, die sich ihr näherten, ihr Herz offenbarete; sie richtete ihre Stimme, ihre Augen, ihr ganzes Wesen und Stellung, nach denen Leidenschaften dieser und jener ein, um sie zu reitzen, oder zurück zu halten. Bisweilen sahe sie gravitätisch und ernsthaft aus, und ein andermal war sie wieder freundlich, gesprächig, und fast bittend. Heut war sie vergnügt; morgen traurig, und niedergeschlagen. Zu einer Zeit hätte man geglaubt, daß sie scheu wäre; und einen Augenblick darauf nahm sie ein drohendes Gesicht, und fürchterlichen Ton an. Sie ließ es weder an Bitten, noch Thränen, und Liebkosungen, ermangeln, wann dergleichen zur Erreichung ihrer Absichten nötig war. Ihr Pracht war übermäßig; und es hat niemand leicht einen ansehnlichern Staat geführet. Sie hatte von ihrem Schwieger-Vater, Franz dem Ersten, gelernet, keine Kosten zu schonen, um die Künste und Wissenschaften in Aufnehmen zu bringen; und hiernach verfuhr sie, aus Ueberzeugung, daß dieses das einzige Mittel sey, das Andenken der Fürsten berühmt zu machen. Es gab ihr auch Heinrich der Dritte, in seiner Rede an die letztern Stände zu Blois, das Lob, daß sie Frankreich so vielmals mitten in denen Gefährlichkeiten, welche ihm gedrohet, erhalten habe, so daß man sie nicht allein eine Mutter derer Könige, sondern auch eine Mutter

des

des Staates, und Königreiches, nennen müſte.

Bey dem Entſchluß, den ſie gefäſſet hatte, die Beſorgung derer Regiements-Geſchäfte Zeitlebens beyzubehalten, wurden ihre Söhne in Wolluſt, Ueppigkeit, und Unwiſſenheit, erzogen: und nachdem Carl der Neunte auf den Thron gekommen war, vermogte ſie die Groſſen dahin, daß ſie ſie zur Regentinn ernannten. Da aber der Prinz von Conde, und der Reichs-Feldherr von Montmorency, nach der Verwaltung des Reiches trachteten, ließ ſie den König, ſobald er das vierzehnte Jahr erreichet hatte, für mündig erklären, und nach der Zeit führete ſie im Namen dieſes Prinzen das Regiement, welcher kaum einen Schatten von Gewalt hatte. Man weiß, welchergeſtalt ſie ihre Macht, zur Niedermachung derer Proteſtanten, in der Schlacht bey St. Barthelemi, gemißbrauchet, und den König beredet habe, ſich für den Urheber dieſer unglücklichen Handlung anzugeben.

Ihre Abſichten waren weiter, als auf Frankreich gerichtet. Sie hatte von einigen Kaufleuten aus Marſeille erfahren, daß die Kriegsvölker des Selim gegenwärtig im Orient gegen die Italiäner und Spanier beschäftigt wären, und daß die Franzosen solchergestalt die beste Gelegenheit hätten, das Königreich derer Algierer zu erobern, welche sich weit lieber unter ihren Scepter, als unter die Bothmäßigkeit derer Spanier, womit sie bedrohet wurden, begeben würden. Wofern dieses Vorhaben gelingen sollte, wollte sie in kurzem, nach ihrer Rechnung, nicht allein Sardinien mit dazu nehmen, welches der König von Spanien, Philipp, vormals als eine Schadloshaltung für Navarra, welches er widerrechtlich in Besitz genommen, angeboten hatte; sondern auch nachher die Insel Corsika, worauf Frankreich Ansprüche hatte. Diese beyde Inseln, welche die grössesten auf dem Mittelländischen Meere sind, und eine sehr vortheilhafte Lage, um desto leichter nach Afrika kommen zu können, hatten, wann sie auf solche Art mit dem Staat von Algier vereiniget würden, sollten eine vor die benachbarte Krone fürchterliche Macht darstellen. Zu diesem Behuf nun, trug sie dem Franz von Noailles, Bischofe von Acqs, auf, diese Sache bey der Pforte, mit dem Groß-Vezier richtig zu machen. Selim schien gegen diesen Vorschlag gar nicht abgeneigt zu seyn, und er

hätte

hätte auch, nach der Kenntnis, die er von den Verdiensten der Catharinen hatte, den Sultan dazu vermogt, wofern sich nicht der Mufti, dessen Gutachten bey wichtigen Unternehmungen unentbehrlich ist, dawider gesperret hätte; unter dem Vorwande, daß die Dinge, welche durch den Gottesdienst ihrer Väter geheiligt wären, in keine andere Hände, als in die Hände derer Muselmänner kommen müsten. Weil man indeß gern die Gunst der Königinn gewinnen, und sie zur Freundinn behalten wollte, so versprach man, in kurzem eine Flotte von zwey hundert Galeeren, nach die Küsten von Provence zu schicken, mit welcher die Franzosen sämmtliche, an denen Küsten von Spanien, und Italien belegene, Städte, ohne daß der Hof von Constantinopel den geringsten Anspruch daran machen könnte, unter ihre Bothmäßigkeit bringen könnten.

Dieser vor Frankreich so vortheilhafte Traktat, ward aus keiner andern Ursach, als eines gewissen andern dazu kommenden Anschlages wegen, welcher noch weit herrlichere, und angenehmere hofnungsvolle Aussichten ertheilete, vereitelt. Catharine, welche eben so leichtgläubig, als ehrgeizig war, hatte von Wahrsagern, die sie befraget hatte, gehöret, daß sie noch vor ihrem Tode alle ihre Kinder auf dem Throne sehen würde. Ohnerachtet sie diese Weissagung auf eine sich ausnehmend schmeichelnde Art auslegete, so stand sie doch in Furcht, daß man ihr darunter habe zu verstehen geben wollen, daß ihre Kinder nach einander in Frankreich zur Regierung gelangen würden; welches eine Anzeige einiger wichtiger Veränderungen, oder frühzeitiger Todesfälle, wäre. Um nun die Vorherverkündigung einer dergleichen traurigen Regierungs-Folge zu Schanden zu machen, richtete sie ihre Augen auf sämmtliche Reiche in Europa, welche sie etwa ihren Söhnen verschaffen könnte; und war auf die, dazu vorfallende, Gelegenheiten ungemein aufmerksam. In dieser Absicht eben, hatte sie bereits die Vermählung des Herzoges von Anjou, und des Herzoges von Alencon, mit der Königinn von Engelland, Elisabeth, zu vermitteln gesuchet.

Es lief damals die Nachricht ein, daß an dem Aufkommen des kranken Königes von Pohlen, Sigismund August, gänzlich gezweifelt, und weil dieser Fürst keine Kinder hätte,

hätte, die Wahl eines neuen Königes, denen Ständen des Volkes anheim gestellet werden würde. Sogleich nahm Catharine diese Sache, welche sich ganz ausnehmend zu ihrem Lieblings=Entwurf schickete, zum Augenmerk; und es hätte der allergeschickteste Prinz auf der Welt keine vortreflichere Maaßregeln, als sie zur Erreichung ihres Endzweckes traf, wählen können. Sie nahm mit dem Bischofe von Valence, und ihrem Vertrauten, Monluc, Abrede, einen jungen Hof=Junker abzuschicken, welcher unter dem Vorwande, auf Reisen zu gehen, zuerst den Hof von Wien besuchen, und daselbst hinter dessen Gedanken und Absichten zu kommen, suchen sollte. Denn, es hieß, daß der Kaiser die Pohlnische Krone an seinen Sohn Ernst, zu bringen gedächte. Von Wien sollte dieser Junker nach Pohlen gehen, und daselbst vor den König kommen zu können, sich äusserste Mühe geben. Er sollte mit denen Herren von denen Landständen, welche einen besondern Ruhm darinn suchen, die Fremden gut aufzunehmen, zusammen halten. Er sollte auf eine ungezwungene Art dahin trachten, daß er ihnen Hochachtung gegen den Französischen Namen, und insbesondere gegen den Herzog von Anjou, beybrächte. Endlich, sollte er sie auch auf alle nur mögliche Art dahin zu bringen suchen, daß sie an selbigen bey der Wahl ihres Fürsten, gedenken mögten. Dieses Geschäft nun ward dem Balagny, einem jungen geschickten Herrn, welcher ein unehelicher Sohn des Monluc war, aufgetragen; und er führete selbigen, zum größten Wohlgefallen und Zufriedenheit der Catharinen, aus.

Es kam selbiger sogleich nach erfolgtem Absterben des Sigismunds, nach Frankreich wieder zurück, und brachte der königlichen Frau Mutter Nachricht von dem Zustande, darinn er die Pohlen gelassen hatte. Nach der Vorstellung, die er davon machte, fand die Königinn niemanden, der zur Befolgung dieses Vorhabens geschickter gewesen wäre, als der Erzbischof von Valence selbst. Er entschuldigte sich zwar lange, wegen seines hohen Alters, und seiner Unpäßlichkeit. Sie setzete ihm aber dermaßen zu, daß er nicht anders umhin konnte, diesen Auftrag anzunehmen. So groß in der That die Hülfe, und das Ansehen war, daß er vom Hofe aus, zur Treibung eines Geschäftes von solcher Wichtigkeit erhielt, so hatte er doch für seine Person, die größten Vortheile,
welche

welche ihm zu einem glücklichen Erfolg behülflich seyn konnten. Er hatte seine Geschicklichkeit bereits bey verschiedenen Gesandtschaften an den Tag geleget, denen er mit so vieler Klugheit, als Glücke, vorgestanden hatte. Die getroffene Wahl eines solchen Mannes, war der Weisheit der Catharinen, vollkommen gemäß.

Sobald er an die Grenzen von Pohlen gekommen war, ließ er ein Schreiben an die zu Warschau versammlete Erzbischöfe, Bischöfe, Woiwoden, und vornehme Herren ergehen, darinn er ihnen zuredete, daß sie sich doch bey der bevorstehenden Wahl eines neuen Königes, vor dem Herzog von Anjou, geneigt bezeigen mögten. Er hob die Vorwürfe, welche man dem jungen Prinzen, wegen seines gehabten Antheiles, an der Schlacht bey St. Barthelemi machte, mit vieler Geschicklichkeit aus dem Wege. Dagegen führete er ihnen alles dasjenige, was an ihm preiswürdiges seyn konnte, den Ruhm seines Geschlechts, die Hoheit seiner Geburt, die Reife seines Alters, seine Redlichkeit, seinen durchdringenden Verstand, seine Krieges-Erfahrenheit, und Regierungs-Wissenschaft, nebst dem Glücke, welches alle seine

Unter-

Unternehmungen begleitete, auf das lebhafteste zu Gemüthe. Das Gespräch, so er auf dem Reichstage, nach dem von der Catharinen darüber erhaltenen Unterricht, führete, ist ein Beweis der sowohl ihm, als ihr beywohnenden Geschicklichkeit. Er machte vornemlich die Vortheile, welche die Wahl des Herzogs von Anjou dem Königreiche verschaffen könnte, ausführlich nahmhaft. Er zeigte, daß er mit keinem einzigen regierenden Herrn in Feindschaft lebe; daß er keine Streitigkeiten wegen der Grenzen hätte; daß er aus einem, gegen die Pohlen allemal freundschaftlich gesinneten Geschlechte abstamme; daß er in Frankreich sehr viel Güter besitze, deren Einkünfte sich auf vier mahl hundert tausend Thaler Goldmünze beliefen; daß er auf seine eigene Kosten, eine Flotte, zur Erhaltung des See-Handels von Narva, und im erfordernden Falle zur Uebersetzung einer Armee von Gasconniern nach die nördlichen Länder, ausrüsten könnte; daß nicht mehr als zehn Tage dazu gehöreten, von denen französischen Häfen nach Danzig über zu reisen, und daß ihn endlich seine Reichthümer in den Stand setzeten, die Universität zu Cracau wieder in die Höhe zu bringen, und ihr Collegium

gium in die vorige gute Umstände wieder zu versetzen.

Die ganze Versammlung hatte an seiner Rede, welche er, um sie noch bekannter zu machen, mit Fleiß hatte drucken lassen, ein Wohlgefallen bezeuget, so, daß dabey gar nicht mehr an die Mitwerber des Herzoges von Anjou gedacht wurde. Wenig Tage nachher rief man selbigen zum König von Pohlen aus, und schickte dreyßig derer vornehmsten Magnaten an ihn ab, welche ihm die Nachricht davon hinterbringen sollten. Catharine, welche vor Freuden ganz ausser sich war, daß sie in einer so wichtigen, als schweren Sache, ihren Endzweck erreichet hatte, übertraf sich in Pracht, der denen Abgeordneten wiederfahrnen Ehrenbezeigungen. Sie schickte ihnen funfzig vierspännige Carossen, vor dem Thore St. Martin entgegen, welche bey ihrem Einzuge vorauf fuhren, und insgesammt mit denen Prinzen vom Geblüte, denen vornehmsten Herren, und hohen Reichs-Beamten angefüllet waren. Der Dauphin, Franz von Bourbon, mußte den Zug führen.

Solchergestalt hatte also Catharine ihren Endzweck bey einer Sache erreichet, welche weder

der der Kaiser Maximilian, noch Johann, König von Schweden, noch der Großherzog von Moskau, Basil, ein jeder ins besondere, vor ihre Söhne, hatten durchsetzen können; noch auch der Großherr, vor jemanden, den er in Vorschlag brachte; noch auch endlich die Pohlen, vor einen Prinz ihrer Nation, welcher billig vor einen jeden Fremden, zur Thronfolge hätte vorgezogen werden müssen. Ihre Verschlagenheit, und List, setzte sie über alle diese berühmte Mitwerber, welche sonst für sehr geschickt in der Regierungskunst gehalten wurden, hinweg. Es muste die zärtliche mütterliche Liebe dem Ehrgeitze nachgeben, als der neue König, den sie als sich selbst liebete, hinweg reisen, und seine Krone in Besitz nehmen muste. Sie legte, als er von ihr Abschied nahm, die stärksten Beweise der Traurigkeit, und der schmerzhaftesten Empfindungen ab.

Kaum aber war er in Pohlen angelanget, so erhielt er einen Currier, mit der Nachricht, daß er nach Frankreich wieder zurück kommen, und den Thron, welcher ihm, nach dem acht Monathe nach seiner Abreise erfolgeten tödtlichen Hintritt seines Bruders, Carls des Neunten, zugefallen war, besteigen möchte. Der
Prinz

Prinz, weil er sich in einer ungemeinen Ent=
kräftung befand, erklärete sich, daß er, weil er,
seiner Krankheit wegen, sich mit denen Staats=
Angelegenheiten nicht mehr abgeben könne, sel=
bige gänzlich seiner Mutter übertrage, von der
er wüßte, daß sie des Vertrauens, so er auf sie
setzete, vollkommen würdig wäre. Er befahl,
daß man ihr, eben so, wie ihm selbst, Gehorsam
leisten, und, wann Gott ihn aus dieser Zeitlich=
keit hinweg nehmen würde, das Ansehen dieser
Prinzeßinn, der er zu dem Ende so lange, bis
ein neuer König von Pohlen da wäre, alle
seine Gewalt völlig übertrüge, in allen Stücken
anerkennen sollte. Man setzete den offenen
Brief hierüber auf, und um selbigen noch rechts=
beständiger zu machen, ließ Catharine, die junge
Königinn, den Herzog von Alencon, den
König von Navarra, und den Cardinal
von Bourbon, dabey gegenwärtig seyn. Das
Parlement, welches der neuen Regentinn seine
Ehrerbietung bezeugen wollte, setzete in die Ur=
kunde, daß die Eintragung auf Ansuchen des
General=Procurators geschehen sey, nachdem
die Königinn die Verwaltung des Reiches, auf
inständiges Bitten des Herzoges von Alen=
con, des Königes von Navarra, des Car=

f dinals

dinals von Bourbon, und derer von dem Parlemente an sie abgeordneter Präsidenten, und Räthe, zu übernehmen geruhet hätten.

Sie verlohr durch die neue Gegenwart des Königes, welcher den Namen, Heinrich der Dritte, annahm, nichts von ihrem Ansehen: und, man kann sagen, daß sie zwanzig Jahre nach einander, mit einer unbeschränkten Gewalt, welche sie sich sowol über ihre Söhne, als auch über die Grossen des Reiches herauszunehmen gewußt, regieret habe. Da der König nächstdem auch zu einem müßigen Leben geneigt war, ließ er ihr die Freyheit, zu schalten und zu walten, wie sie wollte. Wegen derer Streitigkeiten über die Religion, herrschete damals in dem Reiche, mehr als sonst jemals, eine grosse Unruhe. Catharine sahe die Unmöglichkeit, und die Schwürigkeiten, die Protestanten zu zwingen, sich nach den in der Kirchen-Versammlung zu Trient gemachten Schluß zu bequemen, ein. Es fanden selbige an denen vornehmsten Personen im Staate, und selbst an denen Prinzen vom Geblüte, Stützen; ihre Partey war gar ungemein fürchterlich, und in Hofnung, daß sich mit der Zeit bessere Umstände einfinden würden, benahm Catharine, vermitmittelst derer Friedens-Verträge, welche die hitzige Gemüther in Ordnung hielten, die Gelegenheiten zur Unruhe. Der unbesonnene, oder eigennützige Eyfer aber derer Catholicken, welcher das berühmte Bündnis (Ligue), das sowol dem Staate, als der Religion, nachtheilig war, hervorgebracht hatte, führete überall eine starke Veränderung ein. Die Bundsgenossen zogen zugleich den König mit in den unglücklichen Vorsatz, den sie gefasset hatten, alle diejenige von seinen Unterthanen, welche nicht dem Irrthume entsagen würden, zu Grunde zu richten.

Catharine wandte alle mögliche Mittel, dieses Ungewitter abzuwenden, an. Sie gieng darinn so weit, daß sie persönlich eine Reise vornahm, und den König von Navarra bis in Poitou aufsuchete, um ihn zu ermahnen, daß er die Religion seiner Väter annehmen, und sich nicht des Unglückes, womit Frankreich bedrohet wurde, schuldig machen mögte; sie ersuchete ihn, den Marsch der Völker aus Deutschland, welche er zur Unterstützung derer Französischen Calvinisten kommen ließ, zu widerrufen. Es waren aber alle ihre Bitten vergeblich, und sie mußte, um die gehörige Maaßregeln gegen

eine

eine wider die Person des Königes selbst, (welcher, nach ihren Gedanken, nicht Eyfer genug bezeigete,) gemachte Zusammenverschwörung derer Bundsgenossen, zu ergreifen, schleunig nach Paris zurück kehren. Catharine, welche sich nicht überreden konnte, daß es mit dem Anschlage dieses Verbrechens, würklich auf die Art, wie man erzählete, an dem sey, hielt ihren Sohn von gefänglicher Einziehung derer vornehmsten Mitverschwornen, damit die gegenseitige Partey darunter nicht gewinnen mögte, zurück. Ihre Weisheit verließ sie bey dieser Gelegenheit. Der Herzog von Guise, welcher überall darauf bedacht war, das Unternehmen, worauf ihn ein falscher Eyfer gebracht hatte, durchzutreiben, verleitete die Bürger zu Paris, und brachte sie dahin, daß sie die an denen Haupt-Plätzen der Stadt ausgestellt gewesene Truppen des Königes ohne Verschonen niedermachten, woselbst ein Theil in der treulosen Schlacht bey Baricades um das Leben kam.

Dieses war der letzte Stoß, welcher bis zu der Zeit, da die siegreiche Waffen Heinrichs des Vierten dem Aufruhr sein Ziel setzeten, und sämtlichen Parteyen ein Ende machten, das Königliche Ansehen vollends über den Haufen
warf

warf. Als der König, um seine Person in Sicherheit zu bringen, nach Chartres geflüchtet war, begab sich der Herzog von Guise des Abends zur Königlichen Frau Mutter, und wollte ihr glaublich vorstellen, als wann ihm diese schnelle und plötzliche Abreise, zu der er nicht den allergeringsten vernünftigen Grund hätte, höchst unangenehm wäre. Die unbeschränkte Gewalt, welche sich dieses Oberhaupt der Zusammenverschwornen erworben hatte, erlaubte Catharinen nicht, ihm alles Abscheuliche, so in seinem Betragen läge, und dem er mit dem äussern Schein der Religion einen Anstrich zu geben gedachte, vor Augen zu legen. Sie glaubte, sich verstellen zu müssen, um nur den Schatten von Ansehen, so sie annoch übrig hatte, zu erhalten, und that weiter nichts, als daß sie ihn ganz kaltsinnig empfieng. Da sie aber sahe, daß er bereits gar zu weit gegangen war, als daß er hätte zurück bleiben sollen, und daß ihm das Glück die Mittel, seine stolze Absichten weiter zu treiben, und wobey zugleich der Untergang des Königes selbst unmöglich ausbleiben konnte, an die Hand gab, glaubte sie, daß es nunmehro Zeit sey, ihn in dem Laufe seiner Unternehmungen aufzuhalten. Sie bedienete sich in dieser Absicht der Furcht, und der Hofnung, indem sie auf der einen Seite dem Herzoge vorstellig machte, wie wenig er sich auf ein wankelmüthiges, und leichtsinniges gemeines Volk, zu dem er doch seine einzige Zuflucht nähme, verlassen könne: und auf der andern Seite ihm im Namen des Königes, ihres Sohnes, die vortheilhafteste Vorschläge that. Alle ihre Vorstellungen aber waren nicht im Stande, den Herzog zu gewinnen. In vester Entschlossenheit, sein Vorhaben durchzusetzen, und sich seiner Vortheile zum Nutzen zu bedienen, ließ er sich die Schlüssel von der Bastille, und vom Schlosse zu Vincennes bringen, um sein Ansehen in der Hauptstadt des Königreiches mehr und mehr zu bevestigen.

Vielleicht hätte er auch sogar den Thron und die Krone angefallen, wofern ihm nicht Catharine den Weg dazu, und zwar nicht sowol durch die Gewalt, sintemahl sie selbige nicht mehr in Händen hatte, als vielmehr durch Beyhülfe der Klugheit, und Weisheit, versperret hätte. Hätte sie selbst, sich, mit Ausschliessung ihres Sohnes, zur Ober=Regentinn erklären zu lassen, Lust gehabt, so hätte sie es, bey so verworrenen Umständen, gar

leicht

leicht bewerkstelligen können. Da sie aber gänzlich auf die Wiedereinsetzung dieses Prinzen bedacht war, ließ sie unter der Hand dem Ober-Präsidenten von Harley sagen, daß es sehr gut wäre, wenn das Parlement einige aus ihrer Mitte, an den Hof zu Chartres abfertigte; sich bey dem Könige, des vorgegangenen wegen, entschuldigen liesse, und ihn von der Unterthänigkeit, und Treue, derer Einwohner in Paris versicherte.

Zu dieser Aufforderung ward ausserdem auch noch ein Dekret, gleichen Innhaltes, von denen versammleten Kammern, und auf Ansuchen des General-Prokurators, ausgefertiget, um solchergestalt das Ansehen zu geben, als wann das Parlament dieses, aus eigener Bewegung, und zur Erfüllung ihrer Schuldigkeit, vornähme. Sechs Abgeordnete begaben sich nach Chartres, und hielten, nachdem sie vor den König gelassen worden, eine Rede, dergleichen man nur jemals in denen ruhigsten Zeiten hätte verlangen können, an ihn. Der König erwiederte ihnen darauf, daß ihm die Königinn Frau Mutter bereits Nachricht von ihrem Entschlusse ertheilet hätte; daß ihm selbiger zu einem desto grössern Vergnügen gereichete, da er bis daher in der vesten Ueberzeugung gestanden, daß ihr Collegium, als eins derer ansehnlichsten im ganzen Königreiche, sich niemals von ihrer Pflicht entfernen würde; daß er wüßte, wie sehr sie dasjenige, so zu Paris vorgegangen, kränke; und wie sie selbiges ohnfehlbar verhintert haben würden, wann es in ihrem Vermögen gestanden hätte. Er entschuldigte sogar, aus Verschlagenheit, die Einwohner dieser Stadt, und schob die Ursach dieses Aufstandes auf einige wenige unruhige Köpfe, welche die ganze Unordnung angerichtet hätten. Er ermahnete sie, bey der ihm schuldigen Treue unverrückt zu bleiben, und versprach ihnen, sie wegen seiner Gesinnungen, durch die Königliche Frau Mutter nähere Nachricht wissen zu lassen, der er nicht allein sein zeitliches Leben, sondern auch die Vorsorge, die sie beständig vor das Wohl, und die Ruhe seines Reiches bewiesen, zu verdanken hätte.

Selbst die Bundesgenossen liessen sich auf eine eben so vortheilhafte Weise, über diese Prinzeßinn, ohnerachtet sie sich öffentlich wider ihre Gewaltthätigkeiten erkläret hatte, heraus. In der dem Könige überreichten Schrift, darinn

sie

sie über die Stifter derer Neuerungen Beschwerden führeten, sagten sie, um ihm zu zeigen, daß weder die Eifersucht, noch der Haß den mindesten Antheil an ihrer geführten Klage hätten, ihn ersucheten, die Königinn, seine Frau Mutter, die sich wegen ihrer gehabten Vorsorge nicht allein um ihn, sondern um das ganze Königreich verdient gemacht hätte, zu bitten, ihm ihre Gesinnungen desfalls frey heraus zu gestehen; und daß sie überzeugt wären, daß er, vermöge seiner Gerechtigkeit, und der Reinigkeit seines Glaubens, den Irrthum ohnfehlbar aus dem Wege schaffen würde. Sie ersucheten hiernächst den König, selbst an die Spitze der Armee zu treten, welche gegen die Ketzer in Guienne marschiren sollte, da unterdessen die Königinn, zur Aufsicht über die Verwaltung des Staates, der sie bis dahin, so glücklich, und so weise vorgestanden hätte, zu Paris bleiben würde.

Da dieser Vorschlag zum Kriege nicht bewilliget wurde, arbeitete man stark an der Versöhnung derer Zusammenverschwornen mit dem Könige. Catharine beredete zum zweyten mahl das Parlement, daß es Abgeordnete an ihn schicken, ihm vor den, denen Catholicken geschenkschenkten Frieden, Dank abstatten, und ihn unterthänig ersuchen mögte, das Vergangene in Vergessenheit zu stellen, und wieder nach seiner Hauptstadt zurück zu kommen. Zum Anführer hatten diese Abgeordnete den gelehrten Präsidenten, Barnabas Brisson. Er traf den Fürst zu Vernon an, und hielt eine dermassen geschickte Anrede an ihn, daß sie den ganzen Hof in Entzücken setzete. Heinrich, welcher, ohnerachtet er etwas viel wichtigers zu besorgen hatte, sich gar zu gern mit dergleichen Arten von Reden abgab, hielt eine Antwort darauf, woraus man ersehen konnte, daß er, seinen Witz zu zeigen, sich Mühe gegeben habe. Er erkläreteaber in selbiger, daß er es noch nicht für rathsam hielte, nach Paris zurück zu kehren.

Von Vernon begab er sich wiederum nach Chartres, wohinn ihm die Königliche Frau Mutter den Herzog von Guise gebracht hatte. Dieses Oberhaupt derer Zusammenverschwornen, erschien mit einem grossen Scheine der Unterthänigkeit vor dem König, fiel ihm zu Fusse, und wollte ihm die Hand küssen. Heinrich hob ihn überaus freundlich in die Höhe, und umarmete ihn. Man wuste gar wohl, daß alles, was bey dieser erstern Unterredung vorgenomgenommen worden, aus blosser, dem Hofe so gewöhnlichen, Verschlagenheit geschehen sey; und den Beweis davon hatte man vor Augen, als man erfuhr, daß der König den Herzog von Guise, beym Eintritt in sein Zimmer, wo er ihn besuchet, hatte vom Leben bringen lassen. Sofort, nach vollbrachter That, gieng Heinrich zur Königinn hernieder, um ihr von demjenigen, was vorgegangen war, die Nachricht zu hinterbringen. Die Königinn erschrack über eine so entsetzliche That, darüber der König nicht einmal im geringsten gerührt zu seyn schien. Weil sie sich indessen vollkommen zu verstellen wuste, that sie weiter nichts, als, daß sie blos ihren Sohn fragete, ob er die Folgen, welche diese vollzogene That haben könnte, vorher gesehen, und sich auf einen jeden Fall gefaßt gemacht hätte. Der König ertheilete ihr zur Antwort, daß er sich auf alles vorgesehen hätte. Recht gut! sagte die Königinn zu ihm: ich will nur wünschen, daß dasjenige, was vorgegangen ist, einen guten Erfolg haben möge!

Ohnerachtet Heinrich eine Verstellung annahm, so merkte sie doch, daß er ihr nicht mehr zu trauen anfieng; und von der Stunde an,

sahe

sahe man sie auf eine gar merkliche Art kaltsinnig werden. Entweder aus Verstellung, oder würklichen, und von ihrem hohen Alter herrührenden Widerwillen, gab sie sich mit keiner Verwaltung der Reichsgeschäfte weiter ab; sondern erhielt sich nur blos am Hofe, durch eine allemal Königliche Pracht, und durch einen Schatten von Ansehen, so ihr der Prinz niemals entzog. Kurz vor dem Tode des Herzoges von Guise hatte sie einen kleinen Anfall von Fieber gehabt, und sie fieng sich auch bereits wieder zu bessern an, als ihr dieser unvermuthete Zufall, benebst denen Vorwürfen des Cardinals von Bourbon, welcher ihr vorhielt, daß sie eine Verrätherinn an ihm, nnd dem Herzoge, dadurch, daß sie selbige an den Hof gebracht, geworden wäre, den Tod zuzog.

Catharine kann, so wie die grössesten Fürsten insgesammt, Fehler gehabt haben: dieweil so leicht kein Mensch davon befreyt seyn kann. Man muß aber auch gestehen, daß sie die Kunst, ein Königreich, in denen verworrensten Zeitläuften, zu regieren, in einem vorzüglichen Grade besessen habe. Ihre Söhne, deren in der Geschichte zum öftern mit Ruhm Erwähnung geschiehet, haben niemals so, wie sie, die beyde

Par=

Parteyen, welche damals die Kirche und den Staat beunruhigten, in einem Gleichgewichte zu erhalten gewußt. Dieses ist die einzige Seite, von der ich mir gegenwärtig die berühmte Prinzeßinnen vorstelle, und in deren Betrachtung ich der Catharine von Medicis einen Rang unter denen berühmtesten Regentinnen angewiesen habe.

Marie von Medicis, und Anne von Oesterreich.

Die unter der Regierungs-Verwaltung der Marien von Medicis, Gemahlinn Heinrichs des Vierten, desgleichen der Annen von Oesterreich, Mutter Ludwigs des Vierzehnten, vorgefallene Begebenheiten sind nicht weniger wichtig gewesen. Sie waren beyderseits genöthigt, eine jede einen obersten Staats- (Premier-) Minister zu nehmen; und ihre darinn getroffene Wahl war ein Beweis der Richtigkeit, und Gründlichkeit ihrer Beurtheilung, indem sie einen Theil der Macht, Männern anvertraueten, welche im Stande waren, sie mit aller, der Majestät des Thrones geziemenden, Weisheit, Macht, und Glanze, regieren zu lassen. Dieses sind in der That
die

die vortrefliche Minister, welche das Andenken derer Könige verewigen; und es ist ein sicheres Kennzeichen der Grösse eines Fürsten, wann er dergleichen Personen auszusuchen weiß. Man kann auf selbige dasjenige, was dort die Weisheit von sich selbst behauptet, deuten: *Durch mich regieren die Könige, und die Rathsherren setzen das Recht; durch mich herrschen die Fürsten, und alle Regenten auf Erden.* (*)

Welch eine Ehre ist es vor einen Prinz, und welch eine Erkenntlichkeit von Seiten seiner Unterthanen, denen er einen Minister giebt, welcher auf dem Gipfel der Hoheit ohne Stolz und neben Königlichen Personen, die ihn ehren, ohne, daß er sich fühle, an sich wahrnehmen zu lassen, sitzt; die Reichthümer mitten in dem Schoosse des Ueberflusses verachtet; derer ihm zugehörigen sich in keiner andern Absicht, als um dadurch ein Wohlthäter zu werden, bedient; gegen Jedermann leutseelig ist; niemals, als mit Unwillen, und ohne daß sich jemand darüber beschweren könnte, etwas abschlägt; alles, was er einwilligt, niemals zu hoch anrechnet; an Wohlgefälligkeiten seinen

größten

(*) Spr. Sal. VIII. 15. f.

XCV.

größten Gefallen hat; die wichtigsten Dinge in der Stille verrichtet; in seinem Verstande allemal gleich; mit seinem Herzen immer derselbige bleibt; in seiner Aufführung ernsthaft, und in seiner Denkungsart gleichförmig; in seinen Absichten so gerecht, als in seinen Vornehmungen unerforschlich, und in seinen Zusagen unwandelbar ist; von der Entstellung, Unlust, und Unruhe, welche die Schwäche des Geistes verrathen, befreyt bleibt; von dem sich niemals mit Gewißheit bestimmen läßt, worinn er die mehreste Stärke besitze, ob in der Staatskunst, oder in der Gesetzkunde, oder in der Kriegs- oder Finanz-Wissenschaft? der ein jedes dieser Stücke, mit einer gleichen Geschicklichkeit einrichtet; mithin des Zutrauens seines Fürsten, der Hochachtung derer Grossen, und der Freundschaft des Volkes würdig; in dem Königreiche beliebt ist, und von fremden Mächten, die ihn auch alsdann, wann er wider sie ist, zu ihrem Schiedsrichter erwählen, in Ehren gehalten, und gefürchtet wird; den Krieg als eine Landplage verabscheuet, und ihn dennoch zu rechter Zeit, zur Bevestigung des Friedens, dadurch, daß man die Feinde des Staates zwinge, um Frieden zu bitten, und sich vor uns

uns zu fürchten, vorzunehmen weiß; von allem, vom Bischofs- und Feldmarschalls-Stabe an, bis zum Hirten-Stabe, eine Kenntnis besitzt; nicht das geringste aus der Acht läßt; auch sogar auf das letzte Schaaf in der Heerde seine Augen gerichtet hält; bey dem eine jede Sache, sobald sie nur die Angelegenheit eines Unterthanen betrift, Aufmerksamkeit verdient; vor den alle Franzosen wünschten, daß einige von ihren Lebenstagen abgekürzet, und denen seinigen zugesetzet würden; daß ihn der Himmel, ihrer zu ihm tragenden Liebe wegen, erhalten, und eben so augenscheinlich, als jenen, der nach Egypten, um daselbst das Glück seiner Brüder zu werden, geschickt worden, in seiner Obhut bewahren mögte, und über den er den Verstand, und die Weisheit, womit der Minister des Leutseeligsten unter allen Monarchen, welche Land- und Städte-Bezwinger gewesen, der Befreyer Israels, begabt war, ausgegossen hatte.

Es fehlete noch sehr viel daran, daß Richelieu, und Mazarin, zusammen genommen, alle diese Eigenschaften gehabt hätten; und doch kann man ihnen nicht die Ehre, daß sie grosse Minister gewesen, streitig machen. Marie von Medicis nahm den Erstern, nachdem

Hein-

Henrich der Vierte aus dem Lande derer Lebendigen vertilget worden war, an; sie theilete mit ihm die Verwaltung des Reiches; und da sie beständig beyderseits nach einem gemeinsamen Rathe handelten, vertheidigten sie selbiges gegen seine auswärtigen Feinde, und gegen die Wuth des falschen Eyfers. Das Parlement konnte seine Erkenntlichkeit gegen die Königinn Frau Mutter nicht besser an den Tag legen, als, da es in voller Versammlung an einem feyerlichen Gerichtstage (Lit de justice) zu erkennen gab, daß es das Volk ungemein gern sehen würde, wenn man eine neue Münze mit der Umschrift: MARIA MEDICEA, SECVRITAS REI GALLICAE, Maria von Medicis, die Sicherheit derer Französischen Angelegenheiten, prägen liesse. Diese Lobes-Erhebung schließt zugleich alle übrige mit in sich. Sie überhebt uns der umständlichern Ausführung. Sie zeiget, wie würdig diese Prinzeßinn, das Regiement zu führen, gewesen sey; und sie könnte hinreichend seyn, den berühmtesten und schätzbarsten unter allen Monarchen darunter vorzustellen.

Frankreich befand sich in denen allermißlichsten Umständen, als Anna von Oesterreich

beym

beym Parlemente, den achtzehnten May, 1643, zur Reichs-Verweserinn ernannt wurde. Der junge König, Ludwig der Vierzehnte, war damals erst fünftehalb Jahre alt. Alle auswärtige Mächte waren wider seine Krone zusammen getreten; und die Religions-Streitigkeiten unterhielten das Feuer des bürgerlichen Krieges, in sämmtlichen Theilen des Königreiches. Die Königinn fand niemanden, der mehr im Stande gewesen wäre, zur Abwendung dieses Ungewitters behülflich zu seyn, als den Cardinal von Mazarin, einen in der Regierungskunst vollkommen bewanderten Mann, der den Cardinal von Richelieu zum Lehrmeister gehabt, und den Ludwig der Dreyzehnte, zu seinem Befolger des Testamentes ernannt hatte. Es ward, von der Zeit an, alles durch diese beyde Seelen des Oberhofgerichtes regieret. Sogleich im ersten Jahre der Regentenschaft griff man zu den Waffen, und zog zu gleicher Zeit gegen sämtliche Feinde des Staates zu Felde. Der herrliche und glückliche Erfolg, den die Unternehmungen derer Generale, denen man das Ober-Gebiet derer Truppen anvertrauete, hatte, waren ein Beweis von der Weisheit, mit welcher

cher man selbige vorzüglich vor andern erwählet hatte. Niemals hat Frankreich soviel Siege in so kurzer Zeit davon getragen. Ludwig von Bourbon, Herzog von Enguien, welcher nachher unter dem Namen des Prinzen von Conde so berühmt geworden, gewann die merkwürdige Schlacht bey Rocroy, und nahm Diedenhofen (Thionville) weg. Der Marschall von Breze, schlug die Spanische Flotte, in dem Angesichte von Carthagena, Turin ward von dem Prinzen Thomas erobert; die Brücke von Esturien, von dem Marschalle du Pleßis-Pralin, und Rothweil in Deutschland, von dem Marschalle von Guebriant. Das folgende 1644ste Jahr war nicht weniger glücklich. Der Vicomte von Türenne gewann die zwote Schlacht bey Rothweil. Der Herzog von Enguien, welcher bereits bey Freyburg Ehre eingeleget hatte, eroberte Speyer, Philippsburg, Maynz, und andere Städte, welche das Schicksal von Grevelingen, so Gasto von Orleans unter seine Bothmäßigkeit gebracht hatte, erfuhren. Mit Rose, la Mothe, Bethüne, und Landau, gieng eine gleiche Veränderung, und nach ihnen, mit

Liorens in Catalonien, mit Nordlingen in Deutschland, und mit Mora in Italien, vor. Dergleichen Glück daurete fast ohnunterbrochen, die vier folgende Jahre über, bis zum Münsterschen Frieden, welcher im Jahre 1649 unterzeichnet wurde, fort.

Das Vergnügen, welches man sich davon versprach, ward durch die Stimmen des Aufruhres, welche sich in dem Königreiche hören liessen, gestöhret. Das Volk, welches durch die Steuer, die der Rath zur Unterhaltung eines allgemeinen Krieges, sehr hoch angesetzet hatte, belästigt wurde, hielt sich dieserhalb an den Cardinal Mazarin; und die Grossen, welche seine Gewalt, und die unermeßliche Einkünfte, die er theils von dem Gehalt des Hofes, und theils von dem Bischofthume zu Metz, und zwölf Königlichen Abteyen hatte, mit neidischen Augen ansahen, erkläreten sich wider ihn. Dieses war der Grund, oder der Vorwand von denen bürgerlichen Kriegen, welche in ganz Frankreich, vier Jahre hindurch, die grösseste Unordnungen anrichteten. Die Königinn suchte ihren Minister, so lange als ihr immer möglich war,

zu

zu erhalten. Indeſſen muſte er endlich doch das Königreich räumen, und es ward in ſelbigem auf ſeinen Kopf Geld geſetzet. Seine Feinde hingegen, welche die Ueberwinder von denen fürchterlichſten auswärtigen Mächten geweſen waren, zogen allemal den Kürzern, wann ſie mit dem Gegenpart ſtritten. Dieſes rührte von denen Maaßregeln her, die er nahm, und von dem geheimen Verſtändnis, welches er mit der Königinn unterhielt. Die Aufrührer muſten zuletzt unterliegen, und ſahen ſich genöthigt, ſeine Rükkunft einſtimmig zu bewilligen. Er nahm ſich der Verwaltung derer Reichsgeſchäfte, nebſt der Königinn, ſelbſt noch bey der Mündigkeit des Prinzen, wiederum an; ſchenkte dem Staate die Ruhe wieder; und beſchloß ſeine Staatsminiſter-Bedienung, mit der Vermählung Ludwigs des Vierzehnten an die älteſte Spaniſche Prinzeßinn (Infantinn), welche nach den zweeten Frieden erfolgete. Frankreich war eines ſolchen Mannes bey ſo unruhigen Zeitläuften, als diejenige waren, darinn man ſich unter der Minderjährigkeit des Prinzen befand, benöthigt; und es hatte den Beyſtand, den es an ihm fand, dem Schutze, darinn ihn

Anne

Anne von Oesterreich, wider Willen aller ihrer Unterthanen nahm, zu verdanken. Der Erfolg zeigete, daß sie die wahren Vortheile des Staates weit besser, als irgend jemand, eingesehen, und daß kein einiger in dem ganzen Königreiche, so würdig, am Regiements-Ruder zu sitzen, gewesen.

Berühmte Regentinnen in Spanien.

Spanien hat eben sowohl, wie Frankreich, und Engelland, seine tapfere Frauenzimmer, und Heldinnen gehabt. Weil niemals ein Gesetz daselbst vorhanden war, wornach selbige von dem Throne ausgeschlossen gewesen wären: so hätten viele denselben, zu verschiedenen Zeiten, mit eben so vieler Weisheit, Macht, und Ansehen, als die Prinzen, welche sich am meisten um die Hochachtung, und Zuneigung ihrer Unterthanen verdienet gemacht, inne. Die Geschichte dieser Monarchie liefert uns nach einander verschiedene Beyspiele. Da mir aber die engen Schranken einer Vorrede nicht erlauben, mich so umständlich

lich und ausführlich, als etwa wohl geschehen könnte, hierüber auszulassen: werde ich weiter nichts, als blos die Regierung der in der Geschichte dieses Königreiches so berühmten Isabelle berühren.

Isabelle.

Heinrich der Vierte, König von Castilien, mit dem Beynahmen: der Unvermögende, wollte von sich geglaubt wissen, daß er Vater von der Prinzeßinn Johanna wäre, von der doch bey dem ganzen Hofe bekannt war, daß sie von der Königinn, und dem Großmeister des St. Jakobsordens abstammete. Zur Behauptung seines Vorgebens, ernannte er sie zur Kron-Erbin nach seinem Tode, zum Nachtheil seiner eigenen Schwester, der Isabelle, als der, in Ermangelung eines rechtmäßigen Nachfolgers, der Scepter von Rechts wegen zukam. Der Trieb zu gefallen, bey einigen; und die Neigung vor das Königliche Geblüt, bey andern, brachten, in Ansehung dieser Ernennung, getheilte und verschiedene Gesinnungen hervor. Nächst dem verdienete auch Isabelle, ihres leutseeligen und angenehmen Wesens; ihrer ausgebreiteten und durchdringenden Fähigkeiten; ihres zur Fassung, und Ausführung derer grössesten Anschläge aufgelegten Verstandes, und des ihr beywohnenden, über ihr Geschlecht gehenden, Muthes wegen, einen Vorzug vor jener, welche man als eine Fremde, und mit Verachtung, ansahe. In Betrachtung ihres gegründetesten Rechtes an die Krone, hielten fast alle Fürsten in Europa, und unter andern auch der Herzog von Berry, um sie an. Sie zog aber denenselben den Ferdinand, einen Sohn Johann des Zweyten, Königes von Arragonien, Catalonien, Leon, und Asturien, vor.

Dieser junge Prinz war damals erst sechszehn Jahre alt, und mithin kamen alle Maaßregeln, welche er zu seiner Erhaltung gegen die Widersetzung seines Bruders, des Königes von Castilien, treffen muste, lediglich auf Isabellen an. Anfänglich bediente sie sich Mittel der Gelindigkeit und Verschlagenheit, wodurch sie theils diesen Prinz dahin zu vermögen suchte, daß er, in Betrachtung ihrer, andere Gesinnungen annehmen mögte; theils

auch

auch die Grossen des Reiches immer mehr und mehr an sich zu ziehen, und sie, wofern er, sich ihr zu widersetzen, nicht ablassen würde, gegen ihn aufzubringen, bemühet war. Sie schrieb in den hochachtungsvollesten, und unterthänigsten Ausdrücken, jedoch auch mit einer standesmäßigen Grösse, und Erhabenheit, an ihn, und führete ihm zu Gemüthe, wie sie die ansehnliche Vorschläge, die er, ihr anzutragen, die Gütigkeit gehabt hatte, auf eine großmüthige Art ausgeschlagen habe. Sie legete ihm die Ursachen, warum sie auf ihrer Heyrath bestanden, und den Prinzen von Arragonien, allen, die sich um sie beworben, vorgezogen hätte, umständlich dar. Sie versicherte ihn, daß sie, und ihr Gemahl, ihm allemal eben so, wie seine eigene Kinder, zugethan bleiben würden, wofern er ihnen sein Wohlwollen, und väterliche Freundschaft, nicht entzöge. In einem andern Briefe bat sie den König um Erlaubnis, zu ihm kommen zu dürfen; unter Betheurung, daß sie nichts weiter, als seine Freundschaft, und Gelegenheiten, ihm ihren Eyfer vor die Wiederherstellung, und Erhaltung des Staates, an den Tag zu legen, suchete. Heinrich nahm ihre Vorstellungen

trotzig

trotzig und zornig an, und ertheilte zur Antwort, daß er, wann er bequeme Zeit haben würde, in Ueberlegung nehmen wolle, wozu er sich zu entschliessen gedächte.

Zu eben der Zeit, hielt der König von Frankreich, Ludwig der Eilfte, um die Prinzeßinn Johanne, vor seinen Bruder Carl, Herzog von Aquitanien, an. Heinrich bewilligte ihm dieselbe gar gern, um sich einen so mächtigen Schutz an denen Franzosen, welche in Zukunft ihre Rechte an die Krone von Spanien mit vielem Eyfer in Gültigkeit setzen würden, zu verschaffen. Bey der Trauung ward die Prinzeßinn Isabelle aller ihrer Ansprüche an das Königreich Castilien entsetzet. Nachher forderte Heinrich ausdrücklich alle Grossen in seinen Staaten auf, um Isabellen und Ferdinand zur Verlassung der Grenze zu vermögen. Allein seine Befehle, und Anstalten, blieben fruchtlos. Zu seiner Betrübnis muste er sehen, daß die Partey der Isabelle, theils unter dem Adel, theils auch unter dem Volke, von Tage zu Tage immer stärker wurde. So sehr man ihn verachtete, soviel Hochachtung hatte man vor die Tugen-

den,

den, und seltene Eigenschaften der Prinzeßinn. Die Bischöfe, der Graf von Toledo, und fast alle Vornehmen, hatten sich öffentlich dahin erkläret, auf ihrer Seite zu seyn. Aus Schreck vor der Menge, und Macht ihrer Anhänger, bewilligte Heinrich, daß sie an den Hof von Sigovien kommen durfte, woselbst er sie mit allen möglichen Beweisen der Freundschaft, und brüderlichen Zärtlichkeit empfieng.

Isabelle ließ sich dadurch im geringsten nicht verblenden. Sie verlangte, daß sämmtliche Reichsstände einen Eyd der Treue an sie ablegen, und sie für die nächste Erbinn der Krone, welche ihr, vermöge des Rechts ihrer Geburt, zu Theil werden müßte, erkennen sollten. Sie versicherte, daß, wenn man sie ihrer Bitte gewähren wollte, sie, und Ferdinand, sich dasjenige, was zum Nutzen des Königes gereichte, unveränderlich angelegen seyn lassen würden; daß sie ihre einzige Tochter zum Geisel auf die Burg in Avilo hingeben, und ihre Einwilligung zur Vermählung der Prinzeßinn Johanne, Wittwe des Herzoges von Aquitanien, mit Heinrich von Arragonien geben wollte. Hingegen erklärte
sie

sie auch, daß sie sich allemal dawider setzen
würde, wann man ihr nicht die ihr schuldige
Gerechtigkeit wiederfahren liesse.

Ihre Standhaftigkeit brachte die Hofleute
des Heinrichs auf, welche sie beredeten, daß
sie die Thore von Avila verschliessen lassen,
Isabellen als Gefangene darinn behalten, und
sie dahin vermögen sollte, einen Traktat, so
wie man ihn selbiger vorlegen würde, zu unterzeichnen. Ferdinand, der von diesem Vorhaben Nachricht erhalten hatte, gieng aus der
Stadt, und gab sich alle Mühe, die Prinzessinn mit hinweg zu bringen. Weder sein inständiges Bitten, noch die Betrachtung der
Gefangenschaft, und der schlechten Begegnun-
gen, welche sie zum Nachgeben hätten bringen
können, waren im Stande, sie dahin zu vermögen, daß sie ihm gefolget wäre. Sie wollte einen Ort, woselbst die sämmtliche Schätze
des Königs in Verwahrung lagen, und wo
sich ein ungemein prächtiger und zahlreicher
Hof befand, durchaus nicht verlassen. Sie
entschloß sich, in der Vestung zu verbleiben,
und sich auf alles gefaßt zu halten.

Das Glück war der Beständigkeit der
Isabellen günstig. Es hatte die Gesundheit
des

des Königes, seit geraumer Zeit, von Tage zu Tage beständig abgenommen. Er starb, als man ihn, zur Veränderung der Luft, nach Madrit brachte; und ernannte die Prinzeßinn Johanne, zu seiner Nachfolgerinn, mit Ausschliessung der Isabellen. Es wurden aber seine Einrichtungen, mit der Einmüthigkeit, dergleichen er gehoffet hatte, nicht befolget. Der grösseste Theil Spaniens erklärte sich vor diejenige, die er ausgeschlossen hatte. Man errichtete auf dem öffentlichen Platze zu Sigovien, ein Amphitheater, worauf alle diejenige, welche sich in der Stadt befanden, den Eyd der Treue auf das Evangelienbuch, vor den Ferdinand, und Isabelle, welche sie durch einen Herold, mit Freudengeschrey, und einem allgemeinen Beyfall, zu Königen von Spanien ausriefen, ablegeten. Indessen schwur man den Eyd der Treue an Ferdinanden nicht eher, als bis er sich selbst endlich anheischig gemacht hatte, auf die Rechte, und Freyheiten des Königreiches, nach dem Beyspiel der Königin, seiner Gemahlinn, welche ihn, vor sie denen Gefahren, und der Gefangenschaft zu trotzen, gelehret hatte, unverbrüchlich zu halten.

Selbst

Selbst diejenige, welche ihre Waffen, ihr Vermögen, und Leben, zum Besten der Isabelle gewidmet hatten, waren in Ansehung der Regiements-Form unter sich nicht einig. Einige, welche denen seltenen Eigenschaften, die sie an sich blicken ließ, sehr vieles zutraueten, behaupteten, daß sie allein mit dem ganzen Ansehen bekleidet seyn müste, so, wie solches unter denen Prinzeßinnen Ormisinde, Odisinde, Sanktia, Urraka, Berengere, und verschiedenen andern, gewesen, welche vornemlich die unumschränkte Gewalt in dem Königreiche Castilien, in Händen gehabt. Man stritt sogar darüber, ob Ferdinand den Namen, und die Kennzeichen eines Königes führen sollte.

Die Königinn machte diesem Streite, durch einen Traktat, welcher einem jeden gefiel, und den sie ihren Gemahl unterzeichnen ließ, ein Ende. Die Artikel desselben bestanden darinn, daß in denen Gerichtsbüchern, Verordnungen, und auf denen Münzen, der Name des Ferdinands vor den Isabellen stehen, in denen ausgemahlten Wappen hingegen, das Wappen von Castilien, dem von Arragonien vorgesetzet werden sollte; daß die Obergebieter in denen Städten und Vestungen im Namen der Isabelle

belle erwählet werden; und die Rentmeister, nebst denen Steuer-Räthen von ihr abhängen, und den Eyd der Treue in ihre Hände ablegen sollten.

Diese Bedingungen waren vor Ferdinanden hart, und er konnte es ohnmöglich verborgen halten, wie sehr nahe ihm selbige giengen. Isabelle, als ein die Gemüther zu regieren, und die Herzen zu gewinnen, geschicktes Frauenzimmer, stellete ihn, durch die Vorstellungen, und Schmeicheleyen, die sie ihm machte, zufrieden. Sie betheurete ihm, daß diese Verordnung wegen Verwaltung des Staates, ihr weit mißfälliger, als ihm selbst, wäre; daß sie damals, als sie ihn zu ihrem Gemahl genommen, sich vest vorgesetzet gehabt, die Ehre, die Reichthümer, und die Krone, mit ihm zu theilen; daß er sowohl öffentlich, als besonders, der König, der Beherrscher, und Oberherr über alles seyn sollte; daß er aber, nach der gegenwärtigen Verfassung der Gemüther, und Beschaffenheit der Umstände, etwas aufopfern und fahren lassen müßte. Sie versicherte ihn, daß niemand jemals die Ehrenstellen, Würden, Bedienungen, und obrigkeitliche Aemter, anders, als mit seiner Ge-
nehm-

nehmhaltung, erhalten ſollte. Indeſſen gab ſie ihm doch auch auf eine geſchickte Art zu verſtehen, wie ſie nicht glaubte, daß er die Veſtungen, Statthalterſchaften, und Aufſicht über die Königlichen Einkünfte im Reiche, einem andern als Caſtilianern anvertrauen würde, indem er ſich ſonſt die Mißgunſt, und den Haß der ganzen Nation auf den Hals ziehen mögte. Dergleichen verbindliche Betheurungen, an denen die Argliſt eben ſo viel Antheil, als die Liebe hatte, beſänftigten den Verdruß und Unwillen des Ferdinands, und vermehreten ſeine Zuneigung gegen die Königinn.

Die Unterwürfigkeit derer vornehmſten Herren des Reiches, war ein wichtiger Punkt; ſie verſchaffete aber indeſſen dem Könige, und der Königinn, noch nicht alles, was, um gegen ihre innerliche, und auswärtige Feinde zu verfahren, nothwendig war. Cabrera, Aufſeher der Königlichen Rentkammer, hatte bis daher die Schlüſſel davon in ſeiner Verwahrung behalten, weil er darauf gewartet hatte, ſelbige derjenigen Partey, welche die Oberhand behalten würde, und bey der er ſich damit in Gunſt zu ſetzen gedachte, abzugeben. Iſabelle
wende=

wendete sämtliche Hülfsmittel ihres Verstandes, und ihrer Geschicklichkeit, an, um ihn dahin zu vermögen, daß er sich vor sie erkläretr. Sie schrieb an ihn; sie ließ ihn zu sich kommen; sie versprach ihm, daß sie ihm unendlich dafür erkenntlich seyn würde; sie suchte ihn auf allerhand Art dazu zu bewegen. Endlich erhielt sie von ihm, was sie begehrete. Um die übrige Aufrührer dahin zu bringen, daß sie ebenfalls diesem Beyspiele folgen mögten, gab sie dem Cabrera die an der Grenze von Valentia belegene Stadt Moja, unter dem Titul einer Markgraffchaft, zum beständigen eigenthümlichen Besitz, vor sich, und seine Nachkommen; desgleichen die Statthalterschaft von Sigovien, nebst einem andern schönen Stück Landes, unter dem Namen einer Grafschaft.

Das Geld in der Königlichen Schatzkammer, war zu denen Unkosten des Krieges, mit dem man von Seiten der Johanne, und des Königes von Portugall, welcher sie beschützete, bedrohet wurde, ungemein beynöthig. Isabelle schickte auch Abgesandten an den König von Frankreich, Ludwig den Eilften, zur Friedens-Unterhandlung, wobey sie ihm die Grafschaft Roußillon wieder abtrat. Diese

h vor-

vorläufige Anträge (Präliminarien), verschafften dem Abgesandten ein geneigtes Gehör. Der König erbot sich, nach Castilien soviel Truppen und Geld, als die Herrschaft des Ferdinands, und der Isabelle, auf einen recht vesten Fuß zu setzen, nöthig wäre, zu schicken, wofern sie ihre junge Prinzeßinn Tochter dem Dauphin zur Gemahlinn geben wollten. Durch anderweitige Umstände aber ward der König zur Veränderung seines Entschlusses veranlasset. Er verband sich sogar mit Portugall, um diejenigen, mit denen er, so gern in Verbindung treten zu wollen, geschienen hatte, anzugreifen.

Das Kriegesfeuer brach also in vollen Flammen aus; und Isabelle nahm eben soviel Antheil, als Ferdinand, ihr Gemahl, daran. Sie ertheilete die Befehle zur Truppenwerbung; sie ließ selbige mit benöthigtem Zeug und Geräth versehen, und zu denen Krieges-Uebungen anführen. Sie war zum öftern bey denen allgemeinen und besondern Musterungen in Person gegenwärtig, bey welcher Gelegenheit sie durch ihre Schmeichelreden, Liebkosungen, und Versprechungen, Nacheyfer einflössete. Sie begleitete selbige zur Armee, zum Zeugnis, daß sie die

Be=

Beschwerlichkeiten, und Gefahren, welche sie ihrentwegen ausstånden, mit ihnen theilen wollte. Bald sahe man sie das Lager besehen, bald an der Spitze eines eigenen abgesonderten Haufens, welcher auf Verkundschaftung des Feindes, des Feldes, und der umliegenden Gegenden, ausgieng. Sie legete sich auf alles, was nur irgend zum Kriege gehörete. Sie begab sich in eigener Person nach verschiedene Gegenden, und Länder, um die nöthige Lebensmittel einzukaufen, und nach das Lager schaffen zu lassen. Sie kam nachher wieder zurück; und, wann eine Schlacht zu liefern war, war sie die erste an der Spitze derer Schwadronen, begab sich eilends von einer zur andern, und ermunterte selbige durch Versprechungen, und durch die Liebe zum Ruhm, sich gut zu halten. Sie bewerkstelligte alle Verrichtungen eines Generals, und eines Helden. Der Sieg krönete endlich ihre, und Ferdinands, Tapferkeit. Die Truppen der Johannen, Portugiesen, und Franzosen, wurden nach verschiedenen Niederlagen aus einander getrieben, und es kam zu einem Friedens-Traktat, welcher völlig zum Nutzen der Isabelle eingerichtet war. Die Prinzeßinn Johanne ließ nunmehro alle Hofnung fahren, jemals über eine so starke Nebenbuhlerinn die Oberhand erhalten zu können, und entschloß sich dannenhero, den Nonnen-Schleyer anzulegen. Sie gieng also ins Kloster, und Isabelle kam dadurch in einen ruhigen Besitz des Thrones von Castilien, und Spanien.

Die Augenblicke des Friedens, wurden von Isabellen im geringsten nicht denen Ergötzlichkeiten, Lustbarkeiten, und der Ueppigkeit gewidmet. Sie beschäftigte sich ohne Unterlaß mit dem Ruhme ihrer Staaten, und der Ruhe ihrer Unterthanen; und bemühete sich, das Band der Einigkeit mit denen auswärtigen Mächten zu erhalten; und es ward ihr Name eben so fürchterlich, als der Name derer grössesten Fürsten, welche damals in Europa regiereten. Da einige unter ihnen dasjenige, was ihnen Christoph Columb, in Ansehung der Würklichkeit von Amerika vorstellete, für Mährgen aufnahmen, so urtheilete hingegen Isabelle nicht so geringschätzig davon. Sie untersuchete die Beweise, welche ihr dieser berühmte Seefahrende von der Würklichkeit einer neuen Welt vorlegete; sie nahm dessen Dienste zur Entdeckung derselben an; sie borgete sogar das zur Bestreitung der grossen Kosten, wegen Ausrüstung der

Flotte,

Flotte, die sie dahin abschickte, benöthigte Geld; und erhielt sogleich von der erstern Reise, welche im Jahre 1492 dahin vorgenommen worden, die Erstlinge jener unermeßlichen Reichthümer, welche Spanien seit der Zeit beständig von da herausgezogen hat. Zwölf Jahre nachher, starb Isabelle an einem Geschwüre, welches sie vom allzu öftern Reiten bekommen hatte. Die Kriege, und die mühsamen Geschäfte, welche sie zu Anfange ihrer Regierung gehabt hatte, verursachten, daß sie sich dazu gewöhnete; und einer andern Art von Fuhrwerke hat sie sich selten bedienet. Niemals ist ein Prinz, weder aufrichtiger, noch durchgängiger, bedauret worden; und man hatte Ursach, Thränen über eine Königinn zu vergiessen, welche keine andere Beschäftigungen, als die Besorgung ihres Königreiches, die Religions-Uebungen, und das Studieren der schönen Wissenschaften, welches sie, einen Umgang mit Gelehrten zu unterhalten, in den Stand gesetzet hatte, kannte. Es haben gesamte Geschichtschreiber, Lobes-Erhebungen von ihren seltenen Vorzügen hinterlassen; und man findet keinen einigen unter denenselben, welcher ihr den geringsten Fehler, der ihr Andenken verunehren könnte, vorgeworfen hätte.

Kann

Kann man nun wohl nach dergleichen Beyspielen noch läugnen, daß das Frauenzimmer, einen Staat mit Weisheit, Nutzen, und Pracht zu regieren, im Stande seyn sollte? Wollte man sagen, daß die Anzahl dergleichen Königinnen nur gering sey, so liesse sich gar leicht darauf erwiedern, daß die Anzahl der berühmten Fürsten eben so gar ungemein groß nicht sey. Ein vorzügliches Verdienst in einem Fache, es sey worinn es wolle, wird allemal etwas seltenes und ausserordentliches bleiben. Zur Vorbereitung des Verstandes auf die Geschichte derer Amazonen, habe ich blos zeigen wollen, daß die Verwaltung des Scepters durch die Hand derer Frauenzimmer, nichts unmögliches in sich schliesse, und daß sie sogar demselben eben soviel Ehre, als Mannspersonen, machen können. Es ist dieses der scheinbarste Einwurf, den man gegen die Würklichkeit dieser alten Kriegerinnen vorbringt. Es wird aber selbiger durch die wenige von mir bisher angeführte Beyspiele, die sich, wegen der nicht gar grossen Entfernung der Zeit, darinn sie vorgefallen sind, im geringsten nicht in Zweifel ziehen lassen, über den Haufen geworfen. Eine geringe Anzahl von noch einigen andern, wird zum Beweise

die-

dienen, mit welcher Stärke, und Beherztheit, selbige mitten unter denen Feinden, und in dem hitzigsten Gefechte zu erscheinen, im Stande seyn.

Berühmte Kriegerinnen, und Heldinnen.

Die Spartanerinnen.

Ohne bis auf die berühmte Spartanerinnen zurück zu gehen, welche mit eben so glücklichem, und bisweilen wol noch glücklicherm Erfolge, als ihre Männer, die Waffen führeten, und Schrecken einjageten; noch auch so vieler anderer, von deren Tapferkeit bey denen Belagerungen, und Schlachten, in denen ältern Zeiten so viel Rühmens gemacht worden, zu erwähnen; werde ich blos von denenjenigen, welche in Ansehung dieses Umstandes, in denen letztern Zeiten, Bewunderung erwecket haben, sprechen.

Johanne von Arc.

Ob ich gleich alle das Wunderbare, womit die Geschichtschreiber, und Dichter des funfzehnten Jahrhunderts, das Leben der berühmten Johanne von Arc, welche unter dem Namen des Mädgens von Orleans bekannter ist, ausgeschmücket haben, nichts weniger, als für ungezweifelt anzunehmen geneigt bin, so ist doch soviel ausgemacht, daß diese junge Lothringerinn ausserordentliche Thaten der Tapferkeit verrichtet, und Frankreich einen sehr grossen Nutzen gestiftet habe. Es hatten sich damals die Engelländer zu Meister von Orleannois, Isle de France, Champagne, und Picardie, gemachet. Johanne von Arc gab vor, daß ihr Gott eingegeben habe, ihr Vaterland zu erretten, und begab sich, in dieser Absicht, zum Könige, Carl dem Siebenten. Sie bat ihn um Erlaubnis, Mannskleider anziehen, und unter denen Französischen Truppen die Waffen führen zu dürfen. Ihre erste Unternehmung bestand darinn, daß sie eine Zufuhr von Lebensmitteln, der Garnison und denen Einwohnern nach Orleans brachte, mit denen es bereits soweit gekommen war, daß sie entweder umkommen,

men, oder sich ergeben musten. Nachdem sie
den niedergeschlagenen Muth dererselben wieder
aufgerichtet, that sie verschiedene Ausfälle auf
die Engelländer, welche allemal glücklich ablie-
fen; sie warf ihre Schanzen über den Haufen,
und nöthigte sie endlich, daß sie die Belagerung
aufheben musten. Hierauf führete sie den König mitten durch die Feinde nach Reims, allwo er gekrönet wurde. Sobald diese feyerliche
Handlung vollzogen war, begab sie sich sogleich
wieder an die Spitze der Armee; nahm fast
alle Städte, welche die Engelländer im Besitz
gehabt hatten, wiederum ein, und brachte, um
mich des Ausdrucks eines ihrer Geschichtschreiber zu bedienen, deren Sachen in ein gantz um-
gekehrtes Ansehen. Als sie sich aber zurück zu
ziehen gedachten, bekamen sie selbige gefangen,
und liessen sie, als der Zauberey schuldig, und
überzeugt, zu Rouen verbrennen: indem sie
sich nicht vorstellen konnten, daß soviel Thaten einer gantz unerhörten Tapferkeit, der Ordnung der Natur, und ihres Geschlechtes, gemäß
wären.

h 5   Heldin-

Heldinnen unter denen Ungarischen Weibspersonen.

Die verschiedene Einfälle, welche die Türken, seit ihrer Einrichtung in Constantinopel, in Europa unternommen haben, haben mehr als zu oft, denen Ungarischen Manns- und Frauenspersonen Gelegenheit gegeben, sich in ihrer Tapferkeit hervorzuthun. Letztere legeten merkwürdige Beweise davon, bey Weissenburg, der Hauptstadt des Königreiches, ab. Verschiedene von denenselben, wollten die Mauren des Ortes, in Ermangelung ihrer Männer, welche daselbst ihr Leben eingebüsset hatten, vertheidigen. Sie setzten insgesammt die Türkische Armee, durch den Eifer, und die Unerschrockenheit, welche sie, eine jede auf ihrem Posten, und in der ihr aufgetragenen Verrichtung, an sich blicken liessen, in Erstaunen. Eine unter ihnen nahm einen von denen am allerschwersten zu behauptenden Plätzen ein, und hieb mit der Sense einem jeden Türken, den man zur Besteigung des Bollwerkes, um sich dessen zu bemächtigen, zwang, den Kopf ab.

Eine andere behauptete drey Monathe lang die Stadt Walpo in demselbigen Königreiche,

gegen

gegen die Gewalt derer Türken, welche sich aller kriegerischer Hülfsmittel, in der Absicht, um sich Meister davon zu machen, bedieneten.

Eben dergleichen Widerstand erfuhren sie bey Erlau, (Agria) ohnweit Walpo. So lange die Männer im Stande waren, auf denen Mauren zu fechten, kamen ihnen ihre Weiber mit einem unermüdeten Eyfer zu Hülfe. Sie trugen ihnen siedend Oel, Pech, oder Wasser zu, womit jene die Türken, welche Sturm laufen wollten, begossen. Eine, welche mit einem Stein, den sie auf die Feinde werfen wollte, hervor trat, ward von einer Canonen-Kugel getroffen, die ihr den Kopf mit wegriß. Ihre Tochter, als sie selbige neben ihrer Seite fallen sahe, nahm den Stein, warf ihn auf die Feinde, lief voller Wuth durch die Oefnung der Mauer mitten unter sie, tödtete verschiedene, verwundete andere, und wagete ihr Leben, um diejenige, von der sie selbiges erhalten hatte, zu rächen.

Eine von ihren Mitbürgerinnen, welche auf der Brustwehr fochte, sahe, daß ihr Schwiegersohn erschossen wurde, und sagte zu seiner Frau, daß sie den Leichnam weghohlen, und ihm die letzte

letzte Pflicht erweisen sollte. Es ist anjetzt etwas viel nöthigers zu thun, antwortete sie: nemlich, die Religion und das Vaterland zu vertheidigen. Diese letztere Pflichten müssen der ehelichen Liebe vorgehen, und ich werde selbige bis auf meinen letzten Blutstropfen zu erfüllen suchen. Die Officierer, welche an dem Orte das Commando hatten, wusten durch keine stärkere Bewegungsgründe die Soldaten zu ermuntern, als wann sie ihnen das Beyspiel dieser beherzten Weiber, die sie beständig vor Augen hatten, vorstelleten.

Die Belagerung von Ziget, lieferte einen noch weit erstaunlichern Gegenstand. Als der Befehl zu einem Haupt-Treffen war gegeben worden, fassete ein gewisser Ungarischer Officierer, welcher ebenfalls mit dabey seyn sollte, und aus selbigem mit dem Leben davon zu kommen, keine Hofnung hatte, den grausamen Entschluß, seine Frau umzubringen, damit selbige, wann sie unter die Gewalt derer Ungläubigen Ueberwinder käme, nicht geschändet werden mögte. Diese junge Gemahlinn, der nicht sowohl ihr Leben, als ihr Eheherr am Herzen hieng, verwies ihm die Gedanken, so er von ihr hegete, und versicherte ihm, daß sie ihn entweder zum

Ruhme,

Ruhme, oder zum Grabe begleiten wollte. Sie legte eins von seinen Kleidern an, nahm ein Pferd, und Waffen, gieng auf das Schlachtfeld, und stellete sich mit unter die Officierer. Kein einiger unter ihnen, zeigete soviel Muth, als diese beherzte Heldinn. Sie blieb beständig ihrem Gemahl zur Seite, und machte alles, was ihr in den Wurf kam, nieder. Die Wuth gab ihr Kräfte, dergleichen die allerstärkste Mannspersonen fast niemals empfinden; sie hielt bis an das Ende des Treffens mit einem gleichen Eyfer aus, und bedeckete die Erde mit denen Leichnamen, derer zu ihren Füssen niedergestreckten Türken. Der hart verwundete Officierer fühlete, daß seine Kräfte und sein Muth wieder belebet wurden, wann er sahe, wie sie dem Tode, den sie auf die Feinde schickte, auszuweichen bemühet war. Indem sie allen Gefahren trotzete, und sich ihnen zu verwegen ausstellete, ward sie zuletzt von Pfeilen und Wurfspiessen getroffen, welche sie, sich aufrecht zu erhalten, ausser Stand setzeten. Sie kroch mit grössester Mühe nach den Körper ihres bereits zur Erden gestreckten Mannes zu; warf sich in seine Arme; fieng seine letzte Seufzer auf, und verschied einen Augenblick nachher selbst.

Die

Die übrige Beyspiele, welche ich ohne Ende anführen könnte, würden ihren Glanz, und Vorzug, bey diesem letztern, welches in Ansehung der Beherztheit, und ehelichen Liebe, auf das höchste gehet, verlieren. Es erhellet hieraus zur Genüge, wie weit es ein Geschlecht, über welches man ein gar zu allgemeines Urtheil fällt, in Verwaltung des Staates, und Uebernehmung derer Gefährlichkeiten, bringen könne. Die Geschichte derer Amazonen wird diese Bemerkung in ein noch weit stärkeres Licht setzen, und auf eine ausführlichere Art vorstellen.

Ergänzung.

Auf der V S. in der 3 Zeile, setze man hinzu: und merkwürdigen Krieges=Heldinnen.

Geschichte

Geschichte der Amazonen.

Erster Theil.

Das

Das erste Kapitel,

Von der Benennung und Würklichkeit der Amazonen.

Die Abstammung des Wortes Amazonen, schließt zugleich den kurzen Begriff ihrer Geschichte in sich. Bey den Scythen, von denen sie ursprünglich abstammeten, nannte man selbige Aeorpaten (1) das heißt: nach Mannes-Blut dürstende Feindinnen.

Seit

---

(1) Von *Aeor*, ein Mann, und *pata*, tödten; also soviel als Männer umbringende Weiber. Herodotus, im IV Buch. n. 110.

Seit der Zeit, da denen Griechen ihre Gesellschaft, und ihre Lebensart bekannt geworden, gaben sie ihnen die Benennung der Amazonen; und zwar entweder darum, weil man ihnen, in ihrer Kindheit die rechte Brust abbrannte (2); oder, weil die mehresten nicht den geringsten Umgang mit den Mannspersonen hielten (3); oder, weil sie niemals ihren Gürtel, welcher das Zeichen der Ehrbarkeit und Keuschheit bey den morgenländischen Weibsbildern war, ablegten; oder, weil sie gewöhnlicher Weise, nicht von Brodte, sondern von Fleische der Thiere, welche sie auf der Jagd erlegten, lebten (5.); oder endlich, weil sie ihre Mütter in ihrer Kindheit nicht mit Milch, sondern

(2) ἄ oder ἄνευ μαζῶν, ohne Brust, Hippokrates, de aëre & aqua. Diodor, im III Buch, a. d. 186 S. Strabo, im XI Buch, a. d. 504 S. Justin, im 4 Kap. des III Buches, und andere.

(3) ἅμα ζῶσαι, unter einander zusammen haltend, und ausser der Gesellschaft der Männer zusammen lebend. Servius über den 494 Vers, des ersten Buches der Aeneis, und andere.

(4) ἅμα ζώνα, mit dem Gürtel. Donat über das erste Buch der Aeneis. Voß, im Etymologicon, unter dem Worte cestus.

(5) ἀμάζα, sine Maza, ohne Teig von Gersten-Mehl, oder Brod. Eustath im 878 Vers. Dionys. Periegeta. S. Calepin, unter dem Worte Amas. Plutarch, im Leben des Alcibiades, nennt Maza eine Art von schlechten Kuchen, oder Gebackenes, wovon die Lacedämonier lebten.

dem mit Farfer und gemeiner Kost, dergleichen sie selbst zu sich nahmen; und bisweilen auch wohl mit Honig, oder mit Pferde-Milch, a) ernähreten (6). Alle diese Auslegungen können bey dem Worte Amazonen statt finden b). Ein gewisser berühmter Gelehrter (7) behauptet indessen, daß selbiges verfälscht sey: und, daß der wahre Name dieser kriegerischen Weiber, eine Stärke

und

a) Es bedienen sich noch heutiges Tages die Tartarn, Calmücken, Jakuten, Mongalen, und andere ihres gleichen Völker, die starke Viehzucht haben, der Pferde-Milch, welche sie in Gährung bringen, und woraus sie ein berauschendes Geträuk, das sie Kumyß nennen, zubereiten. Auch destilliren sie von diesem Kumyß Brandtewein. S. Herrn Prof. Müllers Abhandlung von dem Gebrauche einiger Speisen, bey fremden Völkern, für welchen wir einen Abscheu haben, aus der zu Petersburg unter seiner Aufsicht herauskommenden rußischen Monatsschrift übersetzt; im 97 St. der hannöver. Beytr. zum Nutzen und Vergnügen, v. J. 1759. Anm. d. Uebersetz.

(6) Philostrates, *Heroica*, a. d. 750. S.

b) Nächst diesem wird auch das hebräische Wort, *Amaz, fortis, seu robustus fuit*, vor den Ursprung desselben ausgegeben. Auf lateinisch heissen sie bei einigen *Vnimammae*. TATIANUS apud Servium ad VIRG. Aen. XI. v. 640. A. d. Ueb.

(7) Gronovius im I Th. des Thesauri antiq. Graec. fol. Dddd. Er glaubt, das eigentliche Wort sey Ἀμάζωνης, das heißt: männlich; daher auch die Stadt Amisus ihre Benennung habe.

und Herzhaftigkeit, dergleichen einem Geschlechte, an dem diese Vorzüge vornemlich zu erkennen seyn müssen, anständig sind, bezeichne. In Betrachtung ihrer Eigenschaften, gab man ihnen ausserdem auch verschiedene andere, darauf sich beziehende, Benennungen; als: Helden-Weiber, männliche Weibspersonen, (Viragines) fürchtbare, blutdürstige Weiber, und solche, welche Pferde zu bezwingen, oder mit Pfeilen zu schiessen, geschickt gewesen, oder welche von Eidechsen, und Schlangen gelebet (8). Endlich gab man ihnen auch, indem sie in verschiedenen Gegenden von Africa und Asien wohnten, nach diesen ihren Wohnplätzen eingerichtete Benennungen.d So hatte man die Africanische, die Sauromatische, die Thermodontinische, und Ephesische Amazonen. Ich werde im folgenden Gelegenheit haben, ihrer verschiedenen Beynamen, Erwähnung zu thun; und zugleich auch die andere Erklärungen, welche man dem Worte Amazonen giebt, anzuführen. Bevor ich aber mit ihrer Geschichte den Anfang mache, muß ich erst erweislich darlegen, daß dergleichen würklich vorhanden gewesen; und den Schwierigkeiten, welche man über diesen Punkt angebracht hat, begegnen.

Alles

---

(8) STEPHAN. BYZANT, und sein Scholiast, THOMAS PINEDO, unter dem Worte *Amazones*.

Alles, was man von denen Amazonen lieſet, ſpricht man (9), iſt eine bloſſe Erdichtung, welche die Kennzeichen der offenbareſten Falſchheit an ſich hat. Niemand weiß nach der Warheit ihren eigentlichen Urſprung anzugeben. Man verſetzt ſelbige in Zeiten, wo die Unwiſſenheit und Leichtgläubigkeit geherrſchet. Ihre Empfängnis, und ihre Geburt, waren die Wirkung eines ohngefähren Zufalls; ihre Erziehung konnte mit der natürlichen Schwäche des kindlichen Alters nicht beſtehen; alle ihre Verrichtungen, waren Wunder der Tapferkeit; die Stärke, die Herzhaftigkeit, die Unerſchrockenheit, machten ihren eigentlichen Charakter aus. Wie kann man ſich einen Staat von Weibsperſonen vorſtellen, welche in vollkommen guten Vernehmen unter einander geſtanden, beſtändig in Friede mit einander gelebet, und unaufhörlich Kriege mit Mannsperſonen geführet haben ſollten? welche an nichts weiter, als lauter Gefechte, Vergnügen gefunden; zahlreiche Armeen ausgemacht; vor ſich allein ganze Provinzen unter ihre Botmäßigkeit gebracht; ſogar kriegeriſche Völker jenſeit des Meeres angefallen hätten, und

Stifte-

(9) Dergleichen Schwierigkeiten wirft Strabo, im XI. B. a. d. 770 S. auf. Arrian, im 13. Kap. des VII Buches, zweifelt an dem würklichen Daſeyn der Amazonen, weil Xenophon, bey dem Rückzuge der zehn Tauſende, ihrer mit keinem Worte gedacht hat. Paläphat, im 1 Buche, ſagt, es wären darunter Mannsperſonen, welche als Frauen gekleidet geweſen, zu verſtehen.

Stifterinnen von verschiedenen grossen Städten geworden wären?

Nun kann ich zwar nicht läugnen, daß diese Einwürfe nicht an und vor sich ganz scheinbar seyn sollten. Allein, je einnehmender sie sind, um desto nöthiger ist es, daß ich sie widerlege; und zeige, wie wenig gegründet sie seyn.

1. Die Entfernung der Zeiten, pflegt eben so, wie die Entfernung der Oerter, die Dinge zu verkleinern, schwächer darzustellen, und endlich gar, je mehr sie zunimmt, völlig aus dem Gesichte zu bringen. Es giebt einige, deren Angedenken niemals verlischt: und dagegen wiederum andere, welche, ihrer Besonderheit wegen, nach Verfliessung einiger Jahrhunderte, ganz unglaublich werden. Dieses trift bey der Geschichte der Amazonon vollkommen ein. Man hat keinen berühmtern, merkwürdigern, und durch mehrere Zeugnisse der Alten bekräftigten Staat, als den Staat dieser berufenen Kriegerinnen. Tempel, Städte, Gegenden, ganze Länder, haben, lange nach ihnen, den Ruhm ihres Namens aufbewahret. Sie beziehen sich auf zuverläßige und merkwürdige Begebenheiten der älteren Zeiten. Weil sie aber, in Ansehung der Zeit und Sitten, gar zu sehr von uns entfernt sind, haben zween, oder drey Schriftsteller, sogar ihre Würklichkeit in Zweifel gezogen. Mit eben dem Rechte könnte man auch an der Gewißheit desjenigen, was in den verflossenen Zeit-Altern, bey allen Völkern der Welt, vorge-

vorgegangen ist, woselbst die Verschiedenheit der Eigenschaften, und die Menge der Begebenheiten, ohnfehlbar etwas ausserordentliches, wunderbares, und unglaubliches darstellen müssen, zweifeln. Weiß man denn nicht, daß die Natur unter eben so mancherley Gestalten, in dem menschlichen Verstande, als in den Gesichtern, und in den Gewächsen, erscheine? Es giebt in jeder Art von Wissenschaft, Köpfe, welche uns, ihrer glücklichen, oder schlechten Fähigkeiten wegen, ganz unbegreiflich vorkommen. Es ist demnach sehr unrichtig geschlossen, wenn man alles, was man von den Amazonen erzählt, darum, weil man ihnen mehr Muth, Stärke, und Herzhaftigkeit beyleget, als man gemeiniglich bey einem Geschlecht, dem die Vorurtheile, oder die Erziehung öfters nichts weiter, als die Schwäche zu Theil werden lassen, antrift, unter die griechische Erdichtungen rechnet. Wer sich nur ein wenig in der Welt umgesehen hat, wird gefunden haben, daß es Mannspersonen gebe, welche Weiber, und Frauenspersonen, welche Männer sind.

Das Sonderbare in der Lebensart, den Sitten, und den Gemüths-Eigenschaften, welches uns an den Amazonen vorzüglich ins Auge fällt, und befremdet, ist gar kein gültiger Grund, ihr würkliches Daseyn dieserhalb über den Haufen zu werfen. Derjenige, welcher darinn, daß er Gestirne an dem Himmel, oder würkende Ursachen in der Natur hervorgebracht, soviel Wunder erschaffen hat,

hat, erlaubt dann und wann der letztern, von ihrem gewöhnlichen Laufe abzugehen, und uns durch Erscheinungen, die wir vorher, ehe sie sich zugetragen, für blosse Grillen und Träume gehalten hätten, zu überraschen. Ein jegliches Jahrhundert, und ein jedes Land, haben dergleichen (10), denen man zu andern Zeiten, und an andern Orten, kaum Glauben zustellt. Läsen wir die Geschichte der Riesen (11) nirgends, als in den alten Dichtern Griechenlandes, so würden wir sie ohnfehlbar, als eine poetische und romanhafte Erdichtung, welche blos darum ersonnen wäre, um über ganz schlechte und gemeine Begebenheiten etwas Wunderbares zu verbreiten, verwerfen; und dieser Gedanke würde uns dahin bringen, daß wir zuletzt gar alles übrige in Zweifel zögen c). Eben dergleichen Vorstellung nun ohnge-

(10) Dieser Gedanke ist aus dem *Plinius*, welcher sich im 1 2. und 3 Kap. des 7. Buches, weitläuftig hierüber erklärt.

(11) S. die *Mémoires de l'Academie des Inscript.* I Th. a. d. 125 S. und II Th. a. d. 169 S.

c) Man kann über die Riesen der ältern Zeiten, folgende Schriften zu Rathe ziehen: Von den Riesen. S. neue Anmerkungen über alle Theile der Naturlehre, III Th. Kopenh. und Lpz. 1756. 8. S. 376 - 379. und das 98 St. des 3 Th. des Reichs der Natur, und der Sitten, Halle, 1758, gr. 8. S. 339, s. *Mémoire sur les Géants*: st. in *No. XXXVIII, der Gazette salutaire*, v. J. 1761. NATALIS ALEXANDER, in seinen *Selectis histo-*

ohngefähr macht sich der gemeine Haufe von den
berühmten Titanen. Indessen bezeuget uns die
Schrift

*historiae ecclesiasticae veteris Testam. capitibus, &
in loca ejusdem insignia dissertationibus historicis,
chronologicis, criticis, Paris,* 1689, in der 7ten
Dissert. des ersten Bandes, beweiset, gegen den
Paulum Burgensem, daß die Riesen warhaftige
Menschen gewesen; und gegen den Goropium Becanum, daß sie eine übergewöhnliche Höhe und
Länge gehabt. *Gigantologia, s. dissertatio de Gigantum veterum ac recentiorum existentia, Autore*
Jo. ELIA BERTRANDO, st. im *Excerpta totius
Italicae, nec non Helueticae Litteraturae, pro Anno*
1761, *Tom.* I. *Bernae,* 8. S. 189-214. Augustin Calmets Untersuchung von den Riesen: st.
in dessen durch Mosheim übersetzten biblischen
Untersuchungen, 1 Th. Bremen, 1738, 8. S. 48 -
120. Eine Abhandlung, die zu der Geschichte der Riesen gehört, und von dem Herrn
LE CAT in der Versammlung der Akad. der
Wissensch. zu Rouen vorgelesen ist; (aus dem
Magasin François, Mars, 1751, übersetzt,) st. im
4 Th. des allgem. Magazins der Natur,
Kunst, und Wissensch. Lpz. 1754, gr. 8.
S. 328-357. NIC. HABICOT *Gigantosteologia,*
1613. Hierwider hat ein Ungenannter geschrieben: *Gigantomachie, pour répondre à la Gigantosteologie,* 1613, 8. Hieraus hat HABICOT hergegeben: *Discours apologétique contre la Gigantomachie, à Paris,* 1615. Eine neue Gegenschrift,
welche dem Joh. Riolan zugeschrieben wird, kam
1718, unter dem Titel: *Gigantologie, ou Histoire
de la grandeur des Géans;* und in eben dem Jahre Habicots *Antigigantologie, ou contre-discours*

Schrift die Würklichkeit der Riesen, fast zur selbigen Zeit, und in demselbigen Lande. Die Israeliten

de la grandeur des Géans, heraus. Jo. LUD. HANNEMANNI *obs. de Scopelismis Cymbricis,* st. im 4 Jahr der zweyten *Decurie* der *Misc. Natur. Cur.* in der 53 *Obs.* JAC. THEOD. KLEIN *icon ossis bregmatis giganteae magnitudinis, cum problemate de gigantis statura determinanda, secundum regulas artis determinatoriae,* st. in lat. Sprache, nebst Kupfer-Abbildungen, im 1 Th. des *XLI.* Bandes der *Philosoph. Transact.* N. 456, for Jan. F. M. A. May and June 1740, S. 308-312. MAGIUS *de gigantibus. Omnia doctorum virorum iudiciis recensita, & concinnis indicibus aucta,* Roterod. 1697, 8. *An essay concerning Giants, occasioned by some farther remarks on the large humane Os Frontis, or Forehead-bone, mentioned in the Philosophical Transactions, of Febr. 1685, Numb. 168, by* THO. MOLYNEUX: st. nebst einer Kupfert. im XXII Bande der *Philos. Transact. for the Month of Febr.* 1700, S. 487-508. THEOD. RYCK *oratio de gigantibus,* ist nebst den *Notis Holstenii in Stephanum* gedruckt. *De Gigantibus nova disquisitio historica & critica,* Auct. ANT. SANGUTELLI, *edidit ac praefatus est* Godofr. Schütze, Altonau. 1756. 5¼ B. gr. 8. wird in No. 165 der Hamb. Staats- und gel. Zeitung, v. J. 1756: desgleichen im 6 St. der Götting. gel. Anzeig. v. J. 1757, S. 53-55: und im *Journal encycloped. du 1 Mars* 1757, S. 44-61, recensirt. Herrn Sudens Untersuchung, was es mit denen Riesen vor eine Beschaffenheit habe? st. in dessen gelehrten *Critico*, 1 Th. Leipz. 1715, 8. LXX Frage, S. 761-768. Des Herrn Abt Tilladet

liten (12), welche Moses als Kundschafter in das Land Canaan abschickte, kamen bestürzt wieder zurück, und erzählten, wie sie daselbst Menschen von einer so ausserordentlichen Höhe angetroffen hätten, daß man sie Ungeheuer nennen könnte; wahre Kinder des Enaks, welcher der Vater der Riesen, und selbst ein Riese gewesen; neben denen sie bloß, wie Heuschrecken, aussähen. Das Bette des Königes Og zu Basan, war von Eisen, neun Ellen lang, und vier Ellen breit, nach eines Mannes Ellenbogen (13). Die Eigenschaft der Gift-Sauger, (Plylli) deren blosses Anrühren, alle Arten von Schlangen tödtete, und die giftige Wunden heilte, wird heutiges Tages, nach den Gedancken vieler Personen, für eine Fabel gehalten, welche man der Leichtgläubigkeit der Alten überläßt. Nichts destoweniger haben selbige die ansehnlichste Schriftsteller (14) behauptet,

ladet Abhandlung von den Riesen: aus der *Histoire de l'Acad. des Inscr. & belles lettres*, T. I. p. 158, wird recensirt im neuen Bücher-Saal der schönen Wissenschaft. und freyen Künste, II B. 2 St. Leipz. 1746, 8. S. 132 - 138. Anm. d. Uebers.

(12) 4 B. Mos. XIII, 33. 34.
(13) 5 B. Mos. III, 11.
(14) Herodot, im IV B. Aul. Gell. Strabo, im XIII B. a. d. 880 S. Plinius, im VII B. im 2 Kap. und an verschiedenen andern Stellen. Plutarch im Leben des Cato von Utica. Pausanias, a. d. 765 S. Lucan, im XI B. ausführlich. Arnobius, a. d. 30. S. und andere.

tet, und sind die mehresten, würkliche Augen-Zeugen davon gewesen. Eben dieses findet auch bey der Wünschel-Ruthe, durch deren Hülfe man die Quellen, und Metalle, entdeckt, statt. Die geschicktesten Naturforscher haben die Ursach noch nicht begreifen können, warum die Mohren, und einige andere von ihnen sehr entfernte Völker, welche eben so, wie wir, von dem Geschlechte des Noah abstammen, eine von der Farbe der übrigen Menschen, und sogar auch dererjenigen, die mit ihnen unter einerley Graden der Breite wohnen, verschiedene Haut haben. Ich könnte noch unzähliche dergleichen Stücke anführen, woraus zu ersehen ist, wie die Natur ein Belieben daran gefunden, Familien und ganze Völker, durch Vorzüge, und besondere Eigenschaften, welche alle übrige in Verwunderung setzen, zu unterscheiden. Diejenige, welche die Würklichkeit der Amazonen in Zweifel ziehen, gründen sich vornemlich auf die wunderbare Umstände, die man von ihnen erzählt, und welche, ihren Gedanken nach, deren Geschlecht, und selbst auch die Menschlichkeit, übersteigen. Bey dem allen aber haben selbige doch nichts an sich, was denen bisher angeführten Beyspielen beykäme; und es machen letztere wenigstens dasjenige, was man von jenen berühmten Heldinnen findet, wahrscheinlich. So wohl in diesem als jenem Falle, muß bey einer vorhandenen Menge von bewährten Zeugnissen, der Zweifel hinweg fallen.

3. Ein

3. Ein jedes Land hat seine besondere Einflüsse, welche alles dasjenige, so es hervorbringt, unterscheidend machen. Der Geist, und der Körper des Menschen empfinden selbige eben so, wie die Gewächse, und Thiere. Man erblickt an den Gemüths-Beschaffenheiten der Menschen in ein und eben demselben Lande, gewisse Züge der Aenlichkeit, woran sie kennbar sind, und die sie, wider ihren Willen, verrathen würden. Die Völker in den warmen Ländern, haben einen natürlichen Hang zur Lustbarkeit, Wollüstigkeit, und Ruhe. Ueberhaupt sind sie, wann sie sich worauf legen wollen, wegen ihrer Gelassenheit, weit aufmerksamer, als die andern; und das darum, weil sie zu sehr überlegen, sich langsam entschliessen, und sich durch den Anblick der Gefahr, mehr, als ein jeder anderer, abschrecken lassen. Diejenige hingegen, welche weiter nach Norden hin wohnen, sind von einem ganz entgegen gesetzten Charakter. Der ohnaufhörlich daselbst anzutreffende Reif schnürt die Schweißlöcher zusammen, bringt die natürliche Wärme aneinander, und verursacht eine innere Gährung, welche sich nothwendig vom Körper auf den Geist, wegen der innigen Verbindung, welche der Schöpfer der Natur zwischen beyden vestgesetzt hat, fortpflanzt. Durch die Sinne eben erhält die Seele alle ihre Eindrücke.

Das Land, aus welchem die erstern Amazonen abstammeten, muste in der That nothwendig jene Würkung der Herzhaftigkeit, des Eyfers,

und

und der Grimmigkeit, in ihnen hervorbringen, welche sie zum Schrecken der mehr nach Süden wohnenden Völker mach. Sie kamen aus den Gegenden von Tanais her: und alle Schriftsteller stimmen darinn mit einander überein, daß sie uns von diesen Gegenden, und der Luft, welche man daselbst einzieht, die fürchterlichste Beschreibungen machen. Ein Nord-Wind, welcher den größten Theil des Jahres über, mit einer Heftigkeit daselbst wehet, hält fast beständig die Ufer des Flusses unter Eise. (15) Das dasige Feld ist mit Schnee, oder Frost, bedeckt. Die Heerden, Pferde, und Maulesel erfrieren, und verhungern daselbst. Selbst die Menschen, müssen, ihrer Vorsorge, und natürlichen Härte ohnerachtet, ihre Hütten verlassen, und ihre Weiber und Kinder, unterdessen in eine gemäßigtere Gegend hinfahren, bis der Himmel die ihrige wieder wohnbar gemacht hat. Ich zweifele, ob andere Völker, ausser denjenigen, die hier gebohren sind, daselbst würden aushalten können. Die Sonnenstrahlen kommen hier niemals in ihrer Reinigkeit hervor (16); das Licht derselben wird ohnaufhörlich von

(15) Dionysius Petieg, V. 666, sqq.

(16) Tertullianus contra Marcion. im 1 Kap. des 1 B. Eben daher nimmt Tertullian zum Theil, die seltsame, und fürchterliche Schilderung des Marcion, wann er von ihm schreibt: *Nihil tam barbarum ac triste apud Pontum, quam, quod illic Marcion natus est, Scytha tetrior, Hamaxobio instabilior, Massageta inhumanior, Amazona audacior,*

von den Dünsten, und Wolken, verfinstert; ihre Wärme kann nicht zur Erde gelangen; die Luft ist hier, wegen der beständigen Nebel, dick und trübe; und der Winter herrscht das ganze Jahr hindurch.

Die Härte der Körper, welche hier aushalten können, muß auch nothwendig in den Geist übergehen. Alles ist hier voll Scythischer Grausamkeit, und Wildheit. Diejenige, welche an den Ufern des Tanais, oder in den Gegenden des schwarzen Meeres (Pontus Euxinus), wohneten, waren weit unmenschlicher, als alle andere: Schlechte Hütten, welche auf vier Rädern ruheten, waren ihre Wohnungen, und diese brachten sie fast alle Tage immer auf eine andere Stelle. Mithin fand keine Gesellschaft, keine Verbindung, und keine Freundschafft unter ihnen statt. Der Krieg, die feindliche Einfälle, die Gewaltthätigkeiten an den benachbarten Völkern, waren die einzige Gelegenheiten, bey denen sie von Zeit zu Zeit zusammen hielten. Einige trieben die Unmenschlichkeit gar so weit, daß sie die Fremden, die sich voll ohngefähr in ihre weite Einöden verirrt hatten, erwürgeten, und sich bey einer Speise, wovor die Natur einen Abscheu hat, etwas zu gute thaten (17). Man behauptet, daß verschiedene

cior, *nubilo obscurior, hieme frigidior, gelu fragilior, Istro fallacior, Caucaso abruptior,* u. s. w.

(17) Eben derselbe, am angeführten Orte. Strabo, im VII B. a. d. 458 S. Justin, im 2 Kap. des 2 B. Plinius, im 2 Kap. des 7 B.

dene das Fleisch ihrer verstorbenen Aeltern, mit dem Fleisch der Thiere, welche sie auf der Jagd erleget, zugerichtet, und diejenige, deren Fleisch nicht zu essen gewesen, für unrein, und mit dem Fluche belegt, angesehen hätten. Der Hirnschedel von ihrem Vater, oder einem Fremden, war bey ihnen das allerkostbarste Trinkgeschirr. Man meldet von einer gewissen Scythischen Königin, daß selbige nichts köstlichers, als die neugebohrne Kinder, gefunden, und daß man ihr täglich einige auf die Tafel liefern müssen (18). Einer von den Alten (19), führt selbige unter dem Namen *Lamia* auf: und es hat von ihr die Fabel jener, nach ihr genannter, gefräßiger Ungeheure (20), ihren Ursprung genommen. Die Räuberey, und Ungerechtigkeit (21), waren die einzige unter denen Scythen bekannte Laster, wiewohl sie es in Ansehung der Fremden nicht gewesen. Ausserdem war alles erlaubt, und unsträflich, bis auf die äusserste Ausschweifungen der Unzucht, und

(18) Aristoteles, im 7 B. d. Moral, im 6 Kap.

(19) Eustathius, oder Aspas, im Commentario über diesen Ort Aristoteles.

(20) Es geschieht ihrer in der heil. Schrift Erwähnung. Esaia XXXIV, 14. Klagl. Jerem. IV, 3. Horaz schreibt in seiner *arte poëtica: Neu pransae Lamiae vivum puerum extrahat alvo.* S. Philostratus, im Leben des Apollonius, IV B. 25 Kap. Er macht eine Geschichte daraus.

(21) Justinus, im 2 Kap. des II B.

und Grausamkeit (22). Daher sahen auch, wegen der verschiedenen Nachrichten von einem dermassen gefährlichen Lande und Volke, die Griechen, Tauris, Sarmatien, Colchis, und das Gebirge Caucasus, als den Haupt-Schauplatz der Schrecken, und der Unmenschlichkeit, an. Es ward damahls das schwarze Meer, um welches diese Provinzen umher liegen, das unbewohnbare (23) genannt: und man bewunderte den Muth, und die Kühnheit der berühmten Argonauten, welche sich dahin wageten, um das goldene Vließ zu holen. Allein, mit der Zeit, wurden dessen südliche Küsten, durch die, sich daselbst wohnhaft niederlassende, Griechen, gesitteter gemacht, als welche daselbst verschiedene Städte, und unter andern Apollonien anbaueten, welches die Einwohner von Miletus, funfzig Jahre vor dem Königreich des Cyrus angeleget haben. Von der Zeit an, wurden diese Gegenden beständig für bewohnbar gehalten, und man gab davon dem schwarzen Meere die Benennung, als welches dieser Ursach wegen, den Namen *Pontus Euxinus* erhielt. Darf man sich nun wohl, bey so bewandten Umständen, verwundern, daß die Amazonen, welche von einem so rohen und ungesitteten Volke abgestammet, dessen Wildheit an sich gehabt? Man müste sich
viel

---

(22) TERTULLIAN, *contra Marcion*, B. I. K. I.
(23) Strabo, B. VII, S. 458. ARRIANUS *Periplo Ponti ἄξενος, & εὔξενος; inhospitalis & hospitalis.*

Guyon Gesch. d. Amaz. B

vielmehr verwundern, wenn an selbigen die Sittsamkeit, Lindigkeit, und Blödigkeit, welche ihrem Geschlechte, in allen übrigen Ländern der Welt eigen zu seyn pflegen, zu erblicken gewesen wären.

4. Stephan von Byzanz (24), ist der Meynung verschiedener anderer, welche die Stärke, und den Heldenmuth der Amazonen, der Beschaffenheit der Gegenden, welche sie bewohneten, zuschreiben. Man findet würklich, daß eine jede Provinz, ihre besondere Eigenschaften, einem Theil der Dinge, die sie hervorbringt, mittheile. Hier ereignet sich dergleichen bey den Mannsdort bey den Frauenspersonen; anderswo bey gewissen Thieren; wieder an einem andern Orte, bey den Pflanzen. Die Luft, das Wasser, die Speisen und Getränke, der Saft der Erden, sind einigen Unterthanen mehr, andern weniger zuträglich, und zu ihrer Vollkommenheit beförderlich. Selbst der Geist empfindet fast täglich diese geheimen Einflüsse. So hat man bemerket, daß in Ländern, wo der Balsam, die wohlriechende Sachen, und die Gewürze hervor kommen, die Menschen weichlich und wollüstig: und so auch hinwiederum in solchen Ländern, wo die reissende Thiere, als die Tiger, von dem man sagt, daß die Hyrcanier die Milch von ihrer Kindheit an, gesogen, zu Hause gehören, grausam und wild seyn.

Unter

---

(24) STEPHANUS BYZANTINUS, unter dem Artikel: *Amazones.*

Unter den verschiedenen Wanderungen, welche die Amazonen vorgenommen haben, werden wir sehen, daß sie sich am Ufer des Flusses Thermodon am längsten aufgehalten. Nicht weit von diesen Gegenden, wiewohl die Erd-Beschreiber hierüber nicht einstimmig sind (25), lag das, seiner Eisen- und Stahl-Gruben wegen berühmte, Land der Chalyben (26). Daselbst wurden allerhand Arten von Waffen verfertiget. Man sahe allda nichts, als Kriegsgeräthe, und alles, was die Grausamkeit der Menschen, zur Befriedigung der Ungerechtigkeit, und Ruhmsucht der Eroberer nur ersinnen konnte. Dergleichen Gegenstände, welche sie beständig vor Augen hatten, benebst der Beschaffenheit des Landes, welches das Zeug dazu hervorbrachte, musten nothwendig die Seele kriegerisch (martialisch) machen, und ihr etwas von ihrer Härte einflössen. Es ist dieses eine Bemerkung, welche alle Schriftsteller, die derer Chalyben, und derselben benachbarter Völker, Erwähnung gethan, gemacht haben (27).

B 2 Andere

(25) S. den Cellarius, und andere.
(26) XENOPHON, *de exped. Cyri*, im V Buche. Strabo, im XII B. a. d. 826 S. APOLLONIUS, in den *Argonaut*, B. II. v. 1003, und andere.
(27) AVIENUS, der Uebersetzer des Dionysius Periegeta, schreibt im 944, und den folgenden Versen, von denen ohnweit Colchis wohnenden Völkern, folgendergestalt:

       Aspera primum
Bizerum genus est; diri sunt inde Bechiri,
            Macro-

Andere (28), haben angemerket, daß die Völker, welche Eisen= und Stahl=Gruben besitzen, von Natur

> Macrones, Philyresque, & pernix Dnrateum
> gens.
> Inde Tibareni, Chalybes super, arua vbi ferri
> Ditia vulnifici, crepitant incudibus altis.

VALERIUS FLACCUS, im V B. im 141, und fgg. Versen, schreibt folgendes:

> Nocte sub extrema clausis telluris ab antris
> Pervigil auditur Chalybum labor. Arma fa-
> tigant
> Ruricolae, Gradiue. tui; Sonat illa creatrix
> Prima manus belli terras crudelis in omnes.
> Nam prius ignoti quam dura cubilia ferri
> Eruerent ensesque darent, odia aegra sine
> armis
> Errabant, iraeque inopes, & segnis Erynnis.

(28) Diejenigen sind kriegerisch, bey denen das Eisen wächst. So besitzen die wilde und kriegerische Einwohner von Brescia, einen Boden, welcher sehr reichlich Kupfer und Eisen trägt. Das mit vielen Bergwerken versehene Deutschland, ist augenscheinlich ganz kriegerisch. Und bey dem Fluß Thermodon, in Pontus, sind die Chalyber, weil bey ihnen sehr reiche Silber= und Eisen=Adern in der Erde laufen, zugleich reich, und wild. Auch die Amazonen haben Weiber, welche ebenfalls selbst ungemein geschickt, die Waffen zu führen wissen. LICETUS GENUENSIS, de lapide Bononiensi, im 1 Kap. (das ist: der Stein,

Natur roh, grob, und kriegeriſch ſeyn. Endlich haben auch noch die giftige Kräuter, welche an dieſen Küſten gewachſen, und die zu den, unter den Völkern in Colchis ſo berühmten Bezauberungen gebraucht wurden (29), einen Einfluß auf die Gemüthsart, und Sitten derer Amazonen, verurſachen können.

5. Die Erziehung, und ihre Lebensart, haben weit mehr, als eine jede andere fremde Urſach, dazu beygetragen. Das Blut, die Nahrungsmittel, die Leibesübung, das Beyſpiel, ſind die Grundtheile, aus welchen die Gemüths-Beſchaffenheit hervorgebracht, und die Neigungen erzeuget werden. Nimmt man dieſe vier Dinge zuſammen, ſo werden der Muth, die Stärke, und die Herzhaftigkeit der Amazonen, ihre Liebe zur Freyheit, und die Geringſchätzung, die ſie gegen die Mannsperſonen bewieſen, gar nichts befremdendes mehr ſeyn.

Es giebt Familien und Völker, welche an der Gemüthsart, an den Geſchicklichkeiten, den Laſtern, und Tugenden beſonders kennbar ſind. Wir fühlen in uns ſelbſt Triebe, angebohrne Widrigkeiten, und Neigungen, welche uns beherrſchen, und dahin reiſſen. Wir würden eine vergebliche

Arbeit

den man ohnweit Bononien, in Italien, findet, und deſſen man ſich, als eine Art von Phoſporus, bedienet.

(29) Petit, im 13 Kap. ſeiner Diſſertation de Amazonibus.

Arbeit vornehmen, wann wir äussere Ursachen, die uns dergleichen einflössen, aufsuchen wollten. Dergleichen Neigungen sind uns angebohren. Man kann selbige von nichts andern, als aus dem Geblüt, herleiten. Eben daher hatten die Amazonen, welche sich von den wilden Scythen herschrieben, die ihnen angeerbte Härte, und Rauhigkeit, herzuleiten. Diese Gesinnungen wurden seit der Zeit, da sie den Entwurf ihrer Weiber-Regierung geschmiedet hatten, aufs neue weit ausgelassener. Seit dem faßten sie den Entschluß, von keinen Mannspersonen mehr abzuhangen, sich selbst zu regieren, sich auf nichts weiter, als ihre Tapferkeit, zu verlassen, und sich dadurch hervorzuthun. Ein dergleichen Vorsatz schien etwas unsinniges zu seyn, weil man bisher davon noch kein Beyspiel gehabt hatte. Allein, die Menschen musten noch nicht, zu was für Ausschweifungen dieses Geschlecht die heftige Leidenschaften, bey Frauenspersonen, welche sich selbigen zu überlassen, im Stande sind, treiben könne. Die Vorstellung, welche uns der heilige Geist davon macht, muß nothwendig bey einigen eintreffen, und wenigstens kann man selbige auf die Amazonen zueignen. Es ist keine List, schreibt der weise Sittenlehrer (30), über Frauen=List. Es ist kein Kopf so listig, als der Schlangen=Kopf; und ist kein Zorn so bitter, als der Frauen Zorn. Ich wollte lieber bey Löwen und Drachen wohnen,

---

(30) Jes. Sirach XXV, 17. sgg.

nen, denn bey einem bösen Weibe. Wenn sie böse wird, so verstellet sie ihr Geberde, und wird so scheuslich, wie ein Sack. Ihr Mann muß sich ihrer schämen; und wenn mans ihm vorwirft, so thuts ihm im Herzen wehe. Alle Bosheit ist gering gegen der Weiber Bosheit. Ein böses Weib machet ein betrübt Herz, traurig Angesicht, und das Herzeleid. Ein Weib, da der Mann keine Freude an hat, die machet ihn verdrossen zu allen Dingen. Wie man dem Wasser nicht Raum lassen soll: also soll man dem Weibe seinen Willen nicht lassen. Gemüther, welche zu einer so schrecklichen Bewegung aufgelegt waren, konnten alles, was nur der Ungestüm einzugeben im Stande ist, vornehmen, und sich sogar auch einen guten Ausgang versprechen. Es durfte nur dergleichen in Vorschlag gebracht werden, so hatte es keine Noth, daß selbiger nicht hätte angenommen, und mit einem Eyfer vollzogen werden sollen. Die erstern Schritte auf dieser schmeichlerischen Laufbahn, machten Herz; man gieng eilfertigst darauf weiter: man sahe sich den Mannspersonen, so wie allen Hindernissen, überlegen; man fand an nichts, als an den Waffen, weiter Belieben; die Lust zu herrschen ward zur Haupt-Leidenschaft; das Eisen, und der Stolz, machten den ganzen Charakter aus; und die Töchter derer Amazonen, wurden ihren Müttern ähnlich gebohren, und sie würden es sich zur Schande gerechnet haben,

haben, wann sie hierinn von ihnen hätten abgehen sollen. Blos von grossen Seelen, sagt jener Dichter auf eine sinnreiche Art (31), stammen der Muth, und die edle Gesinnungen. Man wird bereits an den Stieren, und jungen Pferden, die Stärke derjenigen, von denen sie hergekommen sind, gewahr; und schwache Tauben würde man in dem Neste eines Adlers nur vergeblich suchen.

Man suchte diese natürliche Neigungen der jungen Amazonen, durch die Nahrungs=Mittel, welche man ihnen reichte, zu stärken. Anstatt der Milch, welche die Natur in die Brüste der Mütter, vor die Kinder, die sie zur Welt bringen, gelegt hat, und welche blos zu diesem Behuf dienet, gaben die Amazonen ihren Töchtern, von Kindesbeinen an, Pferde=Milch (32), um ihnen solchergestalt sowohl den Muth, die Liebe zum Kriege, und die Lebhaftigkeit einzuflössen: als auch in keiner Verlegenheit zu seyn, wann sie etwa zu Felde gehen, und in den Krieg ziehen müsten. Ausser dieser Milch gaben sie ihnen auch eine Art von Manna, oder dicken Tau, den sie

(31) Horaz, in der 4ten Ode des 4ten Buches:
    Fortes creantur fortibus & bonis.
    Est in juuencis & in equis patrum
    Virtus; nec imbellum feroces
    Progenerant Aquilae columbam.

(32) PHILOSTRAT. *Heroic.* Kap. 19, S. 750. s. auch die Anmerkung des Olear.

sie des Morgens von den Spitzen der Kräuter und Blumen sammleten, so man in denen am Pontus Euxinus belegenen Gegenden ziemlich häufig antrift, und welcher von dessen Dünsten erzeuget wird. Sobald, als es ihnen möglich war, entwöhnten die Mütter ihre Kinder, von dieser schwachen, und zarten, dabey aber unentbehrlichen Nahrung. Dieses geschahe nicht in der Absicht, um ihnen dagegen Brodt und Kuchenwerk, worinn der gewöhnliche Unterhalt der Menschen, auch selbst unter den Scythen, bestehet, zur Nahrung zu reichen. Man versichert (33), daß sich die Amazonen dessen fast gar nicht zu bedienen, gepfleget. Sie lebten ohne vielen Umständen, von dem Gevögel, und den wilden Thieren, die sie auf der Jagd gefangen (34); wovon selbst jene giftige kriechende Thiere, wogegen wir einen Abscheu haben, dergleichen die Eidechsen sind, nicht ausgeschlossen gewesen (35). Es ist glaublich, daß die am Pontus anzutreffende, grösser, als die unsrigen, gewesen. Man schreibt, daß die wilde Augen der Amazonen einigermassen, denen grünen Flecken, welche man auf dem Rücken dieser

B 5   Thiere

---

(33) EUSTATHIUS, über den 828 Vers, des *Dionysius Periegeta*.

(34) HERODOTUS, B. IV, n. 13. JUSTINUS, B. II. K. 2.

(35) STEPHANUS, unter dem Worte *Amazones*, nebst den Anmerk. des Scholiasten, *Thomas de Pinedo*. COELIUS RHODIGINUS, a. d. 327 S.

Thiere findet, ähnlich gewesen. Das Gift, welches ihr Fleisch in sich hat, hatte bey denjenigen, welche sich von Kindheit an, daran gewöhnet hatten, nicht die geringste schädliche Würkung. Es liessen sich gar leicht verschiedene Beyspiele solcher Menschen, welche von langer Zeit her, des Giftes gewohnt gewesen, anführen. Mithridates Eupator, der letzte König in Pontus, hatte selbigen dermassen oft zu sich genommen, daß es ihm auf die letzt keine Dienste mehr thun wollte, als er sich, um nicht dem Pompejus in die Hände zu fallen, damit umzubringen gedachte (36). Er mußte zu seinem eigenen Schwerdte, und dem Schwerdte eines seiner Soldaten, seine Zuflucht nehmen. Vielleicht hatten die Amazonen, eben so, wie dieser Herr, ein gewisses besonderes Gegengift, dessen sie sich gewöhnlicher Weise bedieneten. Es konnte nicht fehlen, daß nicht dasjenige, wovon sie sich ernähreten, in ihrem Blute sich hätte äussern sollen. Es mußte selbiges das Feuer, die Schärfe, und die Grausamkeit davon annehmen. Wir haben in der Geschichte, zwo merkwürdige Begebenheiten, welche diesen, durch die Erfahrung bereits bestätigten Grundsatz, bekräftigen.

Die erstere betrift die berühmte Atalanta, deren Ruf durch ganz Griechenland erschollen war

---

(36) Dio Cassius, B. 37. Florus, B. III, K. 5. Valer. Max. B. IX. K. 2. Plinius, B. XXV, K. 2. Appian. Mithridat. S. 248, u. andere.

war. Ihr Vater Jasion (37), wollte keine Töchter auferziehen, und ließ daher die eine, weil er so unmenschlich nicht war, daß er sie vor seinen Augen hätte umbringen sehen können, auf den Berg Parthenius in Arkadien (38), am Rande einer Quelle, neben welcher eine Höhle, und ein Eichen-Forst war, hinlegen. Dem solchergestalt verlassenen Kinde, wiederfuhr eine Hülfe, wo natürlicher Weise nichts anders, als der schleunigste, und grausamste Tod zu befürchten war. Eine Bärin, der die Jäger ihre Jungen genommen hatten, flüchtete in die Höhle, wo die Atalanta lag. Anstatt, das Kind zu verschlingen, gab sie ihm aus angebohrnen Triebe, die Milch, die sie in gar starkem Ueberfluß hatte, und, ihr beschwerlich zu werden, anfieng, zu saugen. Sie nahm sich der Atalanta an, wartete ihrer, und ernährete sie so lange, bis sie im Stande war, sich ihren eigenen Unterhalt zu verschaffen. Die wildwachsende Kräuter, und Wurzeln, waren die einzige Hülfsmittel, die sie in ihrem damahligen Zustande haben konnte. Bey zunehmenden Jahren, und Bedürfnissen, bekam sie Lust, Thiere zu jagen. Sie aß anfänglich deren Fleisch roh; als sie aber nachgehends von ohngefähr auf das Feuer gerathen war, bediente sie sich dessen, um diese Nahrung menschlicher zu machen.

Eins-

(37) AELIANUS, var. Hist. B. III, K. I. Hygin, in seiner 185 Fabel, nennt ihn *Schoeneus*.

(38) Es war dieses der höchste Berg in Peloponnesus.

Einsmal begegneten ihr Viehhirten; diese nahmen sie aus Mitleiden, mit in ihre Hütte, und hielten sie einige Jahre in Verwahrung. Allein, wegen der Milch, die sie gesogen, und der wilden Lebensart, die sie, von ihrer zartesten Kindheit an, geführet hatte, empfand sie an der Gesellschaft der Menschen einen Widerwillen. Sie entwischte heimlich, und begab sich wieder nach ihrer Höhle, woselbst sie ihre erste Lebensart aufs neue hervor suchte; verschiedene Gattungen von Gewächsen anlegete, welche ihr selbige etwas annehmlicher machen konnten; und sich ausserdem auch durch ihren Bogen zu versorgen suchte, als welcher ihr Nahrung und Kleidung verschaffete. Sie erhielt, bey beständiger Uebung des Jagens, eine dermassen starke Leichtigkeit, daß sowohl kein einziges wildes Thier anzutreffen war, welches sie nicht hätte einholen können; als auch kein Mensch, welcher ihr nachzukommen im Stande gewesen wäre, wann sie ihm aus den Händen entwischen wollen. Dieses Umstandes wegen, bekam sie den Namen *Celeripes* (39). Atalanta ward, ihres starken Körpers, ihrer wohl gewachsenen Leibesgestallt, ihres Angesichtes voll Feuer, und ihres so ausserordentlichen Betragens wegen, in ganz Peloponnes berühmt. Sie reitzte die junge Leute, welche sich hervor zu thun suchten,

(39) Man kann die beym Gronovius befindliche Medaille, im ersten Th. seiner griechischen Alterthümer, fol. Ooo, und das, was er bey dieser Gelegenheit darüber anführt, nachsehen.

suchten, zum Nacheifer (40). Verschiedene suchten sie, durch Anführung zum menschlichen Umgang, zu überwinden. Sie hatten aber insgesammt die Schande, sich überwunden zu sehen: den Hippomen, oder vielmehr Milanion ausgenommen, mit dem sie endlich zusammen hielt. Sie wurden zuletzt beyderseits von einem Löwen, welcher sich in dieselbige Höhle, die ihnen zum Aufenthalt diente, begeben hatte, verschlungen.

Das zweyte Beyspiel der Würkungen einer wilden Erziehung, betrift die berühmte **Röniginn der Volscer, Camilla.** Als ihr Vater **Metabus** (41), aus Haß seiner Unterthanen, welche seine Tyranney nicht länger ertragen konnten, aus seinen Staaten verjagt wurde, nahm er selbige mit sich, damit sie ihm zur Gesellschaft, und zum Trost, in seinem Elend seyn sollte. Seit der Zeit, daß er sich vor der Wuth eines Volkes, welches ihn verfolgete, verbergen muste, wohnete er in keinen Städten mehr, deren Gesetze er,

wegen

---

(40) Ausser den Hygin, in seiner 185 Fabel, kann Paläphatus, im I B. wo er von der Atalante, und dem Milanion handelt, nachgeschlagen werden; ferner *Callimachus,* in Dianam. Ovid, im X B. der Verwandl. *Sidon. Apollinaris,* im Panegyr. ad Artemium. *Diodorus,* im IV B. und *Lil. Gregor. Gyraldus,* im XX dialogismo der Variorum criticorum. Letzterer gedenkt dreyer verschiedenen Atalanten.

(41) Virgil, im XI B. der Aeneis, im 532, und sgg. Versen.

wegen seiner wilden Gemüthsart, nicht vertragen konnte. Er brachte den übrigen Theil seines Lebens, auf abgelegenen Bergen, zu, führete eine wilde Lebensart, ernährte seine Tochter mit der Milch eines wilden Pferdes, und erzog sie im Gebüsche, mitten unter den wilden Thieren. Als sie gehen konnte, gab er ihr die Pfeile in die Hand, und hängete ihr den Köcher über die Schultern. Diejenige, welche, ihrer Geburt nach, in prächtigen Palläſten zu leben, beſtimmt zu ſeyn ſchien, hatte nichts weiter zur Kleidung, als eine Wolfshaut, welche ihr vom Kopfe über den Rücken herabhieng, und die Stelle jener aus goldenen Schnüren verfertigten Bänder und Schleifen, womit die Prinzeßinnen ihre Haare beveſtigten; und jener Schleppröcke, welche einen Theil ihres majeſtätiſchen Zieraths ausmachen, vertrat. Als sie sich, nach Maaßgebung ihres Alters, im Pfeilſchieſſen, und mit der Schleuder um ihren Kopf herum zu werfen, übete: erlegte ſie ſowohl auf dieſe, als jene Art, die Vögel im Fluge, und die Thiere im Laufen. Man ſagte (42), daß ſie ſo geſchwind, als die Luft, geweſen, und auf den Wellen der See, ohne ihre Füſſe naß zu machen, habe laufen können. Die junge Leute verlieſſen ihre Häuſer, und ſuchten ſie auf dem Lande auf; und die Frauensperſonen konnten ſich an ihrer Geſtallt, und ihrem Gange, ſo ſie höchlich bewunderten,
nicht

(42) Eben derſelbe, im VII B. im 803, und fgg. Verſen.

nicht satt sehen. Als sie solchergestallt zu der Arbeit, und den Beschwerlichkeiten des Krieges abgehärtet war, verlobte sie sich der Dianen (43), erhielt ihre Jungferschaft unbefleckt, und legte sich blos auf die Waffen = Uebungen. Die Volscer, denen das Gerücht, welches durch ganz Italien von ihr ausgebreitet war, zu Ohren gekommen, ersuchten sie, den Thron, von dem sie ihren Vater hatten stossen müssen, zu besteigen. Sie unterwarfen sich ihren Gesetzen. Sie führte selbige in den Krieg des Turnus, gegen den Aeneas, und die Latier, worinn sie, verrätherischer Weise, durch den Aruns getödtet wurde, nachdem sie unbegreifliche Wunder der Macht und Tapferkeit verrichtet hatte. Ihr Geschichtschreiber bemerkt, daß diese Art von Amazonin, mit der Sturmhaube auf dem Haupte, und mit halb entblößter Brust, um den rechten Arm desto freyer zu behalten, gefochten. Bald schoß sie einen Hagel von Pfeilen auf den Feind los; bald schlug sie, mit der Streitaxt in der Hand, auf alles, was ihr im Wege kam, zu, ohne zu ermüden. Wann es die Noth zuweilen erforderte, im Weichen zu fechten, so schoß sie ihre Pfeile, von hinten zu, mit eben der Fertigkeit, als die Scythen, und Parther, los. Ihre Gefährtinnen, so um ihr waren, thaten nicht minder heldenmüthig, und richteten ein eben so starkes Blutvergiessen an, ohnerachtet sie mit nichts weiter, als einer kleinen,

(43). Eben derselbe, im XI B. im 582, und fgg. Versen.

kleinen, mit Erz besetzten Streitaxt versehen gewesen. Sie hatte sich selbige ausersehen, um sie beständig zur Seiten zu haben, sie mogte nun in Frieden leben, oder der Ehre, oder des Zustandes ihres Königreiches wegen, zu Felde gehen müssen.

Es ist aber, um die Würkungen der ersten Nahrung und der Erziehung, auf die Leibes-Beschaffenheit zu zeigen, eben nicht nothwendig, bis in die auswärtige alte Geschichte zurück zu gehen. Die Milch einer Säugamme, hat fast allemahl, auf die Gemüthsart eines Kindes einen Einfluß. Ihre Laster, oder Tugenden, werden zugleich mit bis in das Geblüt eingeflößt, und wurzeln sich, mit zunehmenden Jahren, immer stärker ein. Aus dieser geheimen, und natürlichen Quelle, sind gemeiniglich die Fehler, der Eigensinn, die Grobheit, die schlechte Gemüths-Beschaffenheit und Neigungen, welche man bey gewissen Personen, welche von ihrer übrigen Familie ausarten, wahrnimmt, herzuleiten. Es zeigt sich auch aus der Erfahrung, was die allzu zärtliche Erziehung, vor Schaden anrichte. Aus einer unzeitigen Liebe, glaubt man, daß man nicht zuviel Fleiß und Aufmerksamkeit anwenden könne, der Schwäche eines Kindes zu schonen, und durch dergleichen falsche Hofnung, selbiges stark zu machen, macht man es vielmehr nur noch schwächer. Seine Stärke, und frische Leibes-Beschaffenheit, hat es bereits einige Monathe, oder ein Jahr nachher verlohren, nachdem man

selbi-

ſelbiges aus den Armen einer Amme genommen, welche, indem ſie es nicht ſo weichlich gehalten, ſelbiges, ſoviel es deſſen Alter erlauben wollen, munter und ſtark gemacht hat. Alles dieſes aber verdirbt man, durch die vorgenommene Aenderung bey der Art, ſelbiges zu verhalten, wieder. Dergleichen Betragen, und Unglück, laſſen ſich weit häufiger in der Haupt-Stadt des Königreiches, als ſonſt irgendwo, wahrnehmen. Eine weniger beſorgte Aufſicht, und eine mehrere Veſtigkeit der Nahrungsmittel, würden Körper zu Paris hervorbringen, welche eben ſo geſund, und ſtark wären, als bey den Landleuten; wo die Kinder gemeiniglich von eben demjenigen, was die Erwachſenen genieſſen, zu eſſen bekommen d). Da wir nun dergleichen alle Tage vor uns erblicken, warum ſollten wir nicht glauben, daß eben dieſelbe Urſach, eben die Würkung bey den Amazonen,

d) Von dieſer Materie verdient Herr von Eſſartz, in ſeinem zu Paris, 1760, in 12. herausgegebenen *Traité de l'education corporelle des enfans en bas âge, ou reflexions pratiques, sur les moyens de procurer une meilleure constitution aux Citoyens*, ſo in gegenwärtigem (1763) Jahre, unter dem Titel: Abhandlung von der Erziehung der Kinder, in Anſehung ihres Körpers, in den erſtern Jahren; oder praktiſche Gedanken, über die Mittel, Bürger von einer beſſern Leibes-Beſchaffenheit darzuſtellen: von mir überſetzt worden, und in 8. ans Licht getreten, nachgeſehen zu werden. Anm. d. Ueberſ.

Guyon Geſch. d. Amaz. C

zonen, deren Ursprung und Sitten, alle das rohe Wesen der Scythen, denen sie es dazu noch, in Vergleichung mit sämmtlichen Alten, zuvor thaten, an sich hatten, hervor gebracht habe?

Eine dritte Quelle, welche auf den Körper, und sogar auch auf die Gemüths-Beschaffenheit, einen sehr starken Einfluß hat, ist die Leibes-Uebung. Ich weiß, daß die gute Beschaffenheit der Werkzeuge des Körpers, sehr vieles zu den Verrichtungen des Geistes beytrage. Man muß aber auch erwägen, daß die Bemühung, und der Fleiß, ein zuverläßiges Mittel seyn, die Werkzeuge des Körpers zu verbessern, und den Geist vollkommener zu machen. Es durchforscht selbiger endlich die Dinge, über welche er ohnermüdet nachgedacht hat; und wir erblicken täglich Personen, welche aus tumm vorgekommen, oder durch ihren Fleiß, es in den Wissenschaften sehr weit gebracht haben. Eben also verhält es sich auch mit dem Körper. So schwach selbiger auch zu seyn scheinet, so wird er doch durch die Uebung gestärket, und ausgehärtet. Ein gewisser Philosoph, welcher sich, durch seine Weisheit, den Zunamen des Göttlichen erworben hat (44), will, daß man, zur Hervorbringung einer vollkommenen Republik, die Manns- und Frauenspersonen, von ihrer Kindheit an, sich auf einerley Arbeit legen lassen solle. Er behauptet, daß der Unterschied des Geschlechtes, keinen Unterschied

in

---

(44) Plato, im V B. de republica.

in Ansehung der Geschäfte, und Bemühung hervorbringen dürfe, und macht die Würkung, welche dergleichen Verfahren nach sich ziehen würde, aus dem Beyspiele der Thiere, welche zur Jagd, oder zum Laufen bestimmt sind, erweislich. Man erzieht selbige, ein jedes in seiner Art, auf einerley Weise; sie werden von einerley Stärke; und öfters wird man weit mehr Muth, und Lebhaftigkeit, bey den Hündinnen, und Stutten, als bey den Hunden und Hengsten gewahr. Galen (45), und nach ihm die Meister in seiner Kunst, haben die Anmerkung gemacht, daß bey den Frauenspersonen, der Puls bisweilen stärker und öfter, und das Blut in mehrerer Bewegung sey, als bey den Mannspersonen; woraus sie folgern, daß selbige zu eben der Stärke, und einerley Verrichtungen aufgelegt seyn würden, wenn man sie nur nicht blos an solche Arbeiten, welche, weil sie zu angenehm, und zu leicht sind, die Hülfsmittel, so ihnen die Natur mitgetheilt hat, entkräften, binden wollte. Wenn man sich hiervon völlig überzeugen will, darf man nur seine Augen auf die im niedern Stande gebohrne Weibspersonen richten. Man sieht selbige nicht allein mit den Mannspersonen einerley Lasten heben, und tragen, sondern auch die mühsamste und beschwerlichste Arbeiten eine gute Zeit nach einander ausstehen. Dergleichen Stärke des Körpers, und der Leibes-Beschaffenheit nun, kann man nichts weniger, als einer zarten, niedlichen, und

aus-

---

(45) Galen, im III B. de causis pulsuum.

ausgesuchten Nahrung, zuschreiben. Vielmehr liegt der Grund davon, blos in den ganz gemeinen Nahrungs-Mitteln, und der Gewöhnung zur Arbeit, wozu sie die Noth, sobald sie nur, Alters wegen, dazu tüchtig gewesen, gebracht hat.

Dergleichen beschwerliche, und arbeitsame Erziehung, kömmt indessen in gar keinen Vergleich, gegen die erstern Jahre der Amazonen. Kaum hatten sie soviel Kraft, daß sie den Bogen halten könnten, so gab man ihnen selbigen bereits in ihre Hände, und führete sie in die Gebirge, und Wälder, auf die Jagd der wilden Thiere. Es war zu einem Gesetz unter ihnen gemacht, an jedem Tage ihre Mahlzeit (46), durch die Arbeit und den Schweiß, bald durch das zur Leibes-Uebung angestellte Laufen, bald durch das Pferde-Bezwingen, zu erkaufen. Auf solche Art gewöhnete man sie zu der harten Kriegeskunst, welche das Lieblings-Geschäfte bey den Amazonen war. Es war solchergestallt weder unmöglich, noch zu verwundern, daß sie die Beschwerlichkeiten desselben, mit eben der Standhaftigkeit, als die stärkste, und streitbarste Mannspersonen, haben ertragen können; dieweil sie, von Geburt an, bereits kriegerisch waren, und die Hauptsorge ihrer Mütter dahin gieng, diese Geschicklichkeit bey ihnen anzurichten.

Das-

---

(46) *Dionysius Periegeta*, V. 1046, sqq. Diodor, im II B. a. d. 63. S.

Dasjenige was die Natur angefangen hatte, ward durch das Beyspiel, so sie vor Augen hatten, und durch die Gesinnungen, welche man ihnen einflößte, vollends zu Stande gebracht. Als erklärte Feindinnen des Männer-Regiments, welche sie im höchsten Grade verachteten, und hasseten (47), waren sie einzig und allein auf die Mittel bedacht, sich in der ungebundenen Freyheit zu erhalten; und in dieser Absicht, muste man sich durch Stärke, Muth, und Unerschrockenheit, über selbige hinwegsetzen. Der Ursprung ihrer Absonderung, und ihres Staates; die Furcht, wieder unter die Bothmäßigkeit eines Königes zu gerathen; eine von Kindheit an, abgeschnittene, oder ausgebrannte Brust; ein Königreich, welches sich bey allen Völkern furchtbar machte; der Gedanke (48), vom Gotte Mars abjustammen e), erinnerten die Amazonen beständig an das, was ihnen zur Aufrechterhaltung des Ruhmes ihrer Nation obliege, und sie lenkten ihr Gemüth, mit eben dem Eyfer, den sie an ihren Müttern erblickten, darauf. Auf solche Art wurden die Tapferkeit,

C 3

(47) Justin, im 4ten Kap. des II B.

(48) Dionys. Periegeta, B. 652, fgg. Apollon. Rhod. in den Argon. B. II. B. 992. Diodorus, im II B. a. d. 128 S.

e) Einige gaben sie insonderheit vor die Töchter des Martis, und der Harmoniae, einer Najade, aus. Andere hingegen halten nur einige von denenselben, vor die Töchter besagten Gottes. A. d. Ueb.

keit, und alle Helden-Tugenden, immerwährend bey ihnen erhalten, und verstärket.

Aus allen diesen, aus der Natur sowohl als Geschichte, beygebrachten Gründen, ergiebt sich demnach, daß die Würklichkeit der Amazonen, an und vor sich nichts unmögliches in sich schliesse. Das Volk, von dem sie einen Theil ausmachten; das Land, welches sie bewohnten; das Blut, welches in ihren Adern floß; die Erziehung, welche man ihnen wiederfahren ließ; das Beyspiel, welches sie vor Augen hatten; musten sie nothwendig von der Beschaffenheit machen, als sie uns die ältere Geschichte abgeschildert hat.

Es ist nunmehro noch der letztere Theil des Einwurfes, den man gegen die Möglichkeit des Weiber-Regiments anbringt, und in welchem man gern erweislich machen mögte, daß ein Staat, oder Königreich, so Frauenspersonen führen, nicht lange bestehen könne, zu erörtern übrig.

Diese anscheinende Schwierigkeit, ist eben so leicht, als die erstere, zu heben. Man möge ein Königreich, entweder in der Verfassung, da ein angenehmer Friede herrscht, oder auch zu der Zeit, da es durch Krieges-Unruhen erschüttert wird, betrachten; so ist das Frauenzimmer, in beyderley Fällen, das Regiment zu führen, vollkommen im Stande.

1. Durch das Salische Gesetz in Frankreich, welches das Frauenzimmer vom Französischen

schen Thron ausgeschlossen hat, hat selbiges in un=
sern Gedanken, einen Theil der Hochachtung, wel=
che verschiedene unter ihnen mit dem grössesten
Rechte verdieneten, verlohren, und ist um den
Nutzen der Vorzüge, welche sie etwa von der Na=
tur erhalten haben könnten, gebracht worden.
Kann man wohl, ohne Rücksicht auf die gezie=
mende Höflichkeit, und den Wohlstand, sagen,
daß ihr Geschlecht, der zur Führung einer Regie=
rung erforderlichen Weisheit, Klugheit, Einsich=
ten, und Staatskunst, beraubt sey? Der Haß,
die Unwissenheit, und die Partheylichkeit, würden
sich zu augenscheinlich verrathen. Man hat zu
allen Zeiten, Haushaltungen, beträgtliche Güter,
Ländereyen, Felder, und die schweresten Geschäf=
te, von Frauenspersonen aufs vollkommenste ver=
walten gesehen, und sieht es noch täglich. Deren
sind gar wenige, wird man sagen; man führt sol=
che, welche dergleichen Geschicklichkeit besitzen, als
ganz ausserordentliche Wunder an. Ich will es
zugeben. Allein, machen denn die geschickte, und
verständige Mannspersonen, gerade den grössesten
Haufen aus, und wollte man sich wohl getrauen
zu behaupten, daß von denen, welche man mit
Fug und Recht für klug, und verständig ansehen
kann, alle insgesammt, ohne Unterschied, das Ru=
der eines Staats zu führen, würdig wären?
Ohnstreitig würde noch eine grosse Auswahl un=
ter denjenigen, denen man den Scepter anver=
trauen wollte, getroffen werden müssen; und nach=
her, wann man auch würklich den weisesten auf

den

den Thron gesetzt hätte, würde man ihm doch noch), mit Rechte, geschickte Minister zugeben wollen, welche ihm mit ihrem Rathe an die Hand giengen, und dessen Annehmung man von ihm verlangen würde; indem er nicht, alles zu übersehen, auch nicht alles selbst zu verrichten, im Stande wäre. Es wäre wider alle Wahrscheinlichkeit, wenn man behaupten wollte, daß sich unter dem Frauenzimmer, keine einzige, welche unter eben den Bedingungen, zu regieren im Stande wäre, finden sollte. Aspasia gab zu Athen öffentlich Unterricht über die Staatskunst, und bildete die grössten Männer ihrer Zeit, zur Regierung (49).

2. Wir Franzosen sind fast die einzigen, welche so schlecht von dem Frauenzimmer denken; ohnerachtet man in der Geschichte unserer Monarchie, Beyspiele von Regierungen, welche eben so berühmt, als das Regiment der grössesten Könige gewesen, lieset. Die Erfahrung hat die übrigen Völker ganz anders denken gelehret. Semiramis zeigte denen Assyrern, daß ein Frauenzimmer im Stande sey, den Grund eines neu-errichteten, und sehr weitläuftigen Reiches zu bevestigen. Sie muste die Truppen, bey aller ihrer Strenge der Kriegeszucht, zu welcher sie Ninus angehalten hatte, zu erhalten (50). Sie setzte den

(49) S. Bayle, in der Anmerkung O, über den Artikel: Perikles.

(50) Diodor, im 2, 4, und 5 Kap. des II B. und Justin, im 2 Kap. des I Buches.

den prächtigen Lauf seiner grossen Thaten fort. Sie brachte die Verschönerung von Ninive, und Babylon, zu Stande; und wofern die Geschichte nicht die Namen mit einander verwechselt hat, hat man eben dieser Prinzeßin, auch jene berühmte Gärten, und jene angelegte erstaunliche Werke, von Brücken, Dämmen, öffentlichen Gebäuden, Palläsen, und Tempeln, welche Babylon zum Wunder der ganzen Welt machten, zu verdanken. Die Königinn von Saba, zeigte die Vortreflichkeit ihres Geistes, in der Bewunderung der Weisheit des Salomo, welche zu hören sie zu ihm reisete. Der grosse Cyrus, Ueberwinder der Armeen des Crösus, der Assyrer, und des Belsazar, ward von der Tomyris, Königinn der Massageten, überwunden (51). Nitocris führte das Regiment in Egypten, ganz allein (52), und legte dermassen grosse Beweise ihrer Weisheit dabey ab, daß sie die Egypter, mit der Benennung der Isis, ihrer ersten Königinn, beehreten. Sie sahen selbige als die berühmteste Gesetzgeberinn an. Sie erkannten ihr die göttliche Ehren-Bezeigungen zu. Sie wollten, aus Hochachtung, und Ehrerbietung gegen sie, daß die Frauen eben das Recht zur Krone,

(51) Herodot, im I B. Justin, im 8 Kap. des I B. Diodor, im II B. a. d. 128 S.

(52) Diodor, im II B. a. d. 7ten und 13 S. Apollodor, im I Th. des I B. seiner Bibliothek. Eusebius, in seiner Chronik. Syncellus, S. 54 und 55. Plinius, im 7 Kap. des VI B.

Krone, als die Männer haben, und die Ehemänner vor ihrer Vermählung sich anheischig machen sollten, sich in allen Stücken dem Willen ihrer Gemahlinnen zu unterwerfen. Nun ist zwar dieses letztere Gesetz, wieder aus der Gewohnheit gekommen; allein dasjenige, welches denen Prinzeßinnen das Recht der Thron-Besteigung erlaubte, verblieb bey den Egyptern so lange, bis die ganze Monarchie aufhörte; indem Cleopatra die letzte war, welche die Krone trug, und dem Julius Cäsar (53) die rechtmäßige Ansprüche, welche sie daran hatte, zu erkennen gab (54). Vor ihr hatte sich Cleopatra, die Mutter des Ptolomäus Lathyrus, im Kriege eben so furchtbar (55), als die geschicktesten Generale, gemacht: und zum Denkmahl ihrer Stärke und Herzhaftigkeit, ließ sie sich auf den Münzen, mit der Haut und dem Rüssel eines Elephanten, so ihr um den Kopf hiengen, abbilden. Nur noch ein einziges Beyspiel will ich beybringen, um zu zeigen,

(53) Lucanus, im 90 und fgg. Versen des X Buches:
  Non urbes prima tenebo
Foemina Niliacas; nullo discrimine sexus
 Reginam scit ferre Pharos; sic lege vetusta
 Sancitum est, dudum coepit regnare Nitocris.

(54) Livius, Epito. CXI. Florus, B. IV. Kap. 2. Plutarch, in der Lebens-Beschreib. des Cäsars, S. 156, und des Anton. S. 399.

(55) Im VI Th. der *Histoire des empires*, a. d. 285 S. und Vaillant in der *Histor. Numismat. Ptolem.* a. d. 120 S.

zeigen, wieviel ein aufgebrachtes Frauenzimmer, im Treffen auszurichten vermöge, ohne, daß sie eben eine Königinn seyn, oder die Erziehung der Amazonen gehabt haben dürfe. Es ist dieses die **Cratesipolis**, Gemahlinn des Alexanders, eines Sohnes des Polysperchon. Als selbige ihren Gemahl unter den Todten, und seine Armee geschlagen erblickte, brachte sie den Ueberrest derselben zu Hauf; sprach denen Verzagten Muth ein, und stellte sich an der Spitze, der noch vorhandenen Truppen (56). Sie hatte bereits bey den Soldaten in der Achtung eines Frauenzimmers, in dem ein Helden=Geist befindlich wäre, und welches die Eigenschaften eines vollkommenen Feldherrn an sich hätte, gestanden. Sie kannte sie sämmtlich; sie legte die Uneinigkeiten, so etwa unter ihnen entstanden waren, bey; sie hielt es sich gar nicht für unanständig, ihre Wunden zu verbinden; sie tröstete die Bekümmerten; und allen that sie Gutes. Aus Erbitterung, daß sie die **Sicyonier**, weil sie selbige, sich zu vertheidigen, nicht im Stande zu seyn glaubten, von sich abfallen sehen muste, belagerte sie ihre Stadt, drang mit Gewalt in selbige hinein, ließ dreyßig der angesehensten Personen daselbst ans Creutz schlagen, und gewann auf solche Art die Hochachtung, und das Zutrauen der Truppen, daß sie nachher zur Bedeckung und Erhaltung ihrer Person, nicht die geringste Gefahr scheueten. Dergleichen Begebenheiten sind in der Geschichte

gar

---

(56) Diodor, im XIX B. a. d. 705 S.

gar nichts seltenes. Ich will aber weiter nichts, als nur noch dieses hinzufügen, daß sich der Gott der Heerschaaren, zu verschiedenen Zeiten, der Debora und Judith bedienet habe, sein Volk von Feinden, welche es angriffen, und ihm mit einem nahen Untergange droheten, zu erretten.

Sind nun gemeine Frauenzimmer im Stande, soviel Weisheit, Stärke, und Tapferkeit zu zeigen, wieviel mehr muste dieses nicht bey den Amazonen statt finden, welche, von ihrer zartesten Kindheit an, gewohnt waren, von Mannspersonen unabhängig zu leben; sich vor nichts in der Welt so sehr, als vor eine Staats-Veränderung zu fürchten; und theils zur Eroberung, theils auch zur Vertheidigung, den Bogen, die Lanze, und den Schild geschickt zu führen? Wenn sich ein ganzes Volk, einzig und allein auf einerley Sache, oder Uebung, legte, würde es ohnfehlbar hierinn alle übrige Völker auf der Welt übertreffen, und ausstechen. Es ist also gar nichts unmögliches darinn anzutreffen, daß die Amazonen ein Königreich errichtet; daß sie selbiges eine geraume Zeit beherrschet, und daß sie sich zum Schrecken aller ihrer Nachbahren gemacht haben. Jedoch, es giebt das Zeugniß, das auf Münzen beruhet, einen unwiderleglichen Beweis ab. Wären niemals Amazonen gewesen, wie würde man selbige so oft auf den Münzen von Smyrna, Thyatira, und andern so bekannten Städten, antreffen?

Endlich

Endlich macht man auch gegen die Geschichte der Amazonen, wegen ihrer eigenen Namen, Einwendungen (57); sintemal die mehresten derselben griechisch sind, als Ocyale, Diorirpe, Iphinome, Hippothoe, Agare, Theseis, Hippolita, Climene, Penthesilea, und verschiedene andere (58), da sie doch ursprünglich aus dem Lande der Scythen abgestammet, und an den Ufern des Pontus Eurinus gewohnet, allwo noch keine griechische Colonien befindlich waren. Hieraus folgert man, daß alles, was von ihnen behauptet werde, eine blos von der poetischen Freyheit, und Erdichtung, bey dem Alten, ersonnene Fabel sey.

Man hält diese Gedanken, für einen vollständigen Beweis; allein, er beruhet auf gar seichten Gründen. Erstlich, würde dadurch die ganze Geschichte des Trojanischen Krieges über den Haufen gestossen werden; indem Homer, und die andern, denen vornehmsten Trojanern, die sich dabey befunden, griechische Namen gegeben, als: Priamus, Hektor, Andromachus, Astyanaktes, Polydor, und Aeneas. Indessen kann doch niemand die Würklichkeit dieser berühm=

(57) Herr Dacier, an verschiedenen Orten seiner Uebersetzung der Lebens-Beschreibungen des Plutarchs, sonderlich, in der Beschreibung vom Theseus.

(58) Man findet selbige beym Hygin, in der 163 Fabel; beym Paläphat, und verschiedenen griechischen Dichtern.

berühmten Belagerung in Zweifel ziehen, wofern man nicht überhaupt alle Dichter, und alle Geschicht= und Zeitrechnungs= Beschreiber, eines gemachten Blendwerkes, und begangenen Irrthumes, beschuldigen will. Zweytens, schreiben sich diese entlehnte, oder verstellte Namen, ursprünglich von den Dichtern her; diese aber könnten die Scythischen, und ausländischen Wörter nicht in ihre Verse bringen, ohne das Sylbenmaaß, und den Wohlklang zu verletzen, wie denn auch die Härte derselben sich gar nicht mit der Lieblichkeit der griechischen Sprache zusammen reimte. Drittens, ahmeten sie, bey Benennung der Amazonen, ihrem berühmten Muster nach, welcher es auf eben die Art mit den Trojanern gemacht hatte. Sie machten die Namen (59) aus einer Eigenschaft, aus einer Vollkommenheit, aus einer vorzüglichen Gabe, oder aus einer gewissen Begebenheit in der Geschichte, welche mit der, die Amazonen betreffenden, einige Aehnlichkeit hatten; so, wie die Namen Hektor, und Astyanaktes, zwey berühmte Trojaner bezeichneten; wie Plato (60), bey Erwähnung eines unserm gegenwärtigen ähnlichen Umstandes, angemerket hat. Viertens haben sich Herodot und Xenophon einer gleichen Freyheit bedienet; der erstere, bey Beschreibung des Krieges des Xerxes in Griechenland; und der andere,
bey

(59) Petit, im 41 Kap. seiner Dissertation de Amazonibus.

(60) Plato, im Cratyl.

bey Beschreibung des Rückzuges der zehn Tausende: zwoer Begebenheiten, deren Würklichkeit man im geringsten nicht, in Zweifel ziehen kann. Fünftens endlich, ist die Veränderung der Namen, von je her, bey allen Völkern in der Welt gebräuchlich gewesen. Der König in Egypten, nennet Joseph den heimlichen Rath, oder, nach dem Grundtext, den weisen Traumdeuter (61). Der König zu Babel, gab jenen drey Knaben aus den Kindern Israel, welche an seinem Hofe erzogen wurden, Chaldäische Namen (62). Die Griechen belegten den Noa mit dem Namen Deukalion (63), und Cäsar machte die fremden Namen der Könige und Völker, der alten Gallier und Groß-Brittanniens, zu Latein. Sollte man wohl berechtigt seyn, alle diese Personen darum für fabelhaft zu erklären, weil sie neue Namen bekommen haben? Dergleichen Veränderung demnach, macht ihre Würklichkeit eben so wenig, als bey den Amazonen, zweifelhaft.

Das

(61) 1 B. Mos. XLI. 45.
(62) Dan. I. 7.
(63) Josephus, im 6 Kap. des I B. seiner Alterthümer. Philo, de praemiis & poenis. S. Justini Apolog. I.

Das zweyte Kapitel,

Von dem Ursprunge, dem Zeit-Alter, und den Sitten der Amazonen.

Die Art und Weise, wie der Ursprung der Amazonen erzählt wird, und die damit vergesellschaftete Umstände, ertheilen ihrer Geschichte, welche mit der Geschichte verschiedener anderer Völker, deren Zeitalter uns aus andern Quellen bekannt ist, völlig übereinstimmet, den äussersten Grad der Gewißheit. Justin (64), welcher bis auf die Errichtung der allerersten Monarchie zurückgeht, lehrt uns, daß vor dem Ninus, Vexoris, König einer gewissen Herrschaft in Nieder-Egypten, seine Eroberungen, in Asien, bis an das Ufer des Pontus Euxinus, getrieben; und zwar nicht sowohl in der Absicht, um sein Reich zu vergrössern, als blos um den Ruhm, verschiedene Völker überwunden zu haben, davon zu tragen. Als er gesehen, daß seine Waffen überall gesieget, schickte er Herolde in das Land der Scythen, ab (65); mit dem Befehl, daß sie ihn ebenfalls, so wie die andern, als

Ueber-

---

(64) Justinus, im 1 Kap. des I Buches.

(65) Eben derselbe, im 3 Kap. des II B. Jornandes, de rebus Geticis, im 5 Kap.

Ueberwinder erkennen sollten. Es besaß dieses Volk bereits damals denjenigen trotzigen und streitbaren Charakter, den man nachher an ihnen zur Genüge wahrgenommen. Tanais, welcher damals regierete, ertheilte denen Herolden zur Antwort, daß Vexoris, Beherrscher eines reichen Königreiches, darinn sehr unweislich verfahre, daß er von so fernen Orten herkäme, und Menschen, welche nichts als die liebe Nothdurft besäßen, und denen es an allen demjenigen, was der Ehrgeitz, und die Eifersucht bey andern verlangen könnte, mangelte, den Krieg ankündigte. Er würde besser thun, wann er auf die Sicherheit, und Ruhe seiner Staaten bedacht wäre: der Ausgang im Kriege wäre allemal mißlich; und wenn er die Scythen mit Krieg überziehen wollte, so sollte er sich nur auf nichts weniger, als auf den Sieg Hofnung machen, sondern gewiß glauben, daß er dabey den Kürzern ziehen werde. Zugleich ließ er ihm sagen, daß, wofern er an ihre Grenzen näher anrücken würde, sie es gewiß nicht erst abwarten würden, bis er selbige betreten; sondern, sie würden, in gewisser Hofnung der Beute, zu den Waffen greifen, und gerade auf ihn losgehen, ohne daß jemand, sie aufzuhalten, im Stande seyn würde. Vexoris nahm diese Reden, für eine großsprecherische Drohung auf; er beschloß daher, seinen Zug getrost fortzusetzen, und rückte, mit Ausübung vieler Feindseeligkeiten, in ihr Land. Alsofort versammleten sich die Scythen, zogen ihm mit vollen Haufen entge-

Guyon Gesch. d. Amaz. D   gen,

gen, und setzten ihn dermaßen in Schrecken, daß
er seine Armee im Stiche ließ, und sich eilends
wieder auf den Weg nach Egypten machte.
Seine Truppen, welche ihre gemachte Eroberungen, nicht sowohl ihrer eigenen Tapferkeit, als
vielmehr der Schwäche, und Furchtsamkeit der
Völker, welche sie überfallen hatten, zuzuschreiben
gehabt, wurden niedergemacht, und dermaßen
auseinander getrieben, daß sie sich nicht, wieder
zusammen zu kommen, getraueten; und ihre
gemachte Beute ward den Ueberwindern zu Theil.
Durch die Reichthümer, die sie in ihrem Lager
gefunden hatten, und durch die Rachgier, ermun-
tert, setzten sie dem Vexoris, bis in sein Königreich hinein, nach, und waren willens, ihn hinaus
zu jagen. Allein, sie konnten, wegen der Canäle
des Nils, und wegen der Sümpfe des Nieder-
Egyptens, nicht fortkommen, und nahmen
daher ihren Weg wieder zurück. Die Leichtigkeit, mit welcher sie so viele Länder durchzogen
hatten, ohne fast den geringsten Widerstand anzutreffen, brachte ihnen die Lust, nach deren Eroberung, bey. Nachdem sie, einige Jahre lang,
Streifereyen vorgenommen, und überall Verwü-
stung angerichtet hatten, machten sie sich zu Herren von einem grossen Theile Asiens, und legten
demselben eine kleine Schatzung auf, welche mehr
zum Andenken ihrer Siege, als zu einer be-
schwerlichen Last vor die Ueberwundenen, gereichen sollte. Sie kehrten nicht eher in ihr Land
wieder zurück, als nachdem ihre Weiber ernstlich

darauf

darauf drangen, als welche, da ihnen die Zeit ihrer Abwesenheit zu lang wurde, zu ihnen schickten, und androhen liessen, daß sie, wofern sie nicht ohnverzüglich nach Hause kämen, sich von den benachbarten Völkern, Männer holen würden.

Solchergestalt blieb Asien, verschiedene Jahrhunderte hindurch, der Schatzung der Scythen unterworfen, bis endlich Ninus, durch jene glückliche Unternehmungen, wodurch das grosse Assyrische Reich errichtet wurde, selbiges unter seiner Bothmäßigkeit brachte. (66). Bis hieher stimmt alles mit den besten Zeit-Rechnungs-Beschreibern, in Ansehung des Zeitalters, in welches sie die Gründung dieser Monarchie setzen, nemlich ohngefähr 1720 Jahre vor Christi Geburt, völlig überein. Sonst lieset man auch bey einem Alten (67), daß Tanais mit dem Sarug, welcher 465 Jahre vorher gebohren war, zu einer Zeit gelebet; wodurch ohngefähr die Jahrhunderte der Herrschaft der Scythen, von denen Justinus redet, wodurch der offenbare Irrthum, welcher sich in den Text eingeschlichen

---

(66) Diodor, im Anfange des II Buches. Justinus, im 1 Kap. des I Buches.

(67) HERMANN. contractus, unter dem Artikel Rehu, und der H. Clem. von Alexandrien behaupten, daß Tanais der erste Scythische König gewesen, und daß von ihm die Benennung des Flusses Tanais herrühre. Stromat. I B. JORNANDES, im 5 Kap. de rebus Geticis.

schlichen hat (68), verbessert wird, herauskommen. Die Reihe von Veränderungen, welche uns auf die Geschichte der Amazonen führen trift eben so richtig zu. Jlin (69), und Skolopit, zween junge Prinzen vom königlichen Geblüte der Scythen, wurden durch eine Meuterey, welche einige zugleich mit ihnen nach der Krone trachtende, angerichtet hatten, vom Hofe und aus dem Lande gejaget. Da sie in ein fremdes Land flüchten musten, nahmen sie eine Menge junger Leute, welche an ihrem Unglück Antheil nahmen, mit sich; und begaben sich in das Asiatische Sarmatien, über den Berg Caucasus hinweg; von da aus streiften sie bis an die nahe am Pontus Euxinus belegenen Länder. Da aber die daselbst wohnende Völker ihre Gewaltthätigkeiten, und Eingriffe nicht ausstehen konnten, machten sie sich über selbige, zu einer Zeit, da sie es sich am wenigsten vermutheten, her, und rieben sie ohne Erbarmen auf.

Dieses erschreckliche Blutbad, gab zum Ursprunge der Amazonen, Veranlassung. Die Weiber dieser unglücklichen Schlachtopfer ihrer eigenen wiederrechtlichen Besitzungen, glaubten, daß ein eben so trauriges Schicksal auf sie wärte. Nachdem sie aus ihrem Vaterlande vertrieben, und

(68) Es heißt daselbst mille quingentos annos, (1500 Jahre) welches aber nach keiner einzigen Art der Zeit-Rechnung statt finden kann.

(69) Justinus, im 4 Kap. des II Buches.

und ihrer Männer beraubet waren, faßten sie einen Entschluß, den ihnen die Verzweifelung eingab. Selbiger bestand darinn, daß sie unter einander zusammen halten, sich eine Königinn erwählen (70), und einen, bis dahin auf der Welt noch unerhörten, Staat ausmachen wollten. Von demselben Tage an, legten sie sich auf die Waffen; übeten sich, den Bogen, die Lanze, und den Schild zu führen; und nahmen alles dasjenige, was zu den Krieges-Verrichtungen gehört, vor. Der Eifer, mit dem sie sich darauf legten, beschleunigte einen erwünschten Erfolg ihres Unternehmens. Sie machten sich in kurzer Zeit, bey denjenigen, vor die sie sich gefürchtet hatten, furchtbar; sie setzten sich in dem Besitz des Landes, worinn sie sich aufhielten, vest; und nicht lange nachher erweiterten sie die Grenzen ihrer Herrschaft. Da sie dieses schnelle, und reizende Glück, blos ihrer Tapferkeit zu verdanken hatten, glaubten sie, der Beyhülfe ihrer Männer, zu ihrer Erhaltung, nicht nöthig zu haben. Sie tödteten diejenige, welche der Wuth der Sarmater entgangen waren, und setzten sich vor, sich niemals wieder in den Ehestand zu begeben: dieweil sie selbigen nicht mehr, für das Band einer angenehmen, und unentbehrlichen Gesellschaft, sondern als eine ihnen unanständige Knechtschaft, und Sklaverey, ansahen. Die Begierde, eine Re-

D 3 publik,

(70) Eben daselbst, und JORNANDES, im 7 und fgg. Kap. de rebus Geticis. Diodor, im II B. a. d. 128 S.

publik, welche sie mit so vieler Ehre errichtet hatten, nicht eingehen zu lassen, setzte sie in die Nothwendigkeit, sich bisweilen zu den Mannspersonen zu wenden. Sie machten es sich zu einem Gesetz, sich alle Jahre, zwey Monathe lang, nach die Grenzen der benachbarten Länder zu begeben; die Einwohner daselbst zu sich kommen zu lassen; sich ihrem Willen zu übergeben, jedoch ohne zu wählen, oder sich jemanden besonders verbündlich zu machen; und darauf nach ihrer Heimath wieder zurück zu kehren f). Um zu zeigen, daß sie sich gar nicht aus Liebe zu ihnen, um sie bemüheten, musten, bevor die Reise angetreten werden konnte, drey von ihnen um das Leben

f) Andere behaupten, sie hätten ihre eigene Männer bey sich gehabt, dieselben aber in der Kindheit an Aermen, und Beinen, dermassen gelähmet, daß sie die Waffen zu führen untüchtig, und nur bloß zu geringen, und knechtischen Diensten geschickt gewesen. Die Afrikanischen, oder Lybischen, sollen allerdings ihre Männer gehabt haben, welche sie zu den weiblichen Verrichtungen gebrauchet, sich aber der männlichen Arbeit angenommen. Insonderheit hatten die Männer weder mit den Krieges-Händeln, noch mit der Regierung etwas zu thun, sondern es waren ihnen alle Mittel und Wege abgeschnitten, wodurch sie sich etwa von der weiblichen Herrschaft befreyen könnten. Die Sarmatischen, oder Scythischen, hatten gleichfalls ihre Männer, in deren Gesellschaft sie Krieg führeten. Diese sollen eigentlich *Sauromatides* genennet worden seyn, weil sie die Σαύρας, oder Eidechsen gegessen haben. Anm. d. Ueb.

Leben gebracht seyn (71). Die Knäbgen, welche von dieser viehischen Vermischung, wie sie **Cedren** (72) nennt, gebohren wurden, waren, wenn sie das Tageslicht erblickten, dem Haß und der Grausamkeit ihrer Mütter ausgesetzt. Einige waren so unmenschlich, und erstickten selbige (73); andere verdreheten ihnen die Aerme, und Beine (74), damit sie solchergestallt zu den Kriegesübungen untüchtig würden. Diejenige, welche noch am menschlichsten verfuhren, schickten sie ihren Vätern zurück (75).

Die Töchter waren der einzige Gegenstand ihrer Aufmerksamkeit. Da sie bestimmt waren, in den Verrichtungen der Amazonen nachzufolgen, so suchte man zuförderst ihnen durch die Art, wie man sie ernährete, einen harten Körper zu verschaffen, und eine kriegerische Gemüthsart einzuflössen. Man gab ihnen Pferdemilch (76), und

D 4 eine

(71) HERODOTUS, im IV B. n. 117. HIPPOCRATES de aëre & aqua.

(72) CEDRENUS, in seinen annalibus, a. d. 127 S.

(73) Justinus, im 4 Kap. des II B.

(74) Diodor, im II B. a. d. 128 S. STEPHANUS BYZANTINUS, unter dem Titul: *Amazones*.

(75) Strabo, im XI B. a. d. 770 S. Q. Curtius, im 5 Kap. des VI B. JORNANDES, im 8 Kap. de rebus Geticis. Philostrat, in seinen Heroic. im 19 Kap.

(76) Philostrat, am angezogen Orte, a. d. 750 S.

eine Art von Mark, welches in dem Rohr, an den Ufern des Thermodon, oder Pontus Euxinus, erzeugt wurde. Sobald es nur angieng, setzte man ihnen die gemeine und gewöhnliche Speisen und Getränke, nemlich, das öfters noch ganz rohe, und gemeiniglich nur halb gekochte Fleisch der wilden Thiere vor (77). Wann sie so weit waren, daß sie die Operation aushalten konnten, brannte man ihnen die rechte Brust ab (78), oder bediente sich gewisser gewaltsamer Mittel, den Wachsthum derselben zu verhintern. Es sind über diesen Punkt die Schriftsteller nicht einstimmig. Einige behaupten (79), daß man von dem achten Jahre an, ein heisses Eisen daran gehalten, welches die Fasern, und Grundanlagen der Drüsen, welche durch ihr Zunehmen diesen Theil des Körpers ausmachen, ausgetrocknet. Andere scheinen der Meynung zu seyn, daß man so lange gewartet habe, bis die Brust gehörig ausgebildet gewesen, und daß man hernach selbige abgeschnitten habe, welches man denn durch die

Uebung

(77) THOMAS DE PINEDO in Stephanum, unter dem Titul: Amazones: aus dem Eustath über den Periegeta.

(78) HIPPOCRATES, de aëre & aqua. PTOLOMAEUS, de astrorum judiciis, im II B Eustath, über den Periegeta. Isidor, in seinen Origin. im 2 Kap. des IX B. Diodor, im II B. auf der 128 S. Justinus, im 4 Kap. des II B. u. and.

(79) S. Petit, im 22 Kap. seiner Dissertation de Amazonibus.

Uebung und Erfahrung, geschwind, und sicher wieder zu heilen gewußt. Noch andere geben vor (80), daß man gar nicht auf dergleichen Art die junge Amazonen verstümmelt; sondern, nur frühzeitig die rechte Seite der Brust vest zusammen geschnürt habe, um solchergestallt den gewöhnlichen Lauf der Natur zu hemmen, und zu verhintern, daß das Fleisch nicht, wenigstens so stark und hoch nicht, nach aussen hervor wachse, und hervor rage.

Es möge nun, in Ansehung dieses Punktes, welcher schwer auszumachen ist, für eine Bewandtnis haben, welche es wolle, so ist gewiß, daß die Amazonen keine Brust auf der rechten Seite gehabt, oder, wann sie ja dergleichen gehabt, es kaum merklich gewesen. Eben daher ist auch würklich, nach der durchgängigsten Meynung, der Name, den sie geführet haben, gekommen. Man wird dieses auf allen alten Münzen, welche von ihnen annoch vorhanden sind, gewahr. Es möge auf selbigen, dieser Theil des Busens nacket, oder bedeckt vorgestellet seyn, so findet man ihn beständig ganz flach. Diejenige, welche beym Gronov (81) vorkömmt, stellt die Königinn der Amazonen, blos mit der aufgedeckten linken Seite,

---

(80) Arrian, de exped. Alexandri, im 13 Kap. des VII B. S. Petit, am angezogenen Orte.

(81) Im I Th. seiner griechischen Alterthümer, fol. Zzz.

Seite, so wie selbige bey einem Frauenzimmer von völligen Leibe aussiehet, vor. Die rechte, ohnerachtet selbige mit einem Gewand, welches von vorne und hinten durch den Gürtel bevestigt wird, indem es über die Schulter herabhängt, bedeckt ist, steht nicht im geringsten hervor. Auf einigen Münzen (82), ist die rechte Seite nacket vorgestellt: auf andern sind beyde Seiten bedeckt. Man glaubt indessen, daß es blos die linke gewesen, wenn es zur Schlacht gegangen.

Man führt eine gedoppelte Ursach an, welche etwa die Amazonen vermogt haben kann, sich die rechte Brust hinweg zu schaffen. Der einfachste, und allgemeinste Grund davon ist dieser gewesen, daß sie diesen Theil des Körpers daran gewendet (83), um mit völliger Freyheit, und ungehindert, mit dem Bogen schiessen zu können, als dessen Senne, oder Seite, bis an die Brust zu stehen kömmt, wenn man einen Pfeil mit grosser Stärke abschießt (84). Die beyden Aerme,
und

(82) S. Petit, im 21 Kap. seiner Dissertation de Amazonibus.

(83) Diodor, im II B. a. d. 128 S. Justinus, im 4 Kap. des II B. Eustath, über den Periegeta. Isidor, in den Origin. im 2 Kap. des IX Buches.

(84) Eben dieses drückt Virgil vollkommen aus, wann er von dem Schuß, womit die Nymphe Opis, den Aruns traf, um den Tod der Camilla
zu

und vornemlich der rechte, können zu dieser Verrichtung nicht Freyheit und Platz genug haben; und es ist gewis, daß eine gewöhnliche und starke Frauensperson, wann selbige auch noch soviel Kräfte besitzt, dennoch niemals mit der Leichtigkeit, als die Mannspersonen, einen Pfeil abschiessen wird. Der Bogen war das Hauptgewehr bey den Amazonen. Sie hatten selbigen von denen Scythen beybehalten, welche in dieser Art von Waffen eine dermassen grosse Geschicklichkeit besessen, daß sich alle übrige Völker vor ihnen gefürchtet, wann sie auf diese Art zu streiten an einander gerathen; eben so, wie vor die Parther, welche eine Colonie von ihnen gewesen, und einen Pfeil, so geschickt hinter sich, als vorwärts, abschiessen konnten. Da sich die Amazonen blos dem Kriegs=Handwerk gewidmet hatten, liessen sie sich diese Ungemächlichkeit des Schmerzens, und der Ungestalt, gar gern gefallen, um nur die Lebensart, welche sie, aus Wohlgefallen, und Ehrliebe, ergriffen hatten, ausführen zu können.

Viel=

zu rächen, im XI B. der Aeneis, im 858, und folgenden Versen schreibt:

Dixit, & aurata volucrem Threissa sagittam
Deprompsit pharetra, cornuque infensa tetendit,
Et duxit longe, donec curuata coirent
Inter se capita, & manibus iam tangeret aequis
Laeua aciem ferri, dextra neruoque papillam.

Vielleicht hatten sie auch hieben die Vorstellung, die sich die Naturkündiger darüber machen, in Gedanken. Immaßen einige der Meynung gewesen (85), daß dieses in der Absicht geschehen sey, um dadurch dem rechten Arme eine mehrere Stärke mitzutheilen, indem man in selbigen, das Wesentliche, und die Nahrung des benachbarten abgenommenen Theiles, hinein bringt.

Allein, dieser, mit der Erfahrung gar nicht übereinstimmender Grund, ist eben so seicht (86), als wenn man zur Ursache dessen, daß die Amazonen ihre Knäbgen zu Krüppeln, und lahm gemacht haben, angiebt, damit sie desto geschickter zum Ehestande würden. Und doch hat eben dieses falsche Vorurtheil ein gewisses Sprüchwort bey den Alten veranlaßt (87). Es ist vielmehr wahrscheinlicher, daß die Eifersucht, und die Besorgniß, wieder unter die Bothmäßigkeit der Mannspersonen zu fallen, die Haupt-Bewegungs-Grün-

(85) HIPPOCRATES de aëre, loco & aqua. Galenus, in seinem Commentario über diesen Ort.

(86) S. Petit, im 23 Kap. seiner Dissertation de Amazonibus, und das Dictionnaire de Trevoux, unter dem Artikul: Boiteux.

(87) Man sagte nemlich: Claudus Veneri fortior. Ein Lahmer besitzt die mehresten Kräfte zum Ehestande. Diodor, im II B. a. d. 128 S.

Gründe gewesen, weshalb sie ihnen die Gliedmassen verdrehet haben, um sie solchergestalt zu den Kriegesübungen und Arbeiten untüchtig zu machen. Hierdurch waren sie in die Nothwendigkeit gesetzt, sich blos mit häuslichen Verrichtungen, und solchen, welche bey den andern Völkern nur das weibliche Geschlecht angehen, abzugeben.

Es war auch so gar nicht einmal der geringste Anschein da, als wann die Amazonen sie zu ihren Männern hätten nehmen wollen. Diese veste und fortdaurende Vereinigung, hätte ihnen wiederum die Beschwerlichkeit des Ehestandes zugezogen, dem sie doch aufs feyerlichste entsaget hatten. Der geringste Schatten der Unterthänigkeit erschreckte sie (88), und sie hätten, sich in selbige zu bequemen, geglaubet, wann sie gehehyrathet hätten. Sie begiengen die unmenschliche Grausamkeit, daß sie ihre Hände mit dem Blute dererjenigen, welche dem Schwerdte ihrer Feinde entronnen waren, besudelten. Gegen die übrigen hegten sie nichts, als Verachtung und Feindschaft: und die Nothwendigkeit, ihre Republik zu erhalten (89), war der einzige Bewegungs-Grund, welcher sie, sich ihnen zu nähern, antrieb. Ausserdem waren es auch nur lauter Unbekannte, und Frem-

(88). Justinus, im 4 Kap. des II Buches.

(89) CEDRENUS, auf der 127 S.

Fremde, so wie sie sich von ohngefehr an entfernten Oertern zusammen fanden; und sie behielten auch nachher nicht die geringste Empfindung mehr gegen selbige, oder gedachten weiter an sie, so wenig, wie dergleichen bey den Thieren zu seyn pflegt.

Diese Art von ehelosen Stande, dem sie sich widmeten, ward durch den, in besonderer Achtung bey ihnen stehenden, Gürtel, als ein Zeichen der Schaamhaftigkeit, und Keuschheit, des schönen Geschlechtes, bey den Alten, so wie selbiger dagegen bey den Mannspersonen ein Zeichen der Stärke, Herzhaftigkeit, und Tapferkeit war (90), angedeutet. Es war bey den Griechen, und Asiatischen Völkern, vor Alters, gebräuchlich, daß die Jung-

(90) Hiob XII, 18. Er löset auf der Könige Zwang, und gürtet mit einem Gürtel ihre Lenden.

Jes. XXII, 21. Ich will ihm (dem Eliakim) deinen Rock anziehen, und mit deinem Gürtel gürten, und deine Gewalt in seine Hand geben.

Jes. XI, 5. Gerechtigkeit wird die Gurt seiner Lenden seyn, und der Glaube die Gurt seiner Nieren.

S. Pierii Valeriani Hieroglyphica, im XL B. fol. 298, und 299.

Jungfern einen Gürtel trugen, welcher ihren Stand andeutete, und sie von denen Frauen unterschied. Homer (91), wann er vom Neptun erzählt, daß er die Tyro, Tochter des Cretheus, ersten Königes zu Jolk in Thessalien, zu seinem Willen haben wollen, schreibt, daß er ihren Jungfräulichen Gürtel aufgelöset. Theokrit (92) berichtet eben dergleichen von der Europa. Phyllis bediente sich eben dieses verblümten Ausdruckes (93), als sie die Schwäche anzeigen wollte, mit welcher sie dem Demophoon zu Willen gewesen, welcher ihr die Heyrath, und bald wieder zurück zu kommen, versprochen. Es war dieser Gürtel von Schaafwolle gemacht (94). Die Art, wie man selbigen zuknüpfte, ward der Herkuls-Knote genannt. Der Ehemann lösete selbigen im Bette, an dem ersten Hochzeit-Abend,

(91) Homer, im XI Buch der Odyssee.

(92) Theokrit, im 19 Idill.

(93) Ovid, im zweyten seiner Heldenbriefe, der Phyllis an den Demophoon:

> Cui mea virginitas auibus libata sinistris,
> Castaque fallaci Zona recincta manu.

Man kann hierbey die gelehrte Anmerkungen des Herrn von Mezeirac über diesen Brief, nachsehen.

(94) FESTUS de Nuptis.

Abend, auf; woraus man die Vorbedeutung nahm, daß er eine zahlreiche Nachkommenschaft, wie der Herkules, welcher siebenzig Kinder bey seinem Tode hinterlassen, haben würde. Den Tag nach der Hochzeit, oder bisweilen auch wohl nach der ersten Entbindung (95), trug man diesen Gürtel in einen Tempel der Dianen, welcher man selbigen wieder zustellete, dieweil er einer Frau nicht mehr zukäme. Man nennte selbigen gemeiniglich *Cestus*, daher die verhassete Benennung *Incestus* (96) womit man die Heyrathen oder Verbindungen, welche nicht rechtmäßig waren, belegete, entstanden. Heutiges Tages legt man selbige blos denjenigen, welche das Gesetz der Bluts-Freundschaft verletzen, oder, der sogenannten Blutschande, bey. Endlich haben auch daher die Fabeln der Dichter, von dem berühmten Gürtel der Juno, und dem
Gürtel

(95) Suidas, unter dem Worte: Ζώνα. Apollon. Rhod. Arg. I.

(96) Hierauf beziehet sich der Gegensatz des Seneca, in seinem Hippolytus, Handl. V. Auftr. 1. woselbst Phädra folgendermassen spricht:

    Morere, si casta es viro;
Si incesta, amori.

   Und nachher:
Iuuenisque castus crimine incestae iacet.

Gürtel der Venus ihren Ursprung genommen, dem sie die Kraft, Liebe beyzubringen, und die Herzen zu gewinnen, beylegten (97). Auch schrieben sie von selbigem, daß Cupido, ihr Sohn, ihr selbigen geraubet, um sich Unterthanen damit zu gewinnen. Daß nun die Amazonen in keiner fleischlichen Vermischung mit diesen gelähmten Personen, die sie in ihrer Republick gehalten, gestanden haben, ist daraus zu ersehen, weil sie niemals den Jungfräulichen Gürtel abgeleget haben. Diejenige, die am eifrigsten unter ihnen waren, widmeten sich demselben auf Zeitlebens; und die übrigen legten ihn, um keiner andern Absicht, als des Wohls, und der Erhaltung, des von ihnen errichteten Königreiches willen, ab. Allein, sobald sie schwanger geworden, vermischten sie sich mit keiner Mannsperson weiter: und diese Art von ehelosen Stande berechtigte sie, den ihm eigenthümlich gewesenen Gürtel beständig zu tragen. Die unverletzliche Neigungen, welche sie vor denselben hatten, ward bis in Griechenland bekannt. Dieses veranlaßte daher den Eurystheus, König zu Mycenen, daß er seinem Bruder, dem Hercules, welchen er dadurch, daß er ihn in die größte Gefahren stieß, um das Leben zu bringen gedachte, aufgab, daß er hingehen, und der

Köni-

---

(97) S. das Gespräch der Juno, und Venus, im XIV B. der Ilias des Homers, V. 190-221.

Guyon Gesch. d. Amaz. E

Königinn der Amazonen ihren Gürtel wegnehmen sollte (98). Alcides g) kam, und brachte ihn wider alles Vermuthen; und dieses war die neunte von seinen berühmten Arbeiten; wie wir nachher bey Erzählung der Kriege, welche die Amazonen auszustehen gehabt, sehen werden.

(98) Apollodor, im II B. der Bibliothek. Diodor, im IV B. a. d. 221 und fg. S.

g) Alcides, war eine Benennung eben dieses Herkuls: und hieß soviel als der Starke: von ἀλκή, die Stärke. Anm. d. Uebers.

Geschich=

Geschichte der Amazonen.

Zweeter Theil.

Gedichte

Schillers.

Zweiter Theil.

zu d. 69. S.

Das dritte Kapitel,
Von der Kleidung, und den Waffen der Amazonen.

Von der Kleidung der Amazonen, berichten uns die Geschichtschreiber gar weniges. Man kann selbige nicht anders, als aus den Münzen, die von selbigen annoch vorhanden sind, kennen lernen. Diese seltene, und schäzbare Denkmäler des Alterthumes, stellen uns selbige unter dreyerley verschiedenen Kleidung vor. Auf zweyen, zu Thyatira, einer von den Amazonen erbaueten Stadt, geschlagenen Stücken, erblicken wir zwo dergleichen Kriegerinnen, wie die Helden Griechenlandes, unter der Regierung der Macedonier, gekleidet

kleidet (1). Die eine trägt einen Helm, mit einem aufgeworfenen Helmlein, (Visier) und welcher mit einem dreyfachen Federbusch besetzt ist. Dieser Zierrath ist sehr alt, indem bereits Homer dergleichen dem Hektor beylegt. Die Amazone hat eine Art von Leibgen mit einem Küriß an, woran unten ein Gürtel, und ein Waffen=Rock, welcher kaum bis an das Knie reichet, befindlich sind. An den Füssen ist sie mit den gewöhnlichen Halbstiefeln bekleidet. Sie hat in der rechten Hand, welche sie ausgestreckt hält, eine kleine geflügelte Viktorie, welche einen Palmzweig, und eine Lorbeerkrone hält. In ihrer linken befinden sich der Schild, und eine lange zweyschneidige Streit=Axt, an welcher sie sich, an statt der Lanze, lehnt.

Die zwote Münze der Thyatirener, stellt eine Amazone, beynahe auf eben die Art, wie die erstere, in Ansehung der Kleidung, und der Waffen vor; ausser, daß sie an statt des Helmes, eine Thurnkrone auf hat, und an statt der Viktorie, einen Tempel trägt. Die Seite aber, und der rechte Arm sind nacket.

Auf andern, sind die beyde Aerme, und die linke Seite blos; und der Köcher ist an dem Gürtel bevestigt. Diese Art hat weder Helm, noch Krone, und ihre Haare sind ganz kurz hinten am Kopfe zusammen gebunden.

Auf

(1) Tristan, Gronov, und Petit. Nach diesen verschiedenen Münzen, muß man die Schriftsteller, welche die Amazonen auf eine unterschiedene Art kleiden, vergleichen.

zu d. 70. S.

Auf dem Einen dieser alten Stücke, erblickt man den Herkul mit seiner Käule, welcher mit einer Amazonin zu Pferde streitet. Es hat selbige einen Rock an, welcher bis an die Fersen herab geht; und an statt des Steigbügels, einen am Gürtel bevestigten Riemen, welcher die Mitte des Schienbeines vesthält. Die leßtere Art von Kleidungen war nicht die gewöhnlichste.

Es mogten aber selbige gestaltet seyn, wie sie wollten, so bestunden sie insgesammt gemeiniglich aus der Haut derjenigen Thiere, welche die Amazonen auf der Jagd erlegeten (2). Sie waren auf der linken Schulter zugeknüpft; liessen die ganze rechte Seite offen, und giengen nicht tiefer, als bis an das Knie, herab.

Ihre Waffen waren der Pfeil, die Lanze, die Streit-Axt, und der Schild.

Da die Amazonen in einem Lande gebohren waren, wo man nicht anders, als von weitem, mit einander zu streiten wuste, lerneten sie von Kindheit auf den Bogen führen (3), und sie bedienten sich dessen mit eben der Geschicklichkeit, als die Scythen, und Parther. Sie verstunden eben so gut, wie diese (4), einen Pfeil von

hinten

---

(2) Q. CURTIUS, im 5 Kap. des VI Buches.

(3) Diodor, im III B. a. d. 186 S.

(4) LYSIAS, in der Trauer-Rede, beym Photius. Virgil, im XI B. der Aeneis, im 653 Vers.

hinten zu, auf den Feind, welcher sie verfolgete, los zu schiessen; und es war eben so gefährlich, ihnen auf ihren Rückzuge nachzusetzen, als sie von vornen anzugreifen: daher sie auch den Namen *Jaculatrices* (5) erhielten. Man findet in der Beschreibung aller ihrer Treffen (6), daß sie mit dieser Art von Lieblings=Gewehr, den größten Schaden angerichtet, indem sie damit mit eben der Geschwindigkeit, als das Sehen, und Denken geschieht, den Tod zuwege gebracht, ohne, daß sich ihre Feinde dagegen in Sicherheit hätten setzen können, oder im Stande gewesen wären, sich dafür zu rächen. Zur Gewinnung dieses Vortheils eben, schändeten die Amazonen, den zartesten Theil ihres Körpers, durch eine schmerzhafte Operation, damit sie durch nichts gehintert werden mögten, einen Pfeil, mit aller, Mannspersonen nur immer möglichen, Stärke abzuschiessen (7).

Die Römer hatten aus Erfahrung wahrgenommen, daß die Parther, welche von den Scythen abstammeten, und deren Gebräuche beybehalten hatten, in der Nähe zu fechten nicht verstünden, und da sie sich dieses zu Nutze machten, verschaf=

(5) APOLLON. RHODIUS, in seinen Argonaut. im 1002 Vers.

(6) QUINTUS SMYRN. B. I. in pugna Penthesileae. Virgil, im I B. der Aeneis, im 495 Vers.

(7) Diodor, im II B. a. d. 128 S. Justin, im 4 Kap. des II B. Eustath, über den *Periegeta*. Isidor, im IX B. der Originum, im 2 Kap.

verschaffete es ihnen verschiedene Siege. Die Amazonen suchten diesen Fehler gar bald bey sich zu verbessern. Ein Theil ihrer Truppen war bestimmt, nach Art aller Völker in Griechenland, und Asien, die Lanze zu führen (8), um sich selbiger, bey vorfallender Gelegenheit, zu bedienen. Die Leichtigkeit, und der Anstand, mit welcher sie selbige führten, gab ihnen in diesem Stück eine Art von Zier, und angenehmer Stellung, auch alsdann, wann es nicht an ein Treffen gieng. Auf diese Weise erschien ihre Königinn Thalestris (9), als sie den Alexander besuchte, mit zwo Lanzen in der Hand vor ihm, ohnerachtet sie mehr wie ein buhlerisches Frauenzimmer, als wie eine kriegerische Amazone, zu ihm kam h).

Ihre Gefährtinnen hatten, an statt der Lanzen, doppelte, oder zweyschneidige Streit-Axten

(8) Diodor, im III B. a. d. 186 S. und andere. Lucian, in seinem Werke von den Bildern, gedenkt der Bildsäule einer Amazone, welche sich an an ihrer Lanze lehnt: und welche ein Meisterstück des berühmten Phidias gewesen.

(9) Q. Curtius, im 5 Kap. des VI B.

h) Es heißt, daß die Thalestris, in der Absicht zum Alexander gereiset sey, um sich von ihm schwängern zu lassen. Arrian aber, in seinem Buche de expedit. Alex. VII, 13. ziehet dieses in Zweifel, da weder Ptolemaeus, noch Aristobulus, die mit Alexandro M. in demselbigen Lande gewesen, davon ein Wort gedacht. Anm. d. Uebers.

ten (10), deren Stiel, mit dem Schaft an einem Wurfspieß, von einerley Größe war. Die berühmte Penthesilea (11), hatte deren Gebrauch in der größten Hitze des Krieges erdacht, und die Griechen empfanden deren erste Würkungen, bey der Belagerung von Troja, auf die schmerzhafteste Art. Man findet nicht, daß dieses Beyspiel letztere auf einen ebenmäßigen Gebrauch derselben gebracht habe. Cyrus hingegen (12), bewafnete einen Theil der Perser, die er als Hülfs-Völker des Königes der Meder gegen Babel, anführete, auf diese Art, und er hatte gewiß keinen Schaden davon. Die Römer geriethen vor Schrecken ausser sich, als sie die benachbarte Völker von der Donau (13), mit dergleichen fürchterlichen Art von Waffen, die ihnen gar nicht bekannt war, und deren Ursprung einer von ihren Gelehr=

(10) Arrian, im angeführten Werke, im 13 Kap. des VII B.

(11) Q. Calaber, oder Smyrnaeus, Homeri Paralipomena, B. I. S. 11. Plinius, B. VII. K. 56.

(12) Xenophon, im 3 Buche seiner Cyropädie.

(13) Horatz, im IV B. in der 4ten Ode, de laudibus Drusi, schreibt:

Videre Rhoeti bella sub Alpibus
Drusum gerentem, & Vindelici, quibus
  Mos vnde deductus per omne
    Tempus Amazonia securi
Dextras obarmet, quaerere distuli,
Nec scire fas est omnia.

Gelehrten nicht entdecken konnte, zu sich kommen
sahen. Drusus muste alle seine Klugheit und
Geschicklichkeit zu Hülfe nehmen, um seine Armee
dagegen in Sicherheit zu stellen. Endlich finden
wir auch durch verschiedene Zeugnisse (14), daß
die Amazonen, welche sich dem kriegerischen Geiste,
und den Kriegesübungen gänzlich ergeben hatten,
aller dererjenigen Waffen, welche unter den streit=
barsten Völkern bekannt gewesen, bedienet haben;
dieweil ihr Vorsatz dahin gerichtet war, sich gegen
alle, welche ihnen zu Leibe gehen würden, zu ver=
theidigen, oder sie vielleicht alle anzugreifen.

Man ersieht dieses aus der vortreflichen Be=
schreibung, welche uns der Fürst unter den Dich=
tern (15), von dem Treffen der berühmten Kö=
niginn der Volscer, die er zur Amazone macht,
und in ihrem gesamten Betragen, mit denen an
den Ufern des Thermodon wohnhaft gewesenen
vergleicht, hinterlassen hat. Camille, diese be=
rühmte Amazone, erschien, mit ihrem Köcher be=
wafnet, und mit der halb entblößten Brust, um
desto besser streiten zu können, voller Tapferkeit,
mitten unter dem Gemetzel. Bald sahe man sie
einen Hagel von Pfeilen, auf den Feind abschies=
sen; bald schlug sie, mit der Streit=Art in der
Hand;

(14) Diodor, im II B. a. d. 128 S. Nonnus, im
IX B. der Dionysiac. Licetus, de antiquor.
Lucernis.

(15) Virgil, im XI B. der Aeneis, im 648, und
folgend. B.

Hand, auf alles, was ihr in den Weg kam, ohne müde zu werden, zu. Man hörte das Geräusch ihres über und über von Golde glänzenden Bogens, welcher auf ihren Schultern hieng, und dem Bogen der Diane gleichete. Wann sie sich zuweilen genöthiget sahe, fechtend sich zurück zu ziehen, oder vor den Feind die Flucht zu geben, so schoß sie, indem sie flohe, und den Bogen auf ihre Schulter legte, ihre Pfeile von hinten zu ab. Ihre auserlesene Gefährtinnen, welche um ihr waren, fochten mit nicht minderer Geschicklichkeit. Vor andern thaten sich dabey die junge Larine, Tulla, und Tarpeia, welche weiter keine Waffen, als eine mit Erz besetzte Streit-Axt hatten, hervor. Es waren selbige insgesamt Jungfrauen aus Italien, welche sich Camille, zu ihrer Aufwartung, und Gesellschaft, sowohl zu Friedens- als Krieges-Zeiten, ausersehen hatte. Auf solche Art erschienen jene Amazonen, in den ältern Zeiten, als sie Geschwader-weise an den Ufern des Thermodon zogen, oder mit ihren, bunt angestrichenen Waffen, an der Seite der Hippolyte, und Penthesilee, stritten; oder, als die letztere auf ihrem Triumph-Wagen zurück kam, und eine Schaar dieser Kriegerinnen, welche mit kleinen, wie ein halber Mond gestalteten, Schilden versehen waren, ihr durch ein freudiges Sieges-Geschrey, glückwünschend zurief.

Alles, was Camille, zur Behauptung des Turnus gegen den Aeneas, und die Trojaner,

vor=

vornahm, stimmete mit diesem Aufzuge vollkommen überein. Durch den Schall der Kriegs-Instrumente, welche die Losung zum Treffen gaben, beseelt, war sie die erste, die auf die Feinde losflog. Eumen, Lirius, Pagaz, Tereus, Harpalis, Demophon, und Chromis, ihre merkwürdigsten Heerführer, wurden durch ihre Lanze erlegt, und es fielen soviel Phrygier, als Pfeile ihre Hand abschickte. Ornyt, ein alter Jäger, stellte sich ihr, mit einer sehr ausserordentlichen Waffen-Rüstung, dar. Er saß auf einem ansehnlichen Pferde; und hatte um seine Schultern, eine blosse rohe Ochsenhaut hängen. An statt des Helmes hatte er einen Wolfs-Kopf, mit offenem Rachen, worinn noch die ganz weisse Zähne sassen. Sein Wurfspieß war an dem Ende, wie ein Schäferstock, gekrümmet. Camille entsetzte sich bey dem Anblick eines so schrecklichen Gegenstandes, im geringsten nicht. Verwegener Etrurier! sprach sie zu ihm: glaubst du auf die Jagd wilder Thiere zu gehen, da dein blosser Anblick bereits, in die Flucht zu bringen, im Stande ist? Dies ist der Tag, da du wegen deiner frechen und trotzigen Reden, von einem Mädgen gestraft werden sollst. Indeß kannst du doch den Seelen deiner verstorbenen Aeltern hinterbringen, daß du die Ehre gehabt habest, durch das Eisen der Camille, zu ihnen versammlet worden zu seyn! Sogleich schoß sie einen Pfeil ab, welcher ihn durchbohrete, daß er entseelt zur Erden fiel.

Butes,

Butes, ein Trojaner, von beynahe riesenmäßiger Gestalt, folgete ihm gar bald nach. Orsiloch wollte Camillen verfolgen, welche, die Flucht zu nehmen, sich stellete. Sie spielte aber, nach ihrer vorzüglichen Geschicklichkeit, einen gar artigen Streich, wodurch sie ihren Widersacher berückte. Sie kehrte geschwind um, und fieng denjenigen, der ihr vorher nachgesetzt hatte, zu verfolgen an: schwäng sich auf das Pferd, um ihn desto besser treffen zu können, und brachte ihm zwey dermaßen starke Schläge mit der Streit-Axt auf das Haupt bey, (wobey er sie zum höchsten bat, daß sie ihm das Leben schenken mögte,) daß sein Gehirn der Heldinn ins Gesicht sprützte.

Der herzhafte Sohn des Aruns, welcher ihr gegen über stand, blieb dabey in Furcht und Bestürzung: Als er sahe, daß es wohl schwerlich anders werden dürfte, als ebenfalls mit Camillen zu streiten zu kommen, nahm er seine Zuflucht zur List, und redete sie folgendergestalt an: Ist das wohl Wunder, so glücklich zu seyn, wann man sich zu Pferde befindet, worauf man so vieles ausrichten kann? Allein, steiget ab, um mit desto mehrerer Gleichheit zu streiten: und alsdann wird sichs ausweisen, ob Ihr das Herz haben werdet, zu Fuß zu streiten! Camille ward über diese schmachvolle Ausforderung höchst unwillig, stieg vom Pferde ab, und behielt weiter nichts, als ihren Säbel, und Schild. Der Jüngling, welcher blos

auf

auf solche Art davon zu kommen gedachte, glaubte, daß ihm seine List nunmehro gelungen sey. Er ergrif die Flucht, und zog sporenstreichs aus. Camille ward über diesen Betrug aufgebracht, schwang sich wiederum auf ihr Pferd; jagte, wie ein Pfeil, nach; hohlte den jungen Herrn ein; und rächete sich, wegen der ihr bewiesenen hohnsprecherischen Beschimpfung, und Betrügerey, mit seinem Blute.

Als Aruns sahe, daß ein Weibsbild soviel Verwirrung, durch sich selbst, oder durch diejenigen, welche sich durch ihr Beyspiel ermuntern liessen, anrichtete, gerieth er in Grimm. Er vergaß aller übrigen Feinde, um seine Gedanken blos auf die Königinn der Volscer zu richten. Er rief die Götter wider sie an; und verlangte vor den Eyfer, welcher ihn vor sein Vaterland belebte, keine weitere Belohnung, als die Befreyung desselben von einer so gefährlichen Feindinn. Alsobald schoß er seinen Wurfspieß auf Camillen ab, und traf sie in die Seite der Brust, welche blos war. Ohne die Würkung davon, welche ohnfehlbar gar bald erfolgen muste, abzuwarten, lief er, und hinterbrachte diese Neuigkeit denen Trojanern. Die Gefährtinnen der Camille, waren bey aller angewandten Bemühung, nicht im Stande, das Blut, welches häufig aus ihrer Wunde floß, zu stillen. Als sie fühlte, daß ihr Ende herbey rückte, schickte sie zum Turnus, und ließ ihm sagen, er mögte kommen, und an ihre Stelle treten. Einen Augenblick darauf, fielen ihr die Waffen aus ihren

Händen,

Händen, und sie gab ihren Geist auf, wobey sie ihren Freundinnen anempfohl, sich blos ihres Todes, mit Rachung desselben, anzunehmen (16).

Ich

(16) Man findet im *Licet, de antiquorum lucernis*, die Beschreibung einer, zu Rom gefundenen, alten irdenen Lampe, deren Umstände weder dem Verfasser, noch denen andern, die ihrer Erwähnung gethan haben, bekannt gewesen. Sie haben selbige, als eine Arbeit eines unwissenden Künstlers angesehen, dieweil sie darauf eine Amazone, mit der, in ihrem gehörigen Zustande befindlichen, rechten Brust angetroffen. Und, sie sind doch selber im Irrthum. Der Künstler ist im geringsten nicht willens gewesen, die Geschichte einer Scythischen, oder Thermodontischen Amazone vorzustellen, sondern, er sticht die Geschichte der Königinn derer Volscer, der Virgil die Herzhaftigkeit, die Stärke, die Waffen-Rüstung, und Kleidung unserer alten Kriegerinnen beylegt. Alle, auf dieser sonderbaren Lampe vorgestellte Umstände, sind offenbarlich aus dem eilften Buche der Aeneis genommen. Man erblickt darauf ein entseeltes Weibsbild, in der Kleidung, mit der Streit-Art, dem Helm, dem Säbel, Bogen und Pfeil einer Amazonin, innerhalb den Aermen einer ihrer Gespielinnen, welche sie vom Schlachtfelde aufhebt; und zur Seiten ein Pferd, welches voll Muth aussieht. Es ist offenbar, daß dieses Camille sey, welche die Erziehung, und die Sitten der Amazonen, ausser die Abschneidung der rechten Brust nicht, an sich genommen, und welche, während, daß sie ihre Waffen sinken läßt, stirbt. Das Schnitzwerk ist gänzlich nach der

Beschrei-

Ich habe die kriegerische Geschichte dieser Art von Italiänischer Amazone, blos in der Absicht so umständlich erzählt, um die Waffen, und die Art zu streiten, so bey denen Scythischen Amazonen üblich gewesen, deutlich zu machen. Eben von diesen letztern, hat der lateinische Dichter offenbarlich den Charakter, und die Schönheiten des Gemähldes seiner Heldinn, der er eben dieselbe Kleidung, und den Muth, so von den Thermodontischen Amazonen behauptet wird, beylegt, entlehnet. Man findet bey ihr den Bogen und die Pfeile, die Lanze, die Streit-Axt, den Säbel, und den Schild, so denen Amazonen eigen gewesen.

Die letztere Gattung von Vertheidigungs-Waffen, war in der That von ausserordentlicher Gestalt. Man nannte selbige *Pelta*, und es ist eben nicht viel daran gelegen, zu wissen, ob selbige eben

Beschreibung des Dichters, im 803, und folgenden Vers eingerichtet:

Hasta sub exertam donec perlata papillam
Haesit, virgineumque alte bibit acta cruorem,
Concurrunt trepidae comites, dominamque
ruentem
Suscipiunt. - - - - -
- - - - Linquebat habenas
Ad terram non sponte fluens: tum frigida toto
Paulatim exsoluit se corpore, lentaque colla,
Et captum leto posuit caput, arma relinquens,
Vitaque cum gemitu fugit indignata per vmbras.

Gesch. d. Amaz. F

eben so, wie die kleine Schildgen bey den Römern, welche *Ancilia* genannt wurden, gestaltet gewesen. Ein gewisser Gelehrter (17), hat viele Untersuchungen, Vergleichungen und Muthmaßungen angestellet, um diesen, eben nicht so gar wichtigen, Umstand in ein Licht zu setzen, und einige, bey den Geschichtschreibern vorkommende, Wörter zu vergleichen. Er gesteht aber, nachdem er die Sache bald auf diese, bald auf jene Weise versucht gehabt, daß man im geringsten nicht aus ihnen klug werden, oder sie mit einander vereinigen könne, und daß man nothwendig die Münzen darüber zu Rathe ziehen müsse. Es sind diejenige, welche die Liebhaber der Alterthümer gesammlet haben, sämtlich in der Art der Vorstellung des Amazonen-Schildes, einstimmig. Es war selbiger weder viereckig, noch länglich-rund, wie die Schilder bey den andern Völkern, welche öfters den grössesten Theil des Körpers bedeceten. Es läßt sich aus den Verhältnissen desselben urtheilen, daß er in seiner grössesten Breite, höchstens anderthalb Fuß im Durchschnitte gehabt; woraus abzunehmen ist, daß die Amazonen eine grössere Geschicklichkeit, als die beyde kriegerischste Völker, ich meyne die Macedonier, und Römer, besessen haben. Es hatte derselbe ohngefähr die Gestalt eines halben Mondes, wie selbiger am fünften, oder sechsten Tage seines Zunehmens

aus-

---

(17) Petit, im 25 und 26 Kap. seiner Dissertation *de Amazonibus.*

aussiehet (18); die beyde Spitzen waren nach oberwärts gekehret, und mehrentheils nach innwendig ein wenig gekrümmt; und in der Mitte des Ausschnittes, war eine kleine Erhebung; theils, um ihm dadurch eine Stärke zu geben; theils, um den Hieb des Säbels, wann er etwa bis dahin gekommen wäre, aufzuhalten; theils auch, um ihn desto sicherer, und bequemer daran fassen zu können.

Eine ganz andere Bewandtnis hat es mit dem Instrument, dessen sich die Amazonen, die Losung zum Treffen damit zu geben, bedieneten. Dieses ist derjenige Umstand ihrer Geschichte, der am wenigsten in ein Licht gesetzt worden ist. Ein gewisser Schriftsteller, aus dem siebenten Jahrhundert (19), ist der einzige, welcher dessen Er-

F 2 wäh-

(18) Q. SMYRNAEUS, im I B. der *Paralipom.* im 146 V. Virgil, im XI Buch der Aeneis, im 663 V. nennt selbigen *lunata pelta*.

(19) Isidor, schreibt im II B. der *Origin.* im 21 K. Das *Sistrum* ward nach seiner Erfinderinn also genannt. Denn, es ist erweislich zu machen, daß die Königinn der Egyptier, Isis, dieses Instrument erfunden habe. Daher wird selbiges auch von Weibspersonen geschlagen, weil es von einem Frauenzimmer erfunden worden. Dieserhalb wurde auch bey denen Amazonen, die Armee der Weibspersonen, mit dem *Sistro* zur Schlacht aufgefordert. Und im 4 Kap. des XVIII Buches: Bey denen Amazonen aber ward nicht mit

der

wähnung thut. Er schreibt, daß ihre Königinn ihnen vermittelst des Schalles der Chitarre (Sistrum) ein Zeichen gegeben, wann sie auf den Feind losgehen gesollt. Allein, bey aller Achtung, welche man diesem geschickten Wortforscher der Alterthümer schuldig ist, muß man doch in einer beständigen Ungewißheit bleiben, ob er es in diesem Stück recht getroffen habe. Die Chitarre war ein sehr sanftes Instrument, welches man in der Ferne nicht gut vernehmen konnte, und mithin auch wenig geschickt war, eine Armee in Bewegung zu bringen, und die heftige Leidenschaften, das Feuer, den Eyfer, die Wuth, und diejenige Art von Trunkenheit, mit welcher man in die Treffen einbrechen muß, rege zu machen. Es ist von niemanden, ausser den Lacedämoniern bekannt, daß sie sich der Flöten, bey dieser Gelegenheit, bedienet haben. Nächst dem hatte auch die Flöte einen weit mehrern Nachdruck, als die Chitarren; und man konnte deren Schall noch stärker machen, wenn man mehrere zusammen nahm; da sich hingegen dergleichen, bey Rührung mehrerer

der Trompete, wie von denen Königen, sondern von der Königinn, mit einem *Sistro*, dem Heere der Weibspersonen, die Losung gegeben.

Bey denen Alten geschieht zum öftern des Sistri Erwähnung; sie sind aber insgesammt darinn einstimmig, daß es blos denen Egyptiern beygeleget wird. S. ALEXAND. AB ALEXANDRO, im 2 Kap. des IV Buches, seiner *genial. dierum*, mit TIRAQUELLI Anmerkungen.

rer Chitarren, nicht füglich zusammen reimen läßt.

Man muß demnach hierbey abermals die Denkmähler des Alterthums zu Hülfe nehmen. Ein ohngefährer Zufall hat uns ein Stück Kupfer aufbehalten, welches alle Zeichen des entferntesten Alters an sich hat (20). Dieses Ueberbleibsel stellt einen Amazonen-Schild vor. Man erblickt auf demselbigen, eine von diesen Kriegerinnen, in einer Stellung von Betrübnis, wie sie ein kleines nacketes Mädgen auf ihren Knien liegen hat, und ein Horn, nebst einer Trompete, hinter ihr stehen. Man vermuthet, daß dieses das Ueberbleibsel von etwa einem Siegeszeichen sey, so zum Denkmahl eines über die Amazonen erhaltenen Sieges gedienet. Es möge nun selbiges für einen Ursprung haben, welchen es wolle, so sind die beyde darauf anzutreffende Kriegs-Instrumente, eine Anzeige, daß sie sich selbiger, eben wie andere Völker, bedienet, damit die Losung zum Treffen, und zum Rückzuge, zu geben. Dieses Zeugnis wird durch das, auf das Treffen der Amazonen vorhandene, Sinngedicht (21), welches man dem Kayser Adrian zuzuschreiben pflegt, bestättigt.

F 3   Das

---

(20) Ich finde es nirgends, als im Petit, *de Amaz.* im 27 Kap.

(21) Es lautet selbiges folgendergestalt:
    Vt belli sonuere tubae, violenta peremit
      Hippolyte, Theutranta   —   —

Das vierte Kapitel,

Von denen Kriegen der Amazonen.

Nichts war bey den Völkern in den ältern Zeiten, so berühmt, als die Kriege derer Amazonen; die Tapferkeit, welche sie beym Gefechte bewiesen; und die Siege, welche sie selbst über die Helden davon getragen hatten. Die erstere Dichter Griechenlandes, welche allein vermittelst ihrer Gesänge, die Geschichte ihres Jahrhunderts, oder derer vorigen Zeit-Alter, auf die Nachkommenschaft brachten, hatten die Krieges-Züge, und die herrliche Thaten dieser Heldinnen beschrieben. Eben durch ihre Vermittelung zum Theil, ward die Nachricht davon in den folgenden Zeiten bekannt, und gelangete zu allen Völkern, und insonderheit zu denen Römern, woselbst selbige ein Gegenstand der Bewunderung bey Kaysern und Gelehrten ward. Als sich Nero, die Gallier mit Krieg zu überziehen, rüstete, hielt er es für nothwendig, seine Armee mit einer Compagnie Amazonen zu verstärken (22), gab ihnen Streit-Axten, und kleine Schilder, und ließ sie, nach der bey denen alten Amazonen gebräuchlichen Art zu kriegen, bewafnen. Das Volk bekam dadurch eine dermassen

(22) Sueton, im 46 Kap. der Lebens-Beschreibung des Nero.

maßen vortheilhafte Vorstellung von ihnen, und Hochachtung gegen sie, daß es dem Fürsten keine schmeichlerischere Lobes=Erhebungen beyzulegen wußte, als selbigen mit ihnen zu vergleichen. Als es, zum Beyspiel, den Kayser Commodus, in den öffentlichen Schauspielen, herausstreichen wollte (23), rief es aus: Sie sind der uneingeschränkte Beherrscher der Welt; der oberste von allen Fürsten; das Glück selbst führt überall, mit dem grössesten Vergnügen, Ihre Waffen; und Ihre Siege sind denen Siegen der Amazonen gleich! Wir werden dieses aus der Geschichte eines jeden, mit mehrern ersehen.

Erster Abschnitt.
Der erste Krieg der Amazonen.

Die Errichtung des Königreiches der Amazonen, war mit Schwierigkeiten vergesellschaftet, welche andere für unüberwindlich gehalten hätten. Ihr Thron konnte nicht eher, als nach der Niederlage der Völker, welche in den Gegenden des Gebirges Caucasus, und an den mittagswerts gelegenen Ufern des Tanaïs wohnen; das heist: der Cimbrer, oder Cimmerier, Sarmater, Colcher, Latier, Iberier, und Albanier,

---

(23) XIPHILIN. ex DIONE Collect. Scriptor. Rom. a. d. 382 S.

nier, bevestiget werden. Es ist dieses dasjenige Land, welches heutiges Tages Krimm, Citkassien, oder der Anfang von der kleinen Tartarey genannt wird. Bey diesen Namen der Ausländer, erschauderten alle gesittete Völker, indem ihnen keine härtere Plage vorgekommen, als diejenige, die sie bey den feindlichen Einfällen derer Scythen, von denen sie sämtlich einen Theil ausmachten, und die ein Schlachtschwerdt zu ihrer Haupt-Gottheit gehabt (24), ausgestanden hatten.

Die Cimbrer, welche die Meer-Enge bey Caffa (*Bosphorus Maeotidis*) bewohneten, waren aus dem innern Theile Deutschlandes dahin gekommen (25), und hatten in dem Lande, durch welches sie gezogen waren, blutige und rauchende Andenken hinterlassen. Mit dem Landbau, um Früchte davon zu gewinnen, beschäftigten sie sich sehr selten. Sie fanden es weit annehmlicher (26), vom Raube, und demjenigen, was sie denen Fremden abnahmen, zu leben. Bisweilen traten sie mit ihren Nachbaren, denen Zygen, und Heniochen, zusammen, und errichteten zahlreiche Flotten (27), welche aus kleinen Fahrzeugen, welche
sie

(24) Lucian im *Dialog. Jovis Tragici*.
(25) Strabo, im VII B. a. d. 449 Blatf. S. Plutarch, in der Lebens-Beschreib. des Marius.
(26) Poßidonius, bey eben demf. a. d. 450, und fgg. S. Herodot, im I B. n. 6.
(27) Strabo, im XI B a. d. 756, und 758 S. Tacitus, im 47 Kap. des III B. seiner Geschichte.
Dionys.

sie Kammern nannten, bestunden, mit welchen sie auf dem schwarzen Meere fuhren, die mit Lebens-Mitteln, und Kaufmanns-Gütern beladene Schiffe aufhoben, die Seeküsten verheereten, und ihre Verwüstungen bis nach Jonien zu trieben. Sie waren aber mit dem Haab und Gut, so sie rauben konnten, nicht zufrieden: sondern, führeten auch die Personen, von denen sie wußten, daß sie reich wären, als Gefangene hinweg, um nur ein gutes Lösegeld von ihnen zu ziehen. Es waren aber diese See-Räuber, diese Verletzer des Völker-Rechtes mit denen Fremden, eben so wenig einander selbst getreu. Sobald sie von ihren Streifereyen zu Hause angelangt waren, brachten sie ihre Kammern, nebst dem abgenommenen Raube, in die nächste Wälder; bestohlen sich des Nachts einander selber; und wegen der Beute, über deren Hinwegführung sie sich freueten, entstand Mord und Todtschlag. Wegen des, in den umliegenden Gegenden von der Meer-Enge bey Caffa, fast ohnaufhörlich anzutreffenden Nebels, bekam der Pontus Euxinus, die Benennung des schwarzen Meeres, und das dabey gelegene Land, den Namen der Hölle (28), und es versetzte auch ein

gewis-

Dionys. Periegeta, im 686, und fgg. V. Eustath, über diesen Ort.

(28) Der Irrthum rührt von einer gewissen Stelle der Odyssee her, darinn Italien, mit der Meer-Enge bey Caffa, verwechselt worden. S. Strabo, im V B. a. d. 374 S.

gewisser Dichter (29), aus eben dem Grunde der Finsterniß, und Dunkelheit, in selbiges den Pallast des Gottes des Schlafes (30).

Die

(29) **Ovid**, im II B. der Verwandelungen, im 592 V.

(30) Haiton schreibt im 10 Kap. seiner *Histoire Orientale*, von diesem dunkeln, oder finstern Lande folgendes: „Man findet in dem Königreiche Geor-
„gien, etwas in der That merkwürdiges, wel-
„ches zu erzählen ich mich nicht unterstehen wür-
„de, und das ich selbst niemals würde geglaubt
„haben können, wofern ich es nicht mit meinen
„eigenen Augen gesehen hätte. Da ich aber
„selber da gewesen, und ein Augenzeuge davon
„bin, kann ich es ohne Bedenken erzählen. Es
„ist nemlich ein gewisses Land, welches etwa drey
„Tage-Reisen im Umfange hat, und überall der-
„massen finster ist, daß man nicht das geringste
„daselbst sehen kann. Es pflegt sich auch nie-
„mand, aus Furcht, daß er den Rückweg nicht
„wieder mögte finden können, dahin zu wagen.
„Die daherum befindliche Einwohner versichern,
„daß sie daselbst zum öftern ein Geheul von
„Menschen, und wilden Thieren, das Krähen
„von Hähnen, und das Wiehern von Pferden
„hören; und an dem Strohme eines gewissen
„Flusses, welcher daheraus kömmt, hat man zu-
„verläßige Anzeigen, daß ein eigenes Volk da-
„selbst wohnen müsse. Man findet würklich in
„den Geschichten von Georgien, und Armenien,
„daß einsmals ein gewisser schändlicher Persischer
„Kayser, Namens Savoreus, daselbst gewesen,
„welcher allen Einwohnern Asiens, bey Lebens-
„strafe

Die Sarmater, oder Sauromater, waren würklich Scythen (31). Sie führten deren umher ziehende Lebens-Art; und hatten ihre Sitten, Gebräuche, und Grausamkeit an sich. Die Völker in Colchis, und die Latier, waren eben so kriegerisch, und unmenschlich. Die berühmte Reise derer Argonauten; das Ungeheur, welches das goldene Vließ bewachte; die Gifte, und Bezauberungen der Medea (32), erinnern an die Vorstellung, welche man von ihnen hatte, als die

„ strafe anbefohlen, zu kommen, und seine Götzen
„ anzubeten; wodurch viele Christen zu Marty=
„ rern, und andere zu Abtrünnigen geworden.
„ Um dieselbe Zeit, heißt es, ist eine dicke Finster=
„ niß über dieses Land entstanden, unter dereu
„ Begünstigung, sich diejenige, welche bey dem
„ Bekenntniß des Namens Christi geblieben, haben
„ davon machen können; die Götzen-Diener und
„ Abtrünnige hingegen sind, von selbiger umhüllt,
„ zurück geblieben, und man glaubt, daß sie da=
„ selbst in diesem Zustande, bis an das Ende der
„ Welt bleiben werden." Dieses ist die Fabel des Reise-Beschreibers von Armenien, und der Einwohner Georgiens, aus dem dreyzehnten Jahrhundert, welche aus einer noch weit ältern, ihren Ursprung genommen hat. S. la Martiniere, unter den Artikeln *Cimmeriens*, und *Cimbres*.

(31) Strabo, im II B. a. d. 753, u. 774 S. Tacitus, in seinen Annalibus, im VI B. im 33. u. fgg. Kap.

(32) Horaz, in d. 17 Epod. schreibt:
　　Cales venenis officina Colchicis.

die am Pontus gelegene Länder, für unzugänglich von denen fremden Völkern gehalten wurden. Die Einwohner von Iberien, und Albanien endlich, lebten mehr in ihren Gebirgen eingeschlossen; jedoch waren sie eben so kriegerisch, als die erstern; und zur Zeit des Pompejus rühmten sie sich, daß sie niemals unter dem Joche der Zinsbarkeit, weder der Meder, noch der Perser, noch auch der Macedonier, gestanden hätten (33).

Mitten unter allen diesen Haupt-Völkern war das Gebirge Caucasus befindlich, welches ihnen seine ganze Beschaffenheit, und Strenge mitzutheilen schien. Es ist selbiges eine lange Kette von unbewohnbaren Bergen, welche sich von dem Pontus Euxinus, bis an das Caspische Meer erstrecken (34), und eine Art von natürlicher Mauer darstellen, welche das Land der Scythen, von den Ländern der gesitteten Völker absondert. Es war in seiner ganzen Weite, nichts weiter als ein blosser enger Weg, welcher die Caucasische Strasse, oder Pforte, (der Caucasische Paß) genannt wurde (35), woran die menschliche Kunst so vielen

(33) Plutarch, in der Lebens-Beschreib. des Pompon. *Appianus*, Mithrid. S. 244. TACITUS Annal. B. VI. Kap. 34. Strabo, im II B. a.d. 764, und fgg. S.

(34) Strabo, im II B. a. d. 760 S.

(35) Einige haben selbige, wegen des ohnweit davon gelegenen Caspischen Meeres, die Caspische genannt.

len Antheil hatte, als die Natur. Es war dieses nichts anders, als ein enger Paß, welcher durch ein entsetzlich grosses Thor, so die Jberier von verschiedenen starken, mit eisernen Bändern beschlagenen Balken verfertiget hatten, verschlossen wurde, um die feindliche Einfälle derer Scythen abzuhalten (36). Blos die Jberier konnten selbiges öfnen, und durch keinen andern Weg konnte man von Norden dahin kommen. Durch gewisse natürliche Veränderungen, oder andere Ursachen, ist dieser enge Weg noch weit unzugänglicher geworden, als er ehemals gewesen. An denjenigen Oertern, wo er noch am behendesten ist, und wo sich am besten darauf fortkommen läßt, wiewohl er dem Bericht eines gewissen zuverläßigen neuern Schriftstellers (37) zufolge, beständig mit Schnee bedeckt ist, soll er sechs und dreyßig Meilen breit seyn. Indessen trägt doch der Boden daselbst verschiedenes, so zum Lebens-Unterhalt unentbehrlich ist; und man findet allda sehr

nannt. Allein, die wahre Caspische Pforte, war weit niedriger.

(36) Plinus, im II Kap. des VI B. Aristoteles führt, im 13 Kap. des I B. seiner *Meteorolog.* gar merkwürdige Umstände von diesem Gebirge an.

(37) Chardin gedenkt dessen, in der Beschreibung seiner dahin angestellten Reise. Sein Bericht davon, im II Th. a. d. 90, u. fgg. S. verdient gelesen zu werden. Man vergleiche hiebey den Strabo, im II B. a. d. 760, und fgg. S. welchen er icht recht verstanden zu haben scheint.

sehr viele Einwohner, jedoch von einer höchst unangenehmen Grobheit, und Unreinlichkeit. Vor Zeiten hatten sie einen Fürsten (38), welcher unter einer Raths-Versammlung von dreyhundert Personen stand, und sie konnten eine Armee von zweyhundert tausend streitbarer Mannschaft ins Feld stellen. Man findet heutiges Tages nicht die geringste Spur mehr (39), von den unermeßlichen Schätzen, die sie ehedem aus diesem Flusse, welcher Gold unter seinem Sand führte, herausgehohlt haben müssen (40), welcher selbiges bey ihnen sehr gemein machte, und sie in beständiger Wachsamkeit gegen die Annäherung der Fremden erhielt. Der Ruf von ihrem ungemeinen Reichthum, erscholl bis nach Griechenland, und veranlaßte die Vorstellung, die man sich von einem goldenen Vliesse machte (41). Wegen ihrer Grimmigkeit aber, durfte es niemand, als eine ansehnliche, herzhafte, und von einem heldenmüthigen Gemüth eingenommene Gesellschaft junger Leute, wagen, auf die Eroberung desselben auszugehen.

Aller

(38) Strabo, im II B. a. d. 763 S.

(39) S. die Reise-Beschreibung des P. Angelus Lamberti, in der Sammlung des Thevenot, a. d. 44 S.

(40) Strabo, im II B. a. d. 763 S. Appianus, in Mithridaticis, a. d. 242 S.

(41) Strabo, am angezogenen Orte. s. auch Apollonii und Flacci Argonautica.

Aller Gefahr indeß ohnerachtet, welche dabey zu besorgen war, wenn man sich mit diesen anjetzt genannten wilden und streitbaren Völkern, welche sämtlich von dem Flusse Tanais, dem Pontus Euxinus, den Gegenden des Gebirges Caucasus, und dem Caspischen Meere eingeschlossen waren, in einen Krieg eingelassen hätte, liessen sich die Amazonen doch im geringsten nicht abschrecken, sondern ergriffen zum ersten gegen selbige die Waffen. Nachdem ihre Ehemänner niedergemacht waren, zeigeten sie, daß sie von ihnen Geist und Muth geerbet hatten. Sie setzten sich gleich anfänglich in den vesten Besitz des Landes, in dem sie sich aufhielten; und der glückliche Erfolg dieser Unternehmung, ermunterte sie, auf etwas viel weiteres bedacht zu seyn. Sie dachten nemlich auf die Grundlegung einer Monarchie, zur Aufrechterhaltung des Ruhmes ihres Geschlechtes, woran sie zeigen wollten; daß das Frauenzimmer im Stande wäre, dem Scepter, und der Krone, durch die Art, wie sie selbige zu führen wüßten, Ehre zu machen. Marpesia, und Lampeto (42), waren diejenige, welche für die würdigsten dazu erkannt wurden, und von der Zeit an, gab man ihnen den Titul einer Königinn. Selbige suchten die, welche des Alters, der Stärke, und des Muthes wegen, die Waffen zu tragen, geschickt waren, aus. Die angebohrne Neigung, die Rach- und die Eyfersucht, hatten sie in kurzer Zeit

(42) Justinus, im 4 Kap. des II B. Jornandes, de rebus Geticis, im 7. Kap.

Zeit in den Krieges-Uebungen vestgesetzt. Die ersten Kriegeszüge, wodurch sie sich in Ruf gesetzet, machten selbige fürchterlich; und dieser gleich anfänglich glückliche Fortgang, gab zu denen ganz einfachen Gesetzen, welche den Staat der Amazonen unterhielten, und in Aufnehmen brachten, Veranlassung. Dem Ehestande gänzlich zu entsagen; mit den Mannspersonen keinen weitern Umgang, als um Nachkommen von ihnen zu erhalten, zu pflegen; kein einziges Knäbgen zu erziehen; blos die Mädgen zu behalten, und selbige, von Kindesbeinen an, zum Kriege zuzubereiten, und sie zu gewöhnen, von demjenigen, was sie mit ihren Bogen erleget, zu leben; vornemlich aber, und vor allen Dingen sich vor die Herrschaft und Bothmäßigkeit der Mannspersonen zu fürchten; und endlich, keine andere Befehle, als von denenjenigen, welche die freye Wahl, oder die Geburt auf den Thron gesetzt haben, anzunehmen; dieses waren einzig und allein die Grundsätze, nach welchen die Amazonen, sich zu verhalten, den Entschluß faßten.

Unterdessen, daß die eine von ihren Königinnen am Hofe blieb, um auf das Innere Acht zu haben; befand sich die andere an der Spitze der Armee, und beobachtete die Stellung, und die Bewegungen der in der Nachbarschaft der Grenze befindlichen Völker. Sobald sie von den geringsten vorgenommenen Feindseligkeiten derselben etwas vernahm, nahm sie daraus einen Vorwand,

ihnen

ihnen den Krieg anzukündigen, her. Sie rückte in das feindliche Land ein; verbreitete daselbst durch ihre Verheerungen, lauter Schrecken; stieß alles, was sich ihr in den Weg stellete, und widersetzen wollte, über den Haufen; machte sich das Recht der Eroberung zu Nutze, und unterwarf das Land, nebst den Völkern, so sie überwunden hatte, ihrer Botmäßigkeit. Dieses ihr Glück ward von Zeit zu Zeit durch die Tapferkeit, und Ruhmsucht, vergrössert. Die Amazonen breiteten sich immer weiter aus, und bezwangen diejenige Völker, welche das Schrecken vom Südlichen Asien ausmachten; sie nöthigten selbige, sie für ihre Oberherren zu erkennen, und ihnen zu gehorchen, ohnerachtet die mehresten, Könige über sich hatten, welche jedem andern Feinde fürchterlich gewesen, von denen Amazonen aber zu Vasallen gemacht wurden. Solchergestalt brachten sie die umliegende Gegenden der Meer-Enge bey Caffa, und einen grossen Theil Sarmatiens, unter ihre Botmäßigkeit, und erhielten daher die Benennung der Sauromatiden (43), dieweil sie dieses Königreich erobert hatten, und dessen Einwohner, welches sonst die fürchterlichsten Krieger gewesen, unter die Oberherrschaft der Weiber gekommen waren. Eben dahin versetzt würklich

---

(43) Herodot, im IV B. n. 110. DIONYS. PERIEG. im 655, u. fgg. B. STEPHAN. BYZANT. unter dem Worte Amazones; und andere.

lich einer der gelehrtesten, wo nicht der allererste, Schriftsteller älterer Zeiten, das Königreich derer Amazonen, welches sich selbst über die Mannspersonen erstreckte. Primo Sauromatae Gynaecocratumeni, sind seine Worte (44).

Je reitzender dieses Reich war, desto mehr erweckte es den Eyfer dererjenigen, die sich in dessen Besitz gesetzt hatten. Vom Eroberungs=Geiste eingenommen, bekamen sie Lust, die edle Laufbahn, die sie angetreten hatten, weiter fortzusetzen. Als das Looß dahin gefallen war, daß Lampeto für die Ruhe des Staates sorgen, und die bezwungene Länder im Gehorsam erhalten sollte, begab sich Marpesia an die Spitze der siegreichen Heldinnen, und richtete ihre Waffen gegen die Bewohner des Caucasus (45). Die Grimmigkeit dieser Völker, und der schreckende Anblick der Felsen, und des dieselben bedeckenden Schnees, hielten ihren Muth im geringsten nicht zurück. Der Sieg, welcher ihre heldenmüthige Unternehmungen in Sarmatien unterstützt hatte, trat ebenfalls bey diesem zwecten Feldzuge auf ihre Seite. Marpesia brachte Menschen, welche sie niemals gekannt hatten, unter ihre Bothmäßigkeit; welches

---

(44) Plinius, in der *Historia naturali*, B.VI. K. 7. und nach ihm Herr de l'Isle, in der Carte von Asien. Man kennt die Schärfe, und genaue Richtigkeit dieses gelehrten Erdbeschreibers POMPON. MELA, im 20 Kap. des I B.

(45) JORNANDES, *de rebus Geticis*, im 7 Kap.

ches kein einiger von den verwegensten Eroberern, nach der Zeit wieder zu wagen, sich unterstanden hat. Sie durchzog diese steile Gebirge, wo niemand ausser diejenige, die daselbst zu Hause gehöreten, fortkommen konnte, und hielt sich einige Zeitlang daselbst auf. Zur Erhaltung des Andenkens hiervon, ward ein Theil des Caucasus, das Marpesische Gebirg genannt (46). Um allda denen Göttern, wegen des ihr verliehe-

G 2 nen

(46) Virgil, schreibt im VI B. der Aeneis, im 470. u. fgg. V.

Nec magis incepto vultum sermone mouetur
Quam si dura silex, aut stet Marpesia cautes.

Nach Angabe des Servius, erklären unsere Ausleger, das Wort *Marpesia*, durch einen gewissen Berg Marpeson, welchen sie auf der Insel Paros antreffen wollen. Es weiß aber kein einziger Erdbeschreiber das geringste davon. Servius, ist bloß deswegen darauf gefallen, weil ihm dieser Umstand aus der Geschichte der Amazonen, von dem der gelehrte Jornandes die Nachricht ertheilt hat, unbekannt gewesen ist. Virgil, welcher ihn gewußt hat, bedient sich dieser vortreflichen Vergleichung, damit anzudeuten, daß die Härte des Herzens der Dido in der Hölle, der Härte der Felsen des Gebirges Caucasus ähnlich gewesen; das ist alles, was er edles, und starkes hat sagen können. Er hatte bereits in eben der Bedeutung, im 366 V. des IV Buch. geschrieben:

Duris genuit te cautibus horrens
Caucasus, Hyrcanaeque admorunt vbera Tigres.

nen Beystandes, Dank abzustatten, weihete sie ihnen (47.), einen Fels von ausserordentlicher Grösse, welcher durch das Alter, die Luft, und den Nebel ganz schwarz geworden war, und brachte daselbst, im Namen ihres Volkes, ein Dank-Opfer. Diese gottesdienstliche Handlung ward von denen Amazonen beybehalten. Sie reiseten alle Jahre dahin, und opferten daselbst, nicht Ochsen, oder andere Thiere, sondern ein schönes Pferd, welches sie mit Fleiß gefüttert, und fett gemacht hatten, um das Opfer dadurch annehmlicher zu machen. Als sie nachher von denen Gottheiten Griechenlandes, Kenntnis erhielten, errichteten sie an demselbigen Orte, dem Krieges-Gotte einen Tempel.

Nachdem die Völker des Caucasus überwunden waren, war es nachher denen Amazonen leicht, in Jberien einzudringen, indem sie bereits die Vormauer davon überstiegen hatten. Sie mogten sich nun entweder an der Ehre des Sieges begnügen lassen, oder denenjenigen, die sie mit ihren Waffen bezwungen hatten, eine Schatzung auflegen, so ist soviel ausgemacht, daß sie Jberien, Colchis, und Albanien durchzogen, und darüber den Sieg davon getragen haben.

Es ist gar nicht zu zweifeln, daß sie, während dieses Feldzuges, nicht andre Weibspersonen, welche

---

(47) APOLLON. RHODIUS, in seinen *Argonaut.* B. II. V. 1176, sqq.

welche aus natürlicher Neigung, aus Unzufriedenheit mit ihren Männern, oder aus andern Bewegungs-Gründen, mit unter ihre Armee zu treten suchten, sollten auf- und angenommen haben. Es scheint auch sogar, daß sie Mannspersonen zu ihren Hülfs-Truppen, und zur Verstärkung ihrer Mannschaft, in Dienst genommen haben. Die Gewalt, welche sie über selbige erhalten hatten; die gewisse Hofnung des Sieges, und die Anlockung der Beute, veranlaßten die Scythen, mit in dem Gefolge derer Amazonen zu seyn, und sie gehorcheten denen Heldinnen, welche in der Kriegs-Wissenschaft ihnen überlegen waren, gar gerne. Wir werden nachher sehen, daß sie dergleichen bey sich geführet, als sie nach Attika vorgerücket (48).

Unter dergleichen Verstärkungen, demnach, machten sie sich über die Provinzen in Klein Asien, längst dem schwärzen Meere, her. Sie verschaffeten sich ein beträchtliches Gebiet, in den weitläuftigen, und fruchtbaren, an den Flüssen Thermodon, und Iris, belegenen, Gegenden (49). Sie liessen sich daselbst nieder, und es war dieses der berühmteste, und beständigste

unter

---

(48) Isokrates, im *Panathenaico*.

(49) ORPHAEUS, in *Argonaut*. V. 736. fgg. APOLLONIUS, in *Argonaut*. V. 989. fgg. AESCHYLES, im *Prometh*. Apollodor, im II B. Diodor, im II B. Strabo, Plutarch, und andere, hin und wieder.

unter ihren Wahnplätzen. Sie erbaueten allhier die grosse Stadt Themiscyra, allwo der Sitz ihrer Herrschaft aufgeschlagen wurde. Der Vortheil, welchen ihnen diese Eroberung verschaffete, setzte sie in den Stand, daß sie bis an die Küsten des Aegeischen Meeres hinziehen konnten, woselbst sie verschiedene merkwürdige Städte, welche das Andenken ihrer Siege auf die Nachwelt gebracht haben, anlegeten. Man findet nicht, daß sich die Könige in Assyrien, Nachfolger des Ninias, der so weiten, als schleunigen Ausbreitung ihrer Macht, widersetzt hätten, und es mogte solches aus Achtlosigkeit, oder aus wohlgegründeten Schreck, geschehen seyn. Die Weichlichkeit, in welcher diese Fürsten lebeten, erlaubte ihnen nicht, sich vor solche Kriegerinnen, als die Amazonen waren, in das Feld zu stellen. Sie liessen lieber einen Theil ihres Königreiches fahren, als daß sie ihren Pallast, den Schooß des Vergnügens, und der schändlichsten Wollüste, verlassen hätten.

Ein Reich, welches mehr als fünfhundert Meilen Land in sich begrif, konnte ferner unmöglich von Einer Königinn beherrschet werden. Es ward daher selbiges in drey Königreiche (50) abgetheilet, von denen ein jedes seine eigene, und unabhängige Beherrscherinn hatte; jedoch waren selbige insgesamt in einer vollkommenen Einigkeit, und Bunde unter sich, sich einander beyzustehen.
Die

---

(50) APOLLON, RHODIUS, in *Argonaut.* B. II. V 998, 188.

Die eine hatte ihren Hof in Sarmatien; die andere, zu Themiscyra; und die dritte, in der Gegend von Ephesus. Auf solche Art konnten sie sich einander gar leicht, gegen die Einfälle ihrer gemeinschaftlichen Feinde, zu Hülfe kommen.

Zweeter Abschnitt.

Der zweete Krieg der Amazonen.

Es hatten sich die Amazonen bey ihrer Macht und Ruhm, ohngefähr dreyhundert Jahre hindurch (51), ungekränkt erhalten, als sie zum erstenmal von einem Volke, welches sie nicht weiter, als nach dem Ruf ihrer Tapferkeit, kannte, angefallen wurden. Eurystheus, König zu Mycenen (52), welcher seinen Bruder, Herkules, aus der Welt zu schaffen suchte, weil ihm dessen heldenmäßige Tapferkeit sehr bedenklich vorkam, stieß ihn in allerley Gefahren, in Hofnung, ihn dadurch vom Leben gebracht zu sehen. Dieses waren die sogenannte zwölf Arbeiten dieses Halb-Gottes. Acht derselben hatte er bereits glücklich überstanden, als ihm Eurystheus den

Befehl

---

(51) Diodor, im II B. a. d. 129 S. schreibt: verschiedene Jahrhunderte; und nach der Zeit-Ordnung kann man deren nicht weniger, als drey annehmen.

(52) Apollodor, im II B. der Bibliothek. Diodor, im II B. a. d. 229 S.

Befehl ertheilete, hinzugehen, und der Königinn der Amazonen, ihren Gürtel, oder die fliegende Scherfe, vor seine Tochter, die Prinzeßinn Admete, wegzunehmen. Bey der Vorstellung, die man sich von den grossen Heldenthaten, und der kriegerischen Tapferkeit derer Amazonen machte, erkannte Herkules die Schwierigkeit dieses seines Unternehmens mehr als zu wohl. Ihrer Königinn war der Gürtel weit lieber, und chäßbarer, als die Krone, und der ganze Haupt-Schmuck. Um selbigen zu bekommen, mußte er sie in Person anfallen, und nicht nur einen hartnäckigen, und muthigen Widerstand von ihr selbst vermuthen, sondern auch gewärtig seyn, daß er mit einer ganzen Nation, welche bereits so viele andere Völker überwunden hatte, in Streit gerathen werde. Herkules kam dem Befehl seines Bruders, blos im Vertrauen auf die Versicherung, welche ihm das Orakel zu Delphos gegeben hatte, daß er nemlich bey allen, auf den Untergang zielenden Anschlägen eines eyfersüchtigen Bruders, dennoch allemal mit Ehren herauskommen würde, nach.

Herkules suchte sich, zu seiner Begleitung auf diesem Feldzuge, alles, was ihm von jungen, und tapfern Streitern bekandt war, aus. Theseus, König zu Athen (53), war einer von seinen

Ge-

(53) Plutarch, in der Lebens-Beschreibung des Theseus, aus dem *Philochoro*. PHERECIDES HELLANICUS, und HERODOTUS, hingegen behaupten, daß Theseus diese Reise, ohne dem Herkul vorgenommen habe. Eben daselbst.

Geferten. Ein günstiger Wind, brachte die neun Galeeren, worauf die Geferten des Herkuls befindlich waren, glücklich in die Einfahrt des Flusses Thermodon (54). Er fuhr den Strom, bis nach Themiscyra, allwo die Königinn ihr Hoflager hatte, hinauf, und ließ ihr durch einen Herold melden, daß er angekommen wäre, und ihren Gürtel, entweder mit gutem Willen, oder mit Gewalt verlangte. Ein so beschimpfender, als seltsamer Antrag, brachte die Stadt in Bewegung. Es war in selbiger damals Antiope, mit sehr wenigen Amazonen, zurückgeblieben; und ihre Schwester Orithrie, welche die Ehre des Thrones mit ihr theilete, war an der Spitze der Armee, und wachte vor die Sicherheit der Grenzen. Ohnerachtet Antiope, dem Ansehen nach, zur Vertheidigung des Ortes nicht Mannschaft genug hatte, so ließ sie doch die Thore schliessen, und machte zur Abtreibung der Feinde, welche ohne alle Ursach kamen, und sie anfielen, und beschimpften, Anstalt. Herkules, welcher sich mit seinem Haufen vor den Mauern gelagert hatte (55), schritt ohne Anstand zur Belagerung, und setzte selbige eifrigst fort. Die Amazonen schlugen eine Zeitlang den zu mehrern malen wiederhohlten Sturm ab; zuletzt aber hielten sie es für schimpflich, innerhalb ihrer Ringmauer zu bleiben, und sich

---

(54) Justinus, im 4 Kap. des II B. Apollodor, im II Buch.

(55) Diodor, im IV B. a. d. 233, und fgg. Seit.

sich beständig blos in der Schutzwehr zu halten.
Sie zogen daher haufenweise gegen die Griechen
heraus, und lieferten ihnen ein blutiges Treffen,
wobey sich beyde Theile in ihrem Muthe, und
Kriegs-Geschicklichkeit, ausnehmend hervorthaten.

Herkules, welcher sich besonders in seiner
Stärke, und heldenmäßigen Tapferkeit zeigete,
ward ein Gegenstand des Zornes, und Nacheysers,
bey denen berühmtesten, und muthigsten unter denen Amazonen. Aelle, welche ihren Namen
von der ihr beywohnenden erstaunlichen Hurtig-
keit erhalten hatte, war die erste, welche es, auf
ihn persönlich loszugehen, wagte. Sie ward von
denen Griechen, wegen ihrer Behendigkeit, List,
und Bewegungen, sehr bewundert. Dem ohnerachtet aber konnte sie doch nicht einem von ihrem
Gegner ihr beygebrachten Schlage entgehen, welcher sie, ohne Hofnung des Lebens, zu Boden warf.
Philippis wolte ihren Tod rächen, und es erfuhr diese Freundinn gar bald ein gleiches Schicksal. Prothoe, lief voll Wuth auf den Herkules zu, und traf ihn siebenmal mit ihrem Wurfspieß; konnte aber durch die Löwenhaut, mit der
er bedeckt war, niemals hindurch kommen. Sie
muste endlich selber unter einem einzigen Schlage,
den er ihr mit der Käule beybrachte, erliegen.
Eurybee, welche sich durch verschiedene Bewei-
sungen einer unerhörten Tapferkeit einen grossen
Namen erworben hatte, rühmte sich, daß sie ganz
allein die Ehre ihrer Nation retten wollte. Sie

stellete

stellete sich vor den Herkules, und stritt mit ihm
aufs lebhafteste, wiewohl mit widrigem Erfolge;
denn sie ward ebenfalls, wie die andern, über den
Haufen geworfen. Celene, Eurybie, und Pho-
bee, vereinigten sich mit einander, diesen unüber-
windlichen, und unermüdeten Fechter, mit dem
Bogen anzugreifen. Er lief, unter beständiger
Ausweichung ihrer Pfeile, auf sie los; vereitelte
ihre Hofnung, und besiegete eine jede von ihnen
besonders. Zuletzt widerfuhr der Dejanire,
Asterie, Marpee, Tekmesse, und Alcipe, ein
gleiches Schicksal, wie ihren Gespielinnen; und
die übrig gebliebene sahen sich genöthigt, sich wieder nach der Stadt zu ziehen. Hierauf begab
sich die Königinn Antiope, welche niemandem,
als ihrem Eyfer und Feuer folgete, vielleicht mit
allzu grosser Verwegenheit, in eben die Gefahr
wie die andern alle. Sie ward in der Hitze des
Gefechtes, nebst ihren beyden Schwestern, der
Menalippe, und Hippolyte, welche an ihrer
Seite stritten, aufgehoben (56). Nachdem sie
eine Zeitlang angestanden, was sie thun müste,
hielt sie es endlich für rathsamer, ihren Gürtel
hinzugeben, als denen Amazonen, über die man
in der Person ihrer gefangen genommenen Königinn triumphiren würde, Schande zu machen.
Herkules, welcher mit dem davon getragenen
Siege vollkommen zufrieden war, erlaubte ihr, auf
ihren Thron wieder zurück zu kehren, und gab zugleich

(56) Justinus, im 4 Kap. des II B. Diodor, im
IV B. a. d. 224 S.

gleich der Menalippe ihre Freyheit wieder: Theseus aber führete Hippolyten mit sich hinweg, und man belegte selbige mit dem Namen ihrer Schwester, Antiope.

Dritter Abschnitt.

Der dritte Krieg der Amazonen.

Nach dergleichen ausgeübten gewaltigen Feindseligkeiten nun, konnten sich wohl, natürlicher Weise, die Griechen keine andere Rechnung machen, als daß die Amazonen aus allen Kräften auf Rache dieserhalb bedacht seyn würden. Sobald Herkules hinweg war, versammleten sie sich von allen Enden; nahmen einige Scythen, als Hülfs-Truppen in ihren Sold (57), und liessen nicht das geringste, was ihnen zur Wieder-Erhaltung des Sieges, der ihnen wegen der geringen Anzahl der Mannschaft zu Themiscyra, wegen der Abwesenheit ihrer Truppen, und wegen geschehener Ueberrumpelung, entgangen war, behülflich seyn konnte, aus der Acht. Orithrie machte sich, an der Spitze einer Armee, welche nichts als Blut und Flammen spie, auf den Marsch. Sie setzte über das Meer, und zog durch Thessalien, nach Attika, wobey sie überall Spuren ihres Grimmes zurück ließ. Sie lagerte sich in der alten,

vom

(57) Isokrates, im *Panathen.* Diodor, im IV B. a. d. 234 S. Justinus, im 4 Kap. des II B. Pausanias, im 15 Kap. des I B.

vom Cekrops erbaueten, Stadt Athen (58), zwischen den Museus, und Pnyx, woselbst das Volk seine Zusammenkünfte hielt, nicht weit von der Burg (Citadell), schickte zum Theseus, und ließ ihn auffordern, daß er Hippolyten, welche er entführt hatte, wieder herausgeben sollte.

Dieser Fürst, welcher von ihrem Anzuge, durch den Lärmen und Schrecken, so sie auf ihrem ganzen Marsche verbreitet hatten, benachrichtigt worden war, brachte soviel Truppen, als ihm nur möglich war, zusammen, und stellte sich vor den Mauern der Stadt in Schlacht=Ordnung. Das Feuer, und die Ungeduld, so denen Amazonen aus den Augen hervorblickten, setzten seine Soldaten in Bestürzung. Er selbst ward darüber entstellt, und brachte der Göttinn der Furcht ein Opfer, um sie dadurch anzuflehen, daß sie die Seinigen unangetastet lassen, und blos die Feinde befallen mögte. Nach verschiedenen Ausfällen, oder Scharmützeln, worüber beynahe ein ganzer Monath verflossen war, kam es zwischen beyden Theilen endlich zu einem Haupt=Treffen. Der linke Flügel derer Amazonen, erstreckete sich bis an denjenigen Ort, welcher nachher die Amazonen=Gegend genannt wurde; und ihr rechter reichte bis an
den

---

(58) Plutarch, in der Lebens=Beschreibung des Theseus, nach dem Pilochor, Pherecides, Hellanicus, Herodot, und Clidem, welche diese Geschichte ausführlich beschrieben; zu einem unwidersprechlichen Beweise ihrer Würklichkeit.

den Pnyx. Der rechte Flügel derer Athenienser schoß zum ersten los, und ward bis zum Tempel der Furien zurück getrieben. Hierauf gieng der linke auf die Amazonen zu, brach in selbige ein; nöthigte sie, sich in ihr Lager zurück zu ziehen, und richtete ein starkes Blutbad unter ihnen an. Nach dem Berichte einiger Geschichtschreiber, soll Hippolyte, in diesem Treffen, ihr Leben an einem Schuß mit dem Wurfspieß verlohren haben, wodurch sie von einer andern Amazone getroffen worden, als sie auf's tapferste neben dem Theseus fochte: und die Athenienser sollen, zum Angedenken ihrer Tapferkeit, auf ihrem Grabe, die Säule, welche man noch zu des Plutarchs Zeiten, neben dem Tempel des Mondes angetroffen hat, errichtet haben (59). Zuverläßigern Nachrichten zufolge aber, hat sie eine Mittels-Person bey Unterhandlung der Traktate, wodurch dieser Krieg endlich, nachdem beyde Theile sehr stark gelitten, beygeleget worden, abgegeben. Da ihr sowohl die Angelegenheiten des Königes zu Athen, als auch derer Amazonen, gleich stark am Herzen lagen, ließ sie die verwundete Amazonen in geheim nach Chalcis, auf der Insel Euböa, bringen. Einige von ihnen kamen wieder auf; und die andern wurden auf dem von den

***

(59) Pausanias schreibt, daß sie, nach Aussage derer Einwohner zu Megara, bey ihnen begraben liege, und vor Schmerz, daß sie mit ihren Gespielinnen nicht wieder zurück reisen gekonnt, gestorben sey. Im I B. im 41 Kap. a. d. 100 S.

den Chalcidiern so genannten Amazonen-Felde eingescharret. Der Ort, wo der Friede beschworen wurde, ward nach der Zeit *Hermocosion*, der Ort des Eides, genannt. Es lag selbiger dem Tempel des Theseus gegen über, und man brachte alle Jahre, den Tag vor denen, diesem Helde gewidmeten, Festen, denen Amazonen ein Opfer. Die Einwohner zu Megara, zeigeten ebenfalls das Grab von einigen dieser berühmten Kriegerinnen, welche ihren Geist bey ihnen aufgegeben hatten. Es sollen auch viele zu Cherronen, einer Stadt in Bäotien, gestorben, und neben einem kleinen Flusse, dem man dieserhalb die Benennung Thermodon gegeben, begraben seyn. Endlich hat man auch viele von ihren Gräbern, ohnweit Skotusa, und denen so genannten Hundskopfs-Felsen (Cynos Cephalae) in Thessalien, woselbst einige in denen, beym Durchzuge durch dieses Land, als sie nach Athen giengen, ausgeübten Feindseligkeiten, um das Leben gekommen waren, angetroffen. Diese Denkmähler werden vor einen jeden vernünftig Denkenden, unwiderlegliche Beweisthümer der Würklichkeit der Amazonen, und ihrer Geschichte, seyn.

Die eigentliche Ursach der zwischen ihnen, und denen Scythen entstandenen Mishelligkeit, um deren willen sich auch letztere sogar vor dem Treffen von ihnen getrennt hatten, ist unbekandt. Weil ihnen dem ohnerachtet aber doch der schlechte Erfolg, den sie gehabt hatten, nahe gieng, nahmen

men sie selbige in ihr Lager auf (60), und bedeckten sie auf ihrem Rückzuge. Vor Schande, die sie sich daraus machten, daß ihnen dieser Feldzug so gar sehr fehlgeschlagen war, getraueten sie sich nicht, sich wieder in Themiscyra sehen zu lassen; sondern, sie zogen mit ihnen nach das Europäische Scythien, oberhalb Thracien. Daselbst legten sie eine neue kleine Colonie an, und bekamen daher den Namen der Thracierinnen (61). Diese Einrichtung aber war von keiner Dauer. Indem derer Amazonen zu wenige waren, als daß sie sich nach denen Gesetzen ihres Staates hätten erhalten können, traten sie unvermerkt in den Stand der gewöhnlichen Frauenspersonen.

Vierter Abschnitt.
Der vierte Krieg der Amazonen.

Durch die Niederlage der Armee derer Amazonen, unter den Mauren Athens, und durch die Entweichung dererjenigen, welche noch mit dem

(60) Diodor, im IV B. a. d. 234 S. Justinus, im 4 Kap. des II B. womit nothwendig dasjenige, was Herodot, im IV B. n. 110. 117. von der Reise der Amazonen nach Scythien, welche bey sonst keiner andern Gelegenheit statt finden kann, anführt, verglichen werden muß. Man sieht wohl, daß dieses, nach allen Umständen betrachtet, bey ihm eine blosse Fabel sey.

(61) Virgil sagt im XI B. der Aeneis, im 858 B.
    Dixit, & aurata volucrem Threissa sagittam
    Deprompsit pharetra.

dem Leben davon gekommen waren, nach Scythien, war ihre Nation noch im geringsten nicht ausgerottet. Verschiedene Jahre nachher bezogen selbige die Phrygier, welche den Priamus, König zu Troja, um Hülfe anriefen, mit Krieg (62). Es liefern uns aber weder die Dichter, noch Geschichtschreiber, eine umständliche Nachricht davon; ja, wir wissen nicht einmal, auf wessen Seite der Sieg ausgefallen sey. Man meldet weiter nichts, als daß die Königinn der Amazonen, Myrine, darinn ihr Leben eingebüsset habe (63).

Es möge nun selbiger vor einen Ausgang gehabt haben, welchen er gewollt: so ist soviel zuverläßig, daß sie sich mit dem Priamus wieder vertragen hatten, und zwar ohnstreitig nicht sowohl aus Furcht vor seinen Waffen, als vielmehr aus Hasse, und Unwillen, so sie gegen die Griechen hatten. Es standen letztere damals vor Troja, und waren mit der berühmten Belagerung dieser Stadt, welche die Entführung der Helenen verursacht hatte, und wobey eine ungemeine Menge von Völkern, welche auf beyden Theilen in Bündnisse mit einander getreten waren, gegenwärtig gewesen, beschäftigt. Der Geist der Rachsucht,

und

(62) Homer, im III Buch der Iliade, im 185, bis 190 V. PHILOSTRAT. Heroic. n. 19.
(63) Ein alter, vom Joseph Skaliger gerühmter Scholiast, zu Num. 833, des Eusebius.

und die Lust, sich hervor zu thun, führete die Königinn der Thermodontinischen Amazonen, Penthesileen, welches die stärkste, beherzteste, und berühmteste Königinn, die sie jemals gehabt haben, gewesen, dahin (64). Eine Art von Verzweifelung machte selbige noch weit grimmiger, seitdem sie das Unglück gehabt hatte, ihre Schwester Hippolyten, auf der Jagd, mit einem Pfeile, welchen sie auf eine Hirschkuh gerichtet hatte, zu erschiessen. Sie war darüber in eine Raserey verfallen.

Es hatte eben, als sie ankam, der Achilles, den tapfern Hektor erleget, und der unglückliche Priamus, hielt nebst denen Trojanern, welche, so wie er, voll Betrübnis und Wehklagens waren, das Leichen-Begängnis eines Sohnes, worauf das Volk seine ganze Hofnung gesetzet hatte. Penthesilea hatte nicht mehr, als zwölf Amazonen bey sich, aus deren Augen lauter Ruhmbegierde, und Feindseligkeit gegen die Griechen blitzete. Die Trojaner bewunderten selbige so lange unabläßig, bis sie ihre Blicke auf die Königinn

(64) Drelincourt hat die Warheit dieser Geschichte, durch viele Zeugnisse, die er mit Mühe, in seinem *Achille Homerico*, a. d. 58 S. gesammlet hat, dargethan. Alles, was ich davon anführen werde, ist aus dem Q. Smyrnäus, oder Calaber, in dem erstern der vierzehn Gedichte, die er als eine Fortsetzung des Homers, dessen Iliade sich mit dem Tode des Hektors beschließt, verfertiget hat, genommen.

niginn richteten, als welche sie insgesamt, in allen Stücken, übertraf. Das edle, und heldenmäßige Ansehen, worinn sie erschien, verbreitete über die Vorzüge, die sie von der Natur empfangen hatte, den stärksten Glanz. Die Schwärze ihrer Haare, und Augbraunen, erhöhete die weisse Farbe ihrer Haut. Geist und Leben strahlten aus ihren Augen hervor. Ihr Feuer ward durch ein holdes Wesen gemäßiget. Ihre Bescheidenheit und Sittsamkeit erweckten Ehrfurcht. Ihre Gesprächigkeit, und ihr leutseliges Lächeln, machten sie überall liebenswürdig. Kurz, Penthesilea wußte die Annehmlichkeit ihres Geschlechtes, mit dem äussern Anstande, und den Tugenden eines Helden zu vereinigen.

Priamus, welcher bereits von dem äussern Ansehen, welches das Herz, und die Gesinnungen eines Helden ankündigte, eingenommen war, glaubte, in der Königinn alles, was er an dem Hektor verlohren hatte, wieder gefunden zu haben. Er ersuchte sie, sich den Pallast zu ihrer, und ihrer Gefährtinnen, Wohnung gefallen zu lassen; er überhäufte sie mit Geschenken; und versprach, daß seine Erkenntlichkeit auf das höchste gehen würde, wann er, durch die Beyhülfe ihres Armes, über seine Feinde, und vornemlich über denjenigen, welcher den jungen Prinzen, auf den das Vaterland seine vornehmste Hofnung gesetzt, vom Leben gebracht hätte, den Sieg würde davon tragen können. Penthesilea versicherte ihn, daß sie bey diesem Gegner den Anfang machen, und nicht eher die Waffen niederlegen wolte, als bis kein einiger von denen Griechen mehr am Leben wäre. Andromache, die Wittwe des Hektors, sagte ihr, daß sie den fürchterlichen Krieger, über den sie sich einen so leichten Sieg verspräche, nicht kenne. Sie stellete ihr vor, daß es Verwegenheit von einem Weibsbilde sey, den Ueberwinder des Helden unter den Trojanern, angreifen zu wollen. Allein, Penthesilea gab allem diesen kein Gehör.

Als der Tag da war, an dem sie streiten sollte, legte sie ihre Waffen-Rüstung, sogleich bey Anbruch desselbigen, an. Es bestand selbige in purpurrothen, mit Golde gestickten, Halbstiefeln; einem, mit einem kostbaren bunten Zeige überzogenen, Kürasse; einer glänzenden, mit dem Federbusche besetzten, Sturmhaube; einem Wehrgehänge, woran ein sehr breiter Säbel hieng; und dem Bogen, mit einem Köcher voll Pfeile. In ihrer rechten Hand hatte sie eine zweyschneidige Streit-Axt; und in der linken, zwo Lanzen, und den Schild. In dem Augenblicke, da sie die Trojaner, in dieser Rüstung, der sie ausserdem noch durch eine majestätische Stellung einen höhern Glanz ertheilete, sahen; fühlten sie, daß in ihnen der ganze Muth, der seit dem Verlust des jungen Prinzen, auf immerdar bey ihnen erloschen zu seyn schien, auf einmal wieder in helle Flammen ausbrach. Die Herzhaftigkeit, welche sie belebete,

gieng

gieng in die Seele dererjenigen, welche gern nahe um ihr bleiben wollten, über. Es ergriffen selbige wiederum die Waffen, voll Zuversicht, und folgten ihr haufenweise, zu den Thoren der Stadt hinaus, nach. Unterdessen, daß sie, an ihrer Spitze, auf das Lager der Feinde zu gieng, brachte der alte Priamus, welcher Alters halber die Kraft nicht, sie zu begleiten, hatte, dem Vater der Götter ein Opfer, und flehete ihn an, daß er die Tochter des Mars unterstützen, und mit Siege gekrönt, wieder zurück führen mögte. Er gedachte in seinem Gebethe der ganzen Kette von Unglücksfällen, welche seine Tage an einander verbinde; und bat, selbige lieber mit dem Opfer beschliessen zu dürfen, als ein widriges Schicksal der Penthesileen, und derer Trojaner zu erfahren, welches er nicht würde überleben können.

Sobald sie sich auf einem Hügel, welcher die Stadt von der feindlichen Flotte absonderte, sehen liessen, geriethen die Griechen vor Bestürzung ausser sich, und wußten nicht, ob sie ihren eigenen Augen trauen sollten. Diese ihre Befremdung vergrösserte sich, als sie einen neuen Heerführer, dessen Muth den ganzen Haufen beseelete, ansichtig zu werden anfiengen. Sie giengen ihnen entgegen, und man gerieth, ohne die Zeit zu nehmen, sich in Schlachtordnung zu stellen, an einander. Nachdem Penthesilee, die Losung denen Trojanern zu geben, einen leichten Pfeil in die Luft geschossen hatte, fiel sie am ersten auf die vorderste

Reihe der Feinde zu, und erlegte, mit der Streit-
Axt in der Hand, acht ihrer vornehmsten Haupt-
leute. Ihre Gespielinnen stritten an ihrer Seite
mit eben der Beherztheit, wiewohl nicht mit glei-
chem Glücke. Das entsetzliche Blutbad, welches
sie anrichteten, brachte eine Schaar Verdienst-
voller Officierer über sie, welche einige von ihnen
um das Leben brachten.

Der Verlust derselben brachte die Königinn
in Wuth. Gleich einer Löwinn, der die Jäger
ihre Jungen geraubet, suchte sie überall diejenige,
welche sich rühmeten, Amazonen niedergemacht
zu haben, auf. Sie stürzete sich mitten in die
Geschwader hinein, und schlug auf alles, was ihr
in den Wurf kam, zu. Der Tod wütete um sie
her; das Schrecken verbreitete sich bis in die
Entfernung; die Muthigsten wurden davon befallen, und ergriffen die Flucht. Sie setzete
selbigen hitzig nach, und rückete ihnen öffentlich
ihre Zagheit vor. Die Trojaner, welche ihr
nachfolgeten, wiederhohlten diesen ihren beschim-
pfenden Zuruf; sie freueten sich über ihren eigenen Ruhm; ritten über die Todten, von denen
der ganze Weg bedeckt lag, hinweg; und riefen
denen Flüchtlingen zu, daß endlich der Tag der
Rache gekommen sey; daß man in dem Augenblick
ihre Schiffe in Brand stecken; und daß die
Hand eines Weibsbildes die Sieges-Zeichen
der Griechen, und die Stärksten im Volke, über
den Haufen werfen werde.

Achil-

Achilles und Ajax opferten eben damals der abgeschiedenen Seele des Patrokles, neben seinem Grabe, ein Schlachtopfer. Durch das Geschrey, welches vom Schlachtfelde kam, ward das Opfer unterbrochen. Sie liefen zu ihren Waffen, und erkundigten sich, was vorgegangen wäre. Der erstere Anblick der Unordnung, der Demüthigung, und des Blutvergiessens, setzte sie in Befremdung. Ajax fuhr mit Heftigkeit auf die Trojaner zu; brachte die Beherzteften um das Leben; und erlegte auch sogar einige Amazonen, indem er sich blos an die Haupt=Anführer der Feinde hielt. In demselben Augenblick erweckte er da, wo man bereits die Siegeslieder angestimmet hatte, die größte Bestürzung.

Penthesilee ward diese Veränderung gewahr, und erforschte den Grund derselben. Aus dem Eyfer, und der Hitze, womit Ajax, und Achilles, stritten, erkannte sie, daß selbige die einzige Ursache dieser gewaltigen Veränderung wären. Hierauf wandte sie sich gegen selbige, und schoß einen von ihren Wurfspiessen, los; welchen aber Achilles mit seinem Schilde abhielt, so, daß selbiger von der Stärke dieser Vertheidigungs=Waffen, so vom Vulkan selbst verfertiget seyn sollte, in Stücken zersplitterte. Sie glaubte nicht, daß Ajax so gut bedeckt war; sie schoß daher den zweeten Wurfspieß auf ihn ab, und es fiel selbiger ohne Würkung zu den Füssen des griechischen Kriegs=Helden nieder. Aus Erbitterung, daß sie sehen muste,

muſte, wie ihre Waffen gleich das erſtemal nicht das mindeſte ausgerichtet, und die beyde Anführer unbeweglich, auf ihrer Lanze ſich ſtützend, ſtehen geblieben, ſprach ſie, unter Vorzeigung ihrer Streit-Axt, folgende kühne und Drohworte zu ihnen: Ungerechte Gegner! die Dicke derer Waffen, welche eure Schwäche bedecken, hat die beyde Pfeile, womit ich euch hätte durchbohren müſſen, fruchtlos gemacht; ihr ſollt aber demjenigen Mordeiſen, ſo ich noch in meiner Hand habe, und deſſen ich mich gegen euch bedienen werde, gewißlich nicht entgehen! Dieſes ſoll den Faden eures Lebens durchſchneiden, und die vermeyntliche Stärke eurer Nation auf immerdar zu Grunde richten. Es ſoll ein Troſt vor die Trojaner werden, den tödtlichen Streich ihren grauſamſten Feinden beygebracht zu ſehen; und mir werde ich eine Ehre daraus machen, ihnen eine gerechte Rache verſchaffet zu haben. Tretet näher, ſo ſollt ihr ſelbſt erfahren, was die Amazonen, und beſonders die Tochter des Mars auszurichten vermögt. Das Blut, welches in meinen Adern rollt, entſpringt nicht von Menſchen; nein, ſondern von der Gottheit des Gefechtes. Dieſe iſt es, welche mich treibt, belebt, und beſchützt. Nur in ihren Namen fodere ich euch heraus!

Stol-

Stolze und verwegene Prinzeßinn! antwortete ihr hierauf Achilles: Eure hochtrabende Worte, und Schmachreden, jagen uns im geringsten keine Furcht ein. Ihr haltet Euch für unüberwindlich, dieweil ihr von dem Mars abstammet. Ey! was werden denn die Griechen seyn, welche den Jupiter, der doch dem Eurigen zu befehlen hat, zu ihrem Stammvater haben! Ich will anjetzt gar nicht meine persönliche Heldenthaten erheben; nur dieses muß ich Euch sagen, daß der streitbare Hektor, die Stütze derer Trojaner, unter meiner Lanze seinen Tod gefunden, und daß ihm sein Schicksal zu ahnden schien, indem er mit aller Sorgfalt meine Gegenwart zu vermeiden suchte. Wer untersteht sich wohl, von seiner Nation, sich ihm zu vergleichen! Selbst die Trojaner würden sich schämen, wann sie nicht bekennen sollten, zu sagen, daß er Euch in aller Absicht übertroffen hätte. Erwartet demnach dasselbige Schicksal! Die Kinder des Jupiters besitzen weit mehr Stärke, als die Kinder des Mars!

Bey Endigung dieser Rede, schoß Achilles, voll Feuer, einen Wurfpfeil, aus aller Macht, auf Penthesileen ab, und traf ihr in die rechte Seite der Brust, welche von ihrem Küraß unbedeckt war. Das Blut floß in grosser Menge heraus. Ihr ganzer Körper ward entkräftet. Ihre Augen konnten

konnten die Gegenstände nicht mehr unterscheiden. Ihre Seele ward schwach. Indessen blieben ihre Blicke unverwandt auf den Achilles gerichtet; und bey der noch wenigen, bey ihr vorhanden gewesenen, Empfindung, bedachte sie sich, ob sie noch einen Streich der Rache ausüben, oder ihn für ihren Ueberwinder erkennen wollte. Letzterer aber wartete ihren Entschluß nicht ab: sondern lief auf sie zu, und durchbohrete mit einem zweeten Pfeile den Hals des Pferdes der Penthesileen, und die Amazone selbst. Alsofort fiel die Königinn zur Erde, und gab, das Gesicht gegen die Erde kehrend, ihren Geist auf.

Achilles, welcher vor Grimm, und Unwillen, ausser sich gewesen, jauchzete anfänglich über seinen Sieg. Er lief zur Penthesileen; zog ihr den Pfeil, welcher sie um das Leben gebracht hatte, heraus; führete ihr die Vermessenheit ihrer trotzigen Reden, und der Droh-Worte, die sie an die Griechen, und an ihn besonders, hatte ergehen lassen, nochmals zu Gemüthe; und frug sie, ob sie auf diese Art den Priamus und die Trojaner, welche bereits haufenweise innerhalb dem Bezirk ihrer Mauren zurück flüchteten, zu Ueberwinder hätte machen müssen?

Einen Augenblick nachher aber, verschwanden diese strenge Gesinnungen, und machten der Traurigkeit, und den Schmerzen, Platz. Zur selbigen Zeit, da er ihr ihre Waffen abnahm, um sich ein Siegeszeichen von dieser reichen, und kostbaren

Beute

Beute zu errichten, bewunderte er die Stärke, und Schönheit ihrer Gliedmassen. Nichts weiter als die Natur schien ihm auf ihrem Angesichte erloschen zu seyn; er ward in dessen Zügen nach lauter Feuer, Muth, Unerschrockenheit, Grimm, und sämtliche Leidenschaften der allergrössesten Seele, gewahr. Er ward hiedurch äusserst gerührt, und gerieth gegen sich selbst in eine Art von Zorn, und Verzweifelung, daß er eine Prinzeßinn, welche zu leben so würdig gewesen, vom Leben gebracht hatte.

Thersites merkte diese bey dem Achilles durch das Mitleiden verursachte Veränderung. Er unterstund sich, ihm deshalb einen Verweis zu geben, und es ihm zu verargen, daß er sich das Schicksal einer Weibsperson, welche die Dreistigkeit gehabt, denen Griechen Hohn zu sprechen, und welche sogar, in ihrer Wuth, verschiedene von ihren berühmten Hauptleuten umgebracht hätte, so nahe gehen liesse.

Achilles, über die Vorwürfe dieses niederträchtigen Richters, welcher der Beförderer, und das Werkzeug der Uneinigkeit bey der Armee war, erbittert, hielt es für schimpflich, seine Waffen zur Bestrafung eines solchen Nichtswürdigen zu gebrauchen, sondern schlug ihm dermassen nachdrücklich in das Gesicht, daß er todt zu seinen Füssen niederfiel.

Diejenige, welche eine edlere Seele besassen, wurden ebenfalls, wie Achilles, durch das Schicksal

sal der Penthesileen gerührt, und überlieferte
sie, nebst ihren Waffen, dem Priamus, so bald er
sie zurück foderte. Der Prinz ließ ihr einen
Scheiterhaufen vor den Mauern der Stadt errichten, auf welchem ihr Körper, ihre Waffen-
Rüstung, ihr Pferd, nebst vielen Schätzen, die er
zu ihrer Ehrenbezeigung, mit hinzu warf, verbrannt wurden. Das Volk, welches aus Erkenntlichkeit, ihre Leichbestattung übernommen hatte,
goß die Flamme durch eine Menge Weins, den
sie, als Trank-Opfer, hinein schütteten, aus;
sammlete die kostbare Asche der Königinn; ver-
mischete selbige mit wohlriechenden Sachen; setzete
selbige in ein, neben dem Grabe des Königes Laomedon errichtetes, prächtiges Grabmahl bey;
und brachte ihr sogleich darauf, das Fett von einer
Kuh, zum Opfer dar. Neben ihr wurden die
Amazonen, welche in dem Treffen vor die Trojaner, ihr Leben eingebüsset hatten, eingescharret,
und man bauete ihnen ein, nach gewöhnlicher Art
eingerichtetes Grabmahl.

Fünfter Abschnitt.

Der fünfte Krieg der Amazonen.

Der Tod der Penthesileen, blieb denen Amazonen tief in das Herz gegraben. Sie be-
daureten bitterlich eine Prinzeßinn, welche mehr
als irgend eine andere, die Nation zu beherrschen,
verdie-

verdienete. Achilles ward seitdem, in ihrem Gemüth, ein Gegenstand des Abscheues, und der Rache; und die Feindseligkeit äusserte sich noch lange nachher, bey seiner Erinnerung, da sie nicht zur gehörigen Zeit gegen ihn persönlich hatte ausbrechen können. Aus sonderbarer Achtung, darein sich dieser Held gesetzet hatte, hatte man ihm eine beträchtliche Insel, welche Penea, oder Achillee, genannt wurde, gewidmet. Es lag selbige an dem Gestade des schwarzen Meeres (65), und wurde von zweenen Aermen der Donau, an ihrem Eingange, hervorgebracht. Andere (66) setzen selbige auf die volle See, zur Seiten des Niepers (Borysthenes). Man erzählte sonderbare Dinge, welche Achilles, bey Gelegenheit seiner dahin vorgenommenen Reise, daselbst verrichtet haben soll. Die Alten gaben, nach ihrer gewöhnlichen Leichtgläubigkeit, als bekannte und zuverläßige Begebenheiten vor, daß Thetys, oder Neptun, ihm diese Insel geschenket, als er, nebst seinen Gefährten, die Rennspiele auf selbiger angestellet (67); daß er selbst nach ihrem Tode, mit seiner

(65) Strabo, im VIII B. a. d. 468 S. Mela, im 7 Kap. des II B. Plinius, im 12 Kap. des III B. de l'Isle, und andere.

(66) PHILOSTR. *Heroic. in Achille*, im 16 Kap.

(67) Dionys. Periegeta, V. 541, fgg. ARRIAN. Periplo Ponti Euxini. PHILOSTR. Heroic. in in Achill. Kap. 16.

seiner Gemahlinn, Helenen (68), oder Iphigenien (69), welche Diane dahin gebracht hatte, daselbst gelebet; daß er an denen griechischen Helden, welche mit ihm vor Troja gestritten hatten, als denen beyden Ajaxen, Patrokles, seinem Freunde, Antiochus, und verschiedenen andern, welche ganz allein auf dieser Insel wohnhaft gewesen, Gesellschaft gehabt (70); daß die Fremden, welche daselbst angelandet (71), nicht denselben Tag wieder fortseegeln gekonnt, sondern die Nacht über in ihren Schiffen bleiben genußt, wo Achilles, und Helene zu ihnen gekommen, mit ihnen getrunken, und nicht allein Lieder von ihrer Liebe, sondern auch die Verse des Homers abgesungen; daß die griechischen Helden daselbst zu gleicher Zeit denen Reisenden erschienen; daß gewisse See-Vögel alle Morgen gekommen (72), die Insel, und den Tempel besprenget, und vermittelst der Bewegung ihrer Flügel ausgekehret; daß dieser Tempel dem Achilles gewidmet gewesen; und daß allemahl, so oft ihm das Schlachtopfer, welches man ihm bringen wollen, angenehm gewesen, sich selbiges von selbst unten am Altar dargestellet,

und

(68) AMMIAN. MARCELLIN. im 8 Kap. des XXII B.

(69) PTOLOM. HEPHESTION, beym Photius.

(70) Pausanias, im 19 Kap. des III B. a. d. 259 S.

(71) PHILOSTR. Heroic. in Achill. Kap. 16. MAXIM. TYRIUS, in der 27 Rede.

(72) Eben derselbe, desgleichen ARRIAN. in Periplo Ponti.

und daselbst stehen geblieben; daß allda ein berühmtes Orakel (73) gewesen, welches man, von sehr entfernten Orten her, um Rath gefraget hätte, und bey dem man zur Genesung von seinen Krankheiten gelanget wäre; so wie solches dem Leonimus Crotoniates wiederfahren; daß diejenige, welche nahe an diesem Strande vorbey geschiffet, eine mit Schrecken untermengte Musik, ein Getöse von Pferden, ein Geräusch, als wann Waffen an einander geschlagen würden, und ein Feldgeschrey, vernommen. Endlich, ist dieses auch die Wohnstätte des Ruhmes des Achilles, und der Ort seiner Vergötterung, gewesen.

Je wundersamer die Dinge waren, welche man davon erzählte, um desto mehr erweckten sie die Eifersucht und den Zorn derer Amazonen. Ein ohngefährer Zufall gab ihnen Anlaß, die Gesinnungen, welche sie im Herzen geheget, ausbrechen zu lassen. Kaufleute von einer gewissen Seestadt des schwarzen Meeres (74), welche durch einen Sturm, in die Einfahrt des Flusses Thermodon waren verschlagen worden, als sie neben dem Hellespont, auf ihren Verkehr ausgereiset waren, wurden von denen Amazonen angehalten. Sie bemächtigten sich ihrer Personen, und beschlos=

---

(73) Pausanias, im 19 Kap. des III B. verglichen mit dem Tertullian, im 49 Kap. seines Buches de anima, und dem Leo Allatius, in seinem Werke de patria Homeri, a. d. 145 S.

(74) Philostrat. Heroic. in Achille, Kap. 20.

schlossen bey sich, sie nach Scythien zu schicken, und als Sklaven zu verkaufen. Ein gewisser junger Mensch aber, aus ihrem Gefolge, erhielt vermittelst der Schwester der Königinn, deren Freundschaft er gewonnen hatte, Begnadigung vor sie. Während ihrer Gefangenschaft zu Themiscyra, erwähnten sie der Insel Penea, an dessen Ufer sie zum öftern vorbey gefahren waren; erzählten alles, was man davon vorgab; und machten eine grosse Beschreibung von den unermeßlichen Schätzen, welche, dem Rufe nach, in dem Tempel des Achilles vorhanden seyn sollten.

Gemeiniglich pflegten die Amazonen nichts weniger, als auf ihre Bereicherung auszugehen, und noch viel weniger Seeräubereyen zu treiben, dieweil sie nicht im geringsten See-erfahren waren. Aus Haß aber, der ihnen beständig gegen den Achill angeklebet hatte, gaben sie sich aus ihrer Ruhe, und nahmen dieses zum Augenmerk. Die Bootsleute, welche die Kaufmanns-Flotte führeten, mußten ihnen funfzig Galeeren, worauf die Reuterey eingeschiffet werden konnte, bauen, um dem Achill, welchen die Götter, bey der größten Blüte des Alters, auch selbst nach seinem Tode, (indem würklich sein Grabmahl daselbst vorhanden war) erhielten, den Krieg anzukündigen. Unterdessen, daß die Schiffe gebauet wurden, lernten selbige das Ruder führen, dessen sie sich niemals zu weiten Reisen bedienet hatten. Sobald sie mit ihren Zurüstungen fertig waren, giengen
sie,

sie, in grosser Anzahl, nebst denen Kaufleuten, welche ihnen die Nachricht ertheilet hatten, zu Schiffe. Als sie auf der Insel anlandeten, ertheilten sie denen Kaufleuten den Befehl, den Hain, welcher den Tempel des Achills umgab, niederzuhauen (75). Allein, kaum hatten sie mit Vollziehung dieses Befehls den Anfang gemacht, schreibt Philostrat weiter, so gieng das Eisen von ihren Beilen loß, und schlug sie an den Kopf, daß sie auf der Stelle todt zur Erde fielen. Dieser Vorfall setzte die Amazonen mehr in Erbitterung, als Schrecken; und sie liefen voll Wuth nach den Tempel zu. Als sie sich aber, der am Eingange stehenden Bildsäule des Helden näherten, rührte ein Schrecken (wodurch selbiger veranlasset worden, ist unbekandt) ihre Pferde dergestalt, daß sie sich vor Furcht auf eine entsetzliche Weise bäumeten;

(75). Es ward die Verletzung der Tempel, der Freystätte, und der geheiligten Haine, für den größten Grad der Ruchlosigkeit bey denen Alten angesehen, und man setzte zum Grunde, daß diejenige, welche sich zu dergleichen Uebertretung verleiten liessen, allemal einer besondern Heimsuchung der Götter ausgesetzt blieben. Die ältere Geschichte ist voll von dergleichen Beyspielen. Ich glaube zwar, daß man vieles von der Erzählung des Philostrats abnehmen müsse; ich bin aber auch der Meynung, daß ein Unglücksfall vor die Amazonen dabey gewesen, welcher sie wegen ihres Unternehmens bestrafet, und dasjenige, was erzählt wird, veranlasset hat.

ten; diejenige, welche auf ihnen saßen, herunter warfen; sie mit Füßen traten, und kurz und klein rissen, als wenn sie grimmige Löwen gewesen wären. Nach dieser gräulichen Zerstöhrung, entflohen sie nach der Insel, rissen die jungen Bäume und Gebüsche um, verwüsteten selbige überall, und stürzten sich zuletzt in das Meer. Zu gleicher Zeit erhob sich ein heftiger Sturm über die Schiffe derer Amazonen. Selbiger zersplitterte sie zum Theil, zum Theil warf er sie in den Grund; so, daß nur einige wenige, sehr stark beschädigte übrig blieben, welche zur Ueberbringung der Nachricht von dem übeln Erfolge dieses unglücklichen Unternehmens, nach den Thermodon, dieneten.

Ich kann hierbey nicht die Erzehlung von denen Amazonen in Afrika, welche im dritten Buche des *Diodorus Siculus* befindlich ist, annehmen. Um die Unrichtigkeit derselben zu zeigen, will ich blos einen Auszug daraus hieher setzen. Der Verfasser dieses Werkes meldet (76), daß selbige anfänglich die Inseln des grünen Vorgebirges, (Insulae Hesperides) oder die glückseligen Inseln, (Insulae Fortunatae) welche heutiges Tages die Canarien-Inseln genannt werden, bewohnet; daß sie, nach gefaßten Vorsatze, sich berühmt zu machen, selbige unter ihre Oberherrschaft gebracht: die geweihete Stadt Mena ausgenommen, welche diejenige Art von Mohren, die die gerösteten Fische an statt Brodtes geges=

---

(76) Diodor, im III B. a. d. 185, u. fgg. S.

gegessen, (Aethiopes Ichthyophagi) bewohnet, und die wegen des daselbst aus dem Innersten der Erden hervorkommenden Feuers, und der daselbst anzutreffenden Edelsteine, als: Sardoniche, Rubine, und Karfunkelsteine, berühmt gewesen; daß selbige, nachdem sie die Afrikaner, und Numidier, bezwungen, eine Stadt neben dem Tritonischen See, erbauet; daß ihre Königinn, Myrine, an der Spitze von dreytausend Amazonen zu Fuß, und zweytausend zu Pferde, welche beyderseits mit Schlangenhäuten bedeckt gewesen, die Atlantische, Gorgonische, und Arabische Völker geschlagen; daß sie, um durch Egypten ziehen zu dürfen, mit dem König Horus, einem Sohne der Isis, in ein Bündnis getreten, von da aus sie nach Syrien, Cilicien, und Klein Asien, gegangen, so sie als Heldinn, jedesmal vom Siege begleitet, durchzogen; daß sie sich an den Ufern des Flusses Caicus niedergelassen, woselbst sie eine Stadt, ihres Namens, erbauet: so, wie auch die berühmtesten von ihren Gespielinnen, hin und wieder verschiedene merkwürdige Städte anzeleget; daß sie von da aus ihre Eroberungen bis nach die Inseln von Jonien getrieben; daß sie, nachdem sie durch einen Sturm an die Küsten von Samothracien verschlagen worden, von dem Mopsus, und Sipylus, welche von dem Hofe des Königes derselben Gegend, Lykurgs, vertrieben gewesen, angefallen, und überwunden sey; daß sie endlich, mit denen wenigen Amazonen, die noch übrig geblieben, wieder nach Afrika zurück gereiset

sey

sey; und daß ihnen Herkules zuletzt vollends das Garaus gemacht habe.

Es unterscheidet zwar dieser Schriftsteller die Afrikanischen Amazonen ausdrücklich von denen Thermodontinischen; er legt aber beyden einerley Sitten, und Gemüthsart bey, da sie doch nicht das geringste, weder in Ansehung des Ursprunges, noch ihres Vaterlandes, mit einander gemein gehabt, und der dritte Theil der Welt zwischen ihnen gewesen. Dergleichen Gleichförmigkeit, kann auch durch die glücklichste Würkungen des Ohngefährs, nicht hervorgebracht werden. Ausserdem fällt auch, in Ansehung der Zeit und Umstände, der ganze Grund dieses vermeyntlichen Feldzuges, und selbst die ganze Geschichte der Afrikanischen Amazonen über den Haufen. Sollte diese offenbare Unrichtigkeit, nebst vielen andern, nicht ein Beweis seyn, daß die fünf erstere Bücher (77), welche dem *Diodorus Siculus*, einem ernsthaften, genauen, und zuverläßigen Schriftsteller, und der nichts behauptet, als, was mit allen übrigen Skribenten übereinstimmt, wie solches, von dem zehnten Buche seiner Bibliothek an, zu ersehen ist, zugeschrieben werden, untergeschoben seyn? Aller Wahrscheinlichkeit nach, hat etwa ein gewisser After- oder Halb-Gelehrter, aus dem vierzehnten,

oder

---

(77) Ludwig Vives sagt, in seinem Buche, *de tradendis disciplinis*, daß nichts verworrener, als diese fünf Bücher, sey. Voßius redet ihnen, im 2 Kap. des II Buches, *de Histor. graecis*, wiewohl nur obenhin, das Wort.

oder funfzehnten Jahrhundert, dasjenige, was unglücklicher Weise von den neun erstern Büchern dieses Geschichtschreibers, durch die Zeit verlohren gegangen ist, wieder herstellen gewollt, und hat es, um einem ganz schlechten Werke, welches angefangen worden, und unvollständig geblieben ist, unter dem Namen des Diodors, in die Welt geschicket. Die Unwissenheit, welche zwey= bis dreyhundert Jahre hindurch geherrschet, wird es, ohne der geringsten Prüfung, weder der Schreibart, noch übrigen Einrichtung, angenommen haben. Durch dergleichen Erdichtung der Afrikanischen Amazonen aber, wird die Würklichkeit dererjenigen, welche aus Sarmatien nach Klein Asien gegangen sind, nichts weniger als über den Haufen geworfen, sondern vielmehr noch erhärtet, indem es sich zeigt, daß sie blos von unwissenden, und untergeschobenen Schriftstellern angefochten wird. Indessen kann man doch nicht in Abrede seyn, daß nicht in diesem Werke (78), unwidersprechliche, und dem ganzen Alterthume gemäße Stellen, über die Geschichte, welche den Gegenstand dieser meiner Abhandlung ausmacht, befindlich seyn sollten.

(78) Im II B. a. d. 128, u. fgg. S. und im IV B. a. d. 234 S.

J 3 Das

Das fünfte Kapitel,

Von denen Denkmählern der Amazonen, in den verschiedenen Ländern, welche sie bewohnet haben.

Wann man auch annehmen wollte, daß die Dichter Griechenlandes die Treffen derer Amazonen, durch ihre poetische Blumen; und Freyheit, ausgeschmückt hätten; so könnte man doch nicht umhin, nicht eine zum Grunde liegende Geschichte, und würkliche Begebenheit, zuzugestehen, welche den Stoff, und Gegenstand ihrer Gesänge ausgemacht. Man muß, schreibt ein gewisser vernünftiger Schriftsteller älterer Zeiten (79), die Fabel nicht mit einer Erzehlung, welche man fabelhaft nennen könnte, verwechseln. Jene muß als eine Belustigung des Witzes, welche dazu ausersonnen worden ist, um dem Gemüthe, moralische Lehren, Vorschriften und Gesinnungen, auf eine geschickte Art, beyzubringen, betrachtet werden. Diese hingegen, ist ein Vorfall aus der Geschichte, welcher bisweilen gar einfach, aber

durch

---

(79) Makrobius, im 2 Kap. des *Somn. Scipionis.* Diese Stelle verdient, derer Regeln wegen, die der Verfasser über diese Materie, daselbst ertheilt, nachgelesen zu werden.

durch Neben-Vorstellungen (Episoden), und Umstände ausgeziert ist, welche der Erzehlende, zur Verschönerung eines Dinges, so dergleichen verdient, hinzu setzen kann, ohne jedoch der Warheit der Sache selbst dadurch Abbruch zu thun, ohnerachtet dessen Unrichtigkeit würklich augenscheinlich, und handgreiflich ist. Ein vernünftig denkender Kopf wird deswegen nicht die ganze Abhandlung als eine blosse Erdichtung ansehen; sondern, das wesentliche von demjenigen, so dergleichen nicht ist, gar wohl zu unterscheiden wissen. Dieses ist der ganze Schluß, den man aus der Art, wie die Dichter die Treffen derer Amazonen erzehlen, ziehen kann.

Allein, die von diesen berühmten Kriegerinnen errichtete Denkmähler, welche noch viele Jahrhunderte nach ihnen gestanden haben, heben allen Zweifel, den man gegen die Gewißheit ihrer Geschichte, und ihrer Eroberungen, aufbringen könnte. Dahin gehören grosse Städte, welche von ihren Händen, oder durch ihre Veranstaltung, erbauet worden: dahin ist der berühmteste Tempel Asiens, und vielleicht des ganzen Alterthums, zu rechnen: dahin zähle ich endlich die durch ihren Aufenthalt, oder durch ihre Siege, berühmt gewordene Oerter, und welche, selbst in den feindlichen Ländern, den Namen davon behalten haben.

Erster Abschnitt.

Die Stadt und Gegend Themiscyra.

Die Amazonen durchzogen, mehr auf den Fittigen der Sieges-Göttinn geführet, als durch ein glückliches Verhängnis geleitet, mit schnellen Fluge Sarmatien, das Gebirg Caucasus, Iberien, Colchis, und das Land derer Chalyben. Die Vortreflichkeit der Cappadocischen Gefilde, lockte sie, nachdem sie diese Landschaft erobert hatten, sich etwas daselbst auszuruhen. Einestheils waren dieses weite Ebenen (80), deren Aussicht sich in das schwarze Meer verlohr, und welche von denen Flüssen, Thermodon, und Iris, gewässert wurden. Anderntheils waren es angenehme Berge, woselbst die genannte beyde Flüsse, nebst ungemein vielen andern, nicht so wichtigen, welche selbige vergrösserten, und endlich schifbar machten, entsprungen. Beydes verschafete dieser Provinz die Bequemlichkeiten des Handels, und die Vortheile der Fruchtbarkeit. Durch eine Art von Vorzug, welchen das dasige Feld vor den übrigen See-Gegenden des schwarzen Meeres hat, ist selbiges beständig grün, und giebt das ganze Jahr hindurch vortrefliche Weiden ab, welche das Land durch die Schaafheerden,

das

(80) Es ist diese Beschreibung aus dem Strabo, B. XII. S. 825, genommen. Er verdient darüber allen Glauben, weil er aus Amasus, einer Stadt in dieser Provinz, gebürtig gewesen.

das Rindvieh, und die Pferde, welche darauf gezogen werden, bereichern. Der Boden daselbst trägt Heydenkorn, und Hirsen, in solchem Ueberfluß, daß das Volk niemals die gräuliche Plage der Hungers-Noth, oder des Mangels, denen die andern alle ausgesetzt gewesen, erfahren hat. Der Gipfel der Berge ist mit schönen Wäldern, und ihr Abschuß mit Weinstöcken, Birn- Apfel- und Nußbäumen, welche von Natur daselbst wachsen, und gar nicht gepfleget werden, besetzt. Zu einer jeden Jahrszeit, liefern selbige eine Art von Früchten. Einige darunter sind bereits reif, wann andere nur noch erst voll Blüte hängen, welche das Auge ergötzt, und den Abgang von jenen ersetzen soll. Endlich ist auch das Land zu jeglicher Art von Jagd geschickt.

Kein einziges Land von denenjenigen, welches die Amazonen durchreiset waren, war ihnen so vortheilhaft gewesen. Sie hielten sich zu Themiscyra, einer am Thermodon, sechzig Stadien von Amisus, gelegenen Stadt, auf (81). Es war selbige ungemein alt, und ohnstreitig zur Ehre

(81) Strabo schreibt, daß selbige am Flusse Iris gelegen habe: er wird aber hierinn vom Herodot, Apollonius von Rhodus, Mela, Arrian, Justin, Dionys. Periegeta, Virgil, Propertzen, Valerius Flaccus, und andern widersprochen. Es muß dabey ein Fehler im Texte vorgegangen seyn.

re der Themis (82), welche ihre Aufrichtigkeit, und Warheitsliebe zur Göttinn der Gerechtigkeit gemacht haben, erbauet worden. Ich behaupte dieses aus dem Grunde, weil selbige eine Schwester des Saturns, und Enkelin des Akmon, eines Bruders des Doeas, war, und in diesem Lande die Akmonische, und Doeantische Gegenden gewesen (83), woselbst man sein Andenken in sehr grossen Ehren gehalten. Die Königinn Marpesia, Anführerinn der Amazonen, ließ sich zu Themiscyra nieder, erbauete daselbst einen Pallast (84), und errichtete alldort den Sitz ihrer Herrschaft. Daher kömmt der Beyname: Themiscyrener (85), womit diese Kriegerinnen, von ihrem Haupt-Wohnplatze beleget worden. Auch wurden die höchsten Gebirge in der Provinz,

(82) Diodor, im V B. a. d. 335 S. Pezron, Antiquité des Celtes, S. 46. Man vergleiche hiebey, was ich in der Geschichte der Reiche, und Republicken, in dem Ursprung der Mythologie, a. d. 8, u. 18 Blatt. angeführet habe.

(83) S. CELLAR. im II Th. der Geograph. antiq. a. d. 150, u. 322 S. Apollon. von Rhodus, gedenkt beyder, im II B. seiner Argonaut. im 990, u. 994 B.

(84) Diodor, im IV B. a. d. 224 S. THEMIST. in der XXVII Rede, a. d. 333 S.

(85) Apollonius, im II B. der Argonaut. im 997 B. Pindarus, beym Strabo, im XII B. a. d. 819 S.

vinz, das Amazonen=Gebirg (86) genannt; dieweil sich diese Weiber daselbst öfters in der Jagd der wilden Thiere, so daselbst in grosser Menge anzutreffen waren, übeten. Selbst der Thermodon bekam, bey Gelegenheit der Amazonen, seine neue Benennung. Vor ihrer Ankunft in Cappadocien, hieß selbiger Crystall (87); nicht, wie sich einige Alten eingebildet haben, wegen der ungemeinen Kälte seines Gewässers, welches, ihrem Vorgeben nach, mitten im Sommer, zu Eise gefroren seyn soll, und worinn sie ihn vielleicht mit dem Tanais, welcher sich, eben wie jener, in das schwarze Meer ergießt, verwechseln: sondern weil man an dessen Ufern einen vollkommen weissen, und durchsichtigen Stein (88), antrift, welcher eine Art von Crystall ist, den die besondere Eigenschaft des Wassers, und des Bettes, worauf selbiges fließt, benebst einer andern Gattung von blauen Steine, welchen man für Jaspis gehalten, von Natur hervorbringt. Seit dem sich die Amazonen in den Gegenden dieses Flusses niedergelassen, erhielt er den Namen Thermodon, welcher eine der vorigen ganz entgegen gesetzte Eigenschaft andeutet. Man gab ihn selbigem ohnstreitig aus keiner andern Ursache, als, weil die Amazonen davon getrun-

(86) Plinius, im 4 Kap. des VI B.

(87) Plutarch, de Fluminib. Eustath über den Periegeta.

(88) Dionys. Periegeta, im 780 u. fgg. V.

trunken, und man die Hitze, die Beherztheit, und Heftigkeit, welche diese Kriegerinnen, während der Treffen, anfeureten, demselben zuschrieb (89). Gemeiniglich war selbiger sechzig Schritt von einem Ufer zum andern breit. Zuletzt gaben die Amazonen diesem Lande eine ganz andere Gestalt, so, daß man es nach ihnen benennete (90); und Themiscyra ward eine königliche Stadt, unter der ungemein viele benachbarte Völker, welche Plinius namentlich aufgeführet hat (91), standen. Die Amazonen waren daselbst in drey verschiedene Stämme, von denen ein jeder seinen eigenen Bezirk hatte, vertheilet (92). Man machte einen Unterschied mitten unter denen in Cappadocien, denen in Leucosyrien, und denen in der Stadt Themiscyra, oder deren Gegenden, wohnenden Amazonen. Sämmtlich aber stunden sie unter den beyden Königinnen, welche sowohl in Ansehung der innern Policey des Königreiches, als der Kriege, welche mit den fremden Völkern zu führen waren, über die ganze Nation herrscheten.

Zweeter

(89) Eben derselbe, im 774 B.
(90) Strabo, im I B. a. d. 91 S.
(91) Plinius, im 3 und 4 Kap. des VI B. der Naturgeschichte.
(92) APOLLON. RHOD. im II B. der Argonaut. im 997. u. fgg. B. Strabo, im XII B. a. d. 827 S.

Zweeter Abschnitt.

Ephesus, und der Tempel der Dianen.

Nächst Themiscyra, waren Ephesus, und der Tempel daselbst, die beyde berühmteste Denkmähler derer Amazonen. Der Grund von Ephesus war bereits durch einen Griechen (93), von dem diese Stadt den Namen führete (94), als die Amazonen ihre Eroberungen, bis an dieses See-Ende von Jonien getrieben hatten, geleget worden. Allein, das damals angelegte, verdienete gar nicht den Namen einer Stadt. Es war weiter nichts, als höchstens einige, hin und her, von einer Privatperson, ohne höherer Bewilligung, Beyhülfe, und Gewalt, errichtete Häuser. Es war denen Amazonen, die Stifterinnen der berühmtesten Stadt, welche jemals in Klein Asien gewesen, zu seyn, aufbehalten. Otrire, ihre Königinn (95), ward durch die Lage des Ortes veranlasset, ihre Residenz daselbst aufzuschlagen. Sie bauete allhier einen Pallast, und legte eine ansehnliche Stadt an.

Durch den Umgang, den sie mit denen in diesen See-Ländern sich aufhaltenden Griechen hatten,

(93) Pausanias, im 2 Kap. des II B. a. d. 525 S.

(94) Plinius führt im 29 Kap. des V B. von ihr noch verschiedene andere an.

(95) Hygin, im 223, und 225 Kap.

ten, erhielten sie von denen Gottheiten, die sie anbeteten, eine Kenntniß; und hiengen sofort insbesondere der Dianen an, deren Ursprung, Verehrung, und Verrichtungen, sich gerade zu dem Charakter derer Amazonen schickten, wann ihre übrige Eigenschaften, die ihr als der Vorsteherinn der Gebährenden (*Lucine*), oder Vorsteherinn der Zauberey (*Hekate*), oder der Göttinn des Mondes (*Luna*) zukamen, abgesondert werden.

Man gab sie vor eine Schwester des Apolls, und eine Tochter des Jupiters, und der Latonen aus, welche, um der Verfolgung der Juno zu entgehen (96), aus Creta, nach einer Insel, welche Neptun, mitten in dem Gewässer, vermittelst eines Stosses mit seinem Dreyzack, hervorgebracht hatte, flüchtete. Man gab vor, daß sie sogleich nach ihrer Geburt im Stande gewesen, ihrer Mutter zu Hülfe zu kommen; daß sie sich niemals mit Mannspersonen fleischlich vermischet (97); daß sie den Aktäon in einen Hirsch verwandelt (98), weil selbiger die verwegene Dreistigkeit gehabt, sie in dem Bade anzusehen, und

---

(96) Hygin, in der 140 Fabel.

(97) CALLIMACHUS, in seinem Hymno in Dian. im 5 B. woselbst die Fabel-Geschichte dieser Göttinn sehr umständlich erzählt wird.

(98) NONNUS, Dionysiac. B. V. V. 290 - 370. Ovid, im III B. der Verwandel. in der 4, und 5 Fabel.

und daß sie ihn nachher von den Hunden habe zerreissen lassen. Nach den gemeinen Vorstellungen, lebte sie in den Wäldern, in einer Gesellschaft von Nymphen, welche sich, auf gleiche Art wie sie, dem ehelosen Stande gewidmet hatten. Daselbst belustigten sie sich mit der Jagd. Diane hatte einen Bogen, und Pfeile (99), welche ihr Vulkan, auf Befehl des Jupiters, geschmiedet hatte. Weil sie selbige sehr oft in die Hand genommen, hatte sie eine besondere Geschicklichkeit darinn erlangt, daß ihr Geschoß allemal den Tod mit sich führte; daher man sie auch niemals ohne ihren Waffen abgebildet findet. Eine eben so starke Geschicklichkeit besaß sie auch im Netzstricken (100), weshalb sie den Beynamen Diktys erhalten. Die Amazonen fanden in dieser Göttinn, die unverletzliche Neigung, die sie vor ihren Gürtel hatten, wieder. Es war selbiger der geliebteste Schmuck der Dianen, und derer Nymphen, als das Zeichen ihrer Jungferschaft (1). Sie hatte einen Tempel (2), wo ihr die griechische Mädgen, sobald sich nach einer rechtmäßigen Verheyrathung

(99) Hygin, und Callimach, an den angeführten Oertern.

(100) S. NATAL. COM. im 8 Kap. der Mythologie, a. d. 262 Blatf.

(1) APOLLON. RHOD. im I B. AGATHIAS, in Carmin.

(2) S. PIERII VALERIANI Hieroglyphica, fol. 8, 298, und 299.

rathung eine Schwangerschaft bey ihnen geäussert hatte, ihren Gürtel zum Opfer darbrachten. Sie verließ aber selbige in diesem veränderten Zustande nicht; vielmehr glaubte man, daß sie ihnen bey ihrer Entbindung beystünde; und man rief sie alsdann unter dem Namen der Lucinen an. Endlich gab man auch vor, daß sie, wie die Amazonen, mit der Haut derer Thiere, welche sie auf der Jagd erleget, oder gefangen hatte, bekleidet gewesen; und man gab ihr einen mit zwo Hindinnen bespanneten Wagen.

Diese Umstände hatten mit der Lebensart derer Amazonen eine allzu grosse Gleichheit, als daß sie ihnen nicht vorzüglich hätten gefallen sollen. Sie nahmen die Verehrung einer Göttinn, welche ihnen zum Muster, und zur Beschützerinn dienen konnte, eifrigst an; und machten ohnverzüglich, ihr Schlachtopfer zu bringen, den Anfang. Die erste Bildsäule, welche sie, ihr zu Ehren, errichteten (3), ward auf den Stamm eines Baumes gestellet. Sie verliessen aber diese Einfalt, welche nach den Charakter ihrer Nation schmeckete,
gar

(3) Dionys. Periegeta schreibt, ohne Wahrscheinlichkeit, daß sie ihr einen Tempel auf dem abgehauenen Stamme eines Ulmenbaumes errichtet; im 826, u. fgg. V. Es muß aber dieser Ort, durch den Callimach verbessert werden, welcher an statt des Tempels, einer Bildsäule Meldung thut; welches auch natürlicher wird. S. dessen Hymnum in Artemim, seu Dianam, V. 240, fgg.

gar bald. Sie legten den Grund zu dem prächtigsten Tempel (4), der jemals in ganz Asien, und vielleicht in der ganzen Welt, gewesen. Diese feyerliche Handlung ward mitten unter Freuden-Gesängen, und Ergötzungen derer Amazonen, welche dabey nach der Flöte, und mit einem regelmäßigen, und nach dem Wohlklange abgemessenen Aneinanderschlagen der Lanzen, und Schilde, tanzeten, vorgenommen. Callimach bemerkt, daß das Instrument mit verschiedenen Röhren (5), welches man denen Priestern der Göttinn Cybele, (Corybanten) und Wald-Göttern, (Satyren) an den Mund giebt, und wornach sich besonders gut tanzen gelassen, damals noch nicht erfunden gewesen sey. Das Getöse von dieser Lustbarkeit erscholl bis nach Sarden.

Die Verehrung der Dianen kam in Ruf, und verbreitete sich sehr weit. In kurzem ward der erste Tempel, den die Amazonen erbauet hatten (6), vor die grosse Menge sowol derjenigen, welche kamen, und der Göttinn opferten, als auch der Geschenke, die sie daselbst zurück liessen, zu klein.
Man

(4) Solin, im 53 Kap. Mela, im I B. Pausnias, Strabo, und andere.

(5) Es ist dieses die ingemein so genannte Kesselflicker-Pfeiffe. (Sifler de Chaudronnier).

(6) Nach dem Zeugniß des Callimachs, ist selbiger von der Königinn Hippo erbauet worden. Hygin aber nennt selbige Otrire.

Gesch. d. Amaz. K

Man errichtete deshalb einen andern, welcher weit räumiger war; nachher einen dritten, und einen vierten, welche, aus eben der Ursach, noch immer grösser angeleget wurden. Der letzte ward als eins von denen sieben Wunderwerken der Welt, angesehen (7), und man setzte ihn unter denenselbigen obenan. Der berühmte Baumeister, Ctesiphon (8), hatte den Riß davon verfertiget, welcher aber nicht eher, als nach Verlauf zweyer Jahrhunderte (9), ausgeführet werden konnte, ohnerachtet ganz Klein Asien zu denen Kosten dieses grossen Werkes beytrug. Daß selbiger nicht eher fertig geworden, daran war nicht sowohl die Grösse desselben, als vielmehr die Zierlichkeit, und Vollkommenheit der Arbeit, welche man sich dabey vorgesetzet hatte, Schuld. Es war selbiger zweyhundert und zwanzig Schritte breit, und vierhundert und fünf und zwanzig Schritte lang. Das gesamte Zimmerwerk daran, auch das Dach sogar, bestand aus Cedernholze; die Thore, aus beständig glatten, und glänzenden Cypressenholze; und die Treppe, welche auf das Gewöl-

(7) Hygin, im 223 Kap. Durch die Zeit, ist dasjenige, was Philo darüber schriftlich nachgelassen hatte, verlohren gegangen.

(8) Plinius, im 14 Kap. des XXXVI B. Strabo, und Vitruv, verstellen diesen Namen ein wenig: man sieht aber wohl, daß es derselbige ist. Es ist diese Beschreibung aus dem Plinius genommen.

(9) An einem andern Orte, schreibt Plinius von vieren; nemlich im 40 Kap. des XVI B.

Gewölbe führete, soll aus einem wilden Weinstocke, welcher auf der Insel Cyprus abgeschnitten worden, verfertigt gewesen seyn. Inwendig in diesem Gebäude, erblickte man hundert und sieben und zwanzig Säulen, welche von eben so viel fremden Prinzen, innerhalb zweyhundert Jahren, errichtet worden; und eben so sehr, ihrer verwegenen Höhe, und ihres Baues wegen, in Erstaunen setzten, als sie unbekannt, und unnachahmbar gewesen. Ohnerachtet ihr Fuß nicht ausserordentlich stark war, und sie nach und nach, bis zu ihrer äussersten Höhe, welche sechzig Fuß betrug, immer spitziger zuliefen; so war doch der Baumeister so künstlich gewesen, und hatte oben einen Knauf angebracht (10), welcher über sechs Fuß im Durchschnitte hatte, und ausserhalb der Säule überaus hervor ragete. Unter diesen hundert und sieben und zwanzig daselbst befindlichen Säulen, waren sechs und dreyßig, von oben nach unten, wunderschön ausgeschnitzt. Die Lage des Tem-

---

(10) Der letztere Herausgeber des Moreri, unter dem Worte *Ephese*, will in dieser Beschreibung des Plinius, die Erfindung der auf einem Fusse ruhenden, und mit Capitälen ausgeschmückten Säulen, antreffen. Ich getraue mir aber, zu behaupten, daß in dieser Stelle des Plinius, nicht das geringste, welches diese Bedeutung haben könnte, anzutreffen sey; und ausserdem ist dieses auch unrichtig, wie sich aus denen weit ältern Denkmählern Egyptens erweislich machen liesse. Damals war es, als die Griechen ihre Baukunst gelernet hatten.

Tempels war eben so merkwürdig, als die Schönheit seines Baues. Zur Verhütung der nachtheiligen Würkung der Erdbeben, welche sich von Zeit zu Zeit in den umliegenden Gegenden von Ephesus ereignen, hatte man selbigen eine viertel Meile von der See ab, auf einem sumpfigen Boden angeleget. Es stand nicht allein der Grund desselben auf Pfählen, sondern man hatte selbigen ausserdem auch mit Kohlen, und mit Schaaf=Fellen, zusamt der Wolle, beleget. Xerxes, welcher aus Grimm alle Tempel, die er auf seinem Zuge antraf, niederriß, verschonete doch diesen aus Ehrfurcht (11).

Die Bildsäule der Göttinn, war mit Rechte etwas noch weit erstaunenswürdigers, als alles übrige. Diejenige, welche den Bürgermeister Mutian, nach Ephesus begleiteten (12), hatten die Neubegierde, selbige in der Nähe zu untersuchen; und versicherten, daß sie aus einem mit Gold überzogenen Weinstocke (13) verfertiget gewesen, so wie sie solches durch Einen ihrer Priester verlangt hatte, indem dieses Holz unter allen das dauerhafteste ist; wie denn auch würklich, den gemeinen Nachrichten zufolge, selbige weit älter, als alle Bildsäulen des Herkuls, und des

Bachus

(11) Solin, im 53 Kap. der rerum memorab.

(12) Plinius, im 40 Kap. des XVI B.

(13) Dieser Umstand hat den Xenophon verführt, im fünften Buche seiner Cyropädie zu schreiben, daß selbige von Golde gewesen.

zu d. 149. S.

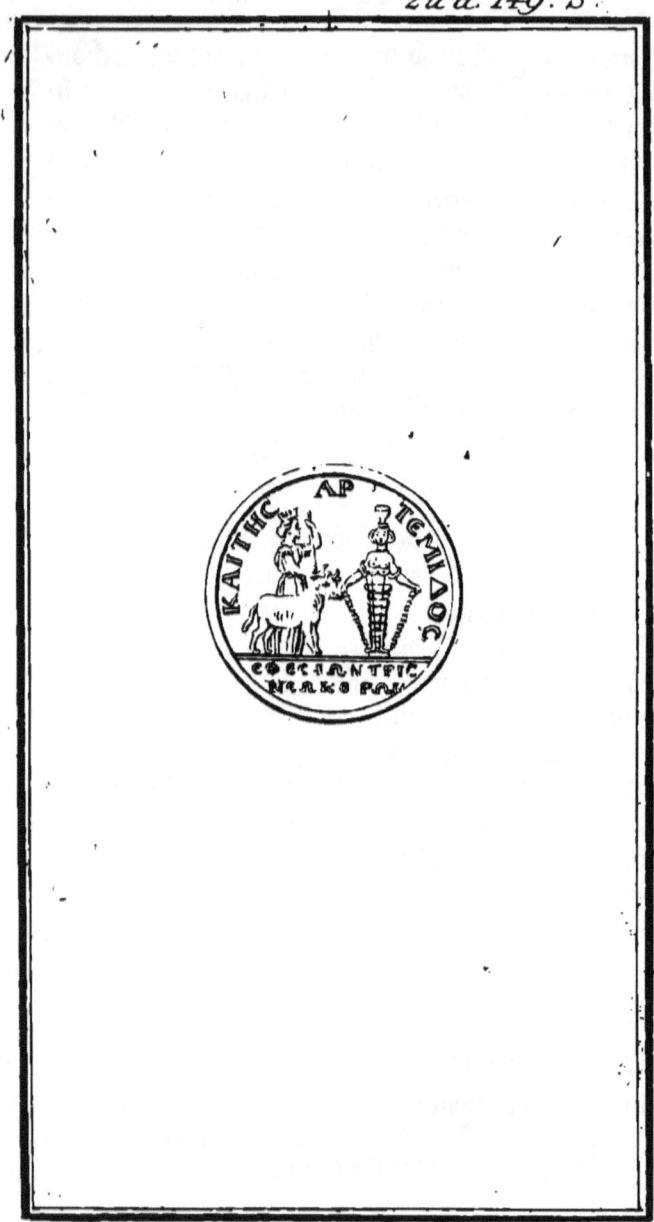

Bachus von Theben gewesen (14). Nichts desto weniger, war selbige in ihrer Länge durchbohrt; und man goß von Zeit zu Zeit, eine Art von gewürzhaften Oele, welches das Holz unterhielt, und dessen Verrottung hinterkte, hinein. Durch dieses Verfahren erhielt sich selbige, von der durch die Amazonen geschehenen Stiftung ihres ersten Tempels an, bis auf die Ausrottung des Götzendienstes, unter Constantin dem Grossen. Ohnerachtet binnen dieser Zeit der Tempel siebenmal verändert, oder wieder gebauet worden, so blieb doch beständig ein und eben dieselbige Bildsäule. Es stellte selbige ein Weibsbild (15), beynahe von der ordentlichen Grösse eines Menschen vor, welches einen Schleyer auf dem Kopfe hatte, der aber das Gesicht nicht bedeckete. Von der Brust, bis an die Füsse, war nichts, einem Menschen-Körper ähnliches zu bemerken: sondern ein blos unförmliches Stück, ohngefähr wie ein runder Säulen-Fuß, welcher mit acht, oder zehn, Ringen, von oben nach unten herunter, besetzt war. Diese Ringe waren mit allem, was in den Morgenländern nur köstliches an Perlen, Demanten, Rubinen, Sapphiren, Topasen

(14) Plinius, im 40 Kap. des XVI B. gedenkt eines Tempels der Dianen, welcher zweyhundert Jahre vor der Trojanischen Belagerung erbauet gewesen, und noch zu seiner Zeit gestanden hat.

(15) Man trift verschiedene dergleichen Abbildungen im P. Montfaucon, oder andern Denkmählern des Alterthumes an.

pasen und Smaragden zu finden war, ausgelegt; und zwischen selbigen war allemal eine Reihe von Brüsten, bis nach unten hinab, befindlich. Man leitet dieses von denen Amazonen her, welche die Brust, die sie sich abschnitten, der Dianen widmeten; und eben deswegen ward selbige Mammosa (16) genennet. Sie hielt die beyden Aerme ausgestreckt, und hatte in jeder Hand eine Schnur, woran verschiedene Edelsteine, oder Perlen, von einer ausnehmenden Grösse, aufgezogen waren, und welche bis zu unterst ihrer Füsse reichte.

Diesemnach kamen vornemlich drey Stücke zusammen (17), wodurch die Verehrung der Dianen zu Ephesis berühmt ward, und sie den Zunamen der Grossen, welcher beständig ihrem Namen voran gesetzt wurde, erhielt: 1. Die Pracht, Schönheit, und Reichthümer ihres Tempels, welcher weit würdiger war, als alle andere, die Gottheit zu ehren; und welcher seines gleichen nicht hatte. 2. Die Stadt Ephesus, welche eine der ansehnlichsten in Klein Asien, wegen der Menge ihrer Einwohner, der Kostbarkeit ihrer Gebäude, und der Grösse ihres Handels, geworden war. Die Sicherheit des Hafens, durch welchen man daselbst anlandete, zog sämtliche

Kauf-

---

(16) Minutius Felix, und der h. Hieronymus schreiben richtiger: Πολύμαστος mit vielen Brüsten versehen.

(17) Pausanias, im 31 Kap. des IV B. a. d. 357 S.

Kauffleute, theils aus Griechenland, und denen Inseln, theils auch von dem schwarzen Meere, dahin. Sie fanden daselbst einen geschwinden Absatz ihrer Waaren, und zogen dagegen andere, die sie bey sich nicht hatten, und mit Vortheil mit nach Hause brachten, heraus. 3. Die Epheser selbst, brachten, nach aller Möglichkeit, den Ruhm der Göttinn aus, indem sie die Wunderthaten, die sie unter ihnen verrichtet hatte, denen fremden Völkern bekandt machten. Ein jeder wollte gern in seinem Hause einen kleinen Tempel, oder eine Bildsäule der Göttinn, in Silber haben. Dieses verursachte eben den Aufstand, und heftigen Aufruhr, welchen die Goldschmiede der Stadt, wider den heiligen Paulus erregten (18), weil er öffentlich geprediget hatte, daß man dasjenige, was durch Menschen-Hände gemacht sey, nicht als eine Gottheit ansehen könne; und weil er gerade die Ehrenbezeigungen selbst, welche man der Dianen erwies, antastete. Die Epheser hatten ein Gesetz (19), vermöge dessen sie sich täglich, das Leben, und die Lehrsätze Eines derer Weisen, so sich durch seine Tugenden besonders hervorgethan, zu Gemüthe führen mussten; und ihre Stadt lieferte verschiedene dergleichen Beyspiele, indem selbige in jedem Fache berühmte Gelehrten hervorgebracht hatte (20). Darunter gehörten die

Phi-

(18) Ap. Gesch. im 19 Kap.
(19) Herodot. Dionys. Halikarn.
(20) Strabo, im XIV B. a. d. 950 S.

Philosophen: Heraklit, Metrodor, und Hermodor; der Geschichtschreiber Alexander, mit dem Zunamen Lychnus; der Dichter Hipponax, und die beyde berühmte Mahler, Apelles, und Parrhäs. Indessen hat man sie doch der Zauberkunst, oder der zauberischen Verblendungen, und des Hexens, oder der Bezäuberungen durch ich weiß nicht was vor geheime Künste, beschuldiget (21). Der merkwürdigste Umstand aber an ihnen, war die Liebe der Gleichheit. Es ist nie ein Volk dermassen davon eingenommen gewesen, als sie. Sie hatten es sich zu einem Grundsatz gemacht, nie einen Bürger, welcher die andern an Regelmäßigkeit seiner Sitten überträfe, unter sich zu dulden (22). Sie jagten folglich den Philosoph Hermodor, dessen Betragen, und Einsichten einer in Unordnung lebenden Stadt ein Anstoß seyn muste, von sich; daher dessen Freund, Heraklit sagte, daß die Epheser insgesamt des Todes würdig wären, weil sie einen so verehrungswürdigen Mann aus ihrer Gesellschaft gestossen hätten. Die Römer nahmen selbigen mit Freuden auf; und er brachte die berühmte Verordnung derer Zehen-Männer

(Decem-

---

(21) HUETIUS, in seinen Demonstr. a. d. 434 S.

(22) Strabo, im XIV B. a. d. 950 S. Cicero, im 36 Kap. des V B. der Quaest. Academ. Diogenes Laert. in der Lebens-Beschreibung des Heraklits.

(December), welche das Geſetz der zwölf
Tafeln genannt wurde, in Ordnung (23).

Der ſtarken Neigung wegen, welche die
Epheſer vor Dianen hatten, wurden ſie in ei=
nen Schmerz und Betrübniß, die nicht gröſſer
ſeyn konnten, geſetzet, als ſie ihren Tempel in
Rauch und Flammen aufgehen ſehen muſten. Ein
gewiſſer Menſch, Namens Heroſtrat (24), als
er weder in ſeinem Verſtande, noch übrigen Ga=
ben, das geringſte Mittel, ſeinen Namen auf die
Nachwelt zu bringen, und zu verewigen, erblicke=
te (25), fiel auf die Gedanken, dieſes prächtige,
und von der ganzen Welt bewunderte, und in Eh=
ren gehaltene Gebäude, in Brand zu ſtecken. Er
legte auch würklich Feuer an, und der Tempel ward
ziemlichermaſſen dadurch beſchädiget; weil man
aber aufs ſchleunigſte zu Hülfe kam, ward er nicht
völlig eingeäſchert. Die Bildſäule der Dianen,
ohnerachtet ſelbige nur von Holze geweſen, ſoll
von der Flamme im geringſten nicht angegriffen
geweſen ſeyn, und von der Zeit derer Amazonen
an,

(23) Plinius, im 5 Kap. des XIV B. *Pompon. J. C.
in L. 2. ff. de Orig. Jur. §. exactis.*

(24) Andere nennen ihn Hegeſtrat, Lygdamis, oder
Phlegias.

(25) Strabo, im XIV B. a. d. 949 S. Solin, im 53
Kap. der Rer. memorab. Plutarch, in der Lebens=
Beſchreibung des Alexanders, a. d. 665 S. Valer.
Max. im 14 Kap. des VIII B. no. 5. Aulus
Gellius, im 6 Kap. des 2 B.

an, bis zur Ausrottung des Götzendienstes gestanden haben (26). Dieses Unglück geschahe an eben dem Tage, da Alexander der Grosse geboren ward; welcher Umstand den Geschichtschreiber Timäus veranlaßt hat, im Scherz zu sagen (27), daß Diane, weil sie in diesem Augenblicke bey der Entbindung der Olympias beschäftiget gewesen, nicht gewußt habe, was unterdessen in ihrem Tempel vorgehe; oder wenigstens den Brand, welcher selbigen verheeret, nicht habe löschen können. Die Merkmahle davon waren noch zu der Zeit, als Alexander nach Asien gieng, zu sehen. Er erbot sich gegen die Epheser (28), auf seine Kosten den Schaden ausbessern zu lassen, und ihnen alles, was sie bereits an Kosten darauf gewendet, wieder zu erstatten, wofern sie ihm nur erlauben wollten, daß er dieses durch eine Aufschrift bekannt machen dürfte. Allein die Epheser schlugen ihm diese Ehre rund ab; und es unterstand sich einer von ihnen, aus Kurzweil zu ihm zu sagen, daß es sich vor einen Gott nicht schicke, eine andere Gottheit zu beschenken. Sie nahmen den neuen Bau mit dem größten Eifer vor, so daß ein jeder aus allem Vermögen dazu beytrug, und die Frauenspersonen sogar ihre liebste Kleinode, und Geschmeide dazu

her=

(26) Plinius, im 40 Kap. des XVI B.

(27) Beym Cicero, de Nat. Deor. im 27. Kap. des II B.

(28) Strabo, im XIV B. a.d. 949 S.

hergaben (29). Das Gebäude stieg demnach weit prächtiger, als es jemals gewesen, aus seiner Asche wieder hervor, und alle fürstliche Personen überhäuften es mit Ehrenbezeigungen, Geschenken, und Freyheiten. Die Priester, welche überhaupt Megabysen, oder Megalobysen (30), genannt wurden, waren Verschnittene, und wurden wegen der Regelmäßigkeit ihrer Sitten, in vollkommenen Ehren gehalten. Das Jahr über, da sie ihren Dienst versahen (31), enthielten sie sich des Badens, und verschiedener Nahrungsmittel, so sie für gar zu zärtlich, sinnlich, oder unrein hielten, und giengen niemals in andere Häuser, ausser in ihr eigenes. Sie standen denen Festen der Dianen vor, welche jährlich (32) gegen die Mitte

(29) Eben dergleichen hatte man gesehen, als Moses die Verfertigung der Stiftshütte, und des heiligen Geräthes, welches darinn seyn muste, in Vorschlag brachte. Die Zeiten haben sich hierinn gar sehr geändert.

(30) Casaubonus über diese Stelle des Strabo. Nach der Meynung anderer scheint es indessen, daß Megabysus der Name eines einzelnen Priesters gewesen, von dem man eine Geschichte, bey Gelegenheit der Laerzischen Lebens-Beschreibung vom Xenophon antrift. Plinius, im 10 und 11 Kap. des XXXV B. Quintilian, im 12 Kap. des V B. und Appian, im IV B. de bello ciuili.

(31) Pausanias, im 13 Kap. des VIII B.

(32) S. ALEXAND. AB ALEXANDRO, im 18 Kap. des III B. der Genial. dier. mit Tiraquells Anmerkungen.

Mitte des August-Monates, mit einer ausserordentlichen Pracht, und Herrlichkeit, gefeyret wurden, und waren dabey in Begleitung einer grossen Anzahl junger Mädgen, welche sich der Göttinn gewidmet hatten, deren ehrbarer Aufzug einen Eindruck der Sittsamkeit verursachete. Der Tempel hatte, so wie die Tempel derer vornehmsten Gottheiten, das Recht einer Freystatt (33). Anfänglich erstreckte sich selbiges nur blos auf den Bezirk seiner Mauern. Alexander erweiterte es bis auf ein Stadium im Umkreise. Mithridates Eupator, König in Pontus, ließ selbiges noch etwas weiter gehen (34). Marcus Antonius gab doppelt so vielem Platze, ja selbst einem ganzen Theile der Stadt, dieses Recht. Allein, die Epheser stelleten dem Tiberius den Misbrauch dieser Ausdehnung der Freyheit vor, als welche dem Laster, und der Erlassung der Strafe, Thür und Thor öfnete. Dieser Kayser schränkte also das Recht der Freystatt wieder in seine erstere Grenzen ein. Wann ich nicht, mich von meinem Zwecke allzuweit zu entfernen, befürchten müste, wollte ich gern die vortrefliche Nachricht des Herrn von Tournefort (35), wegen des ehemaligen, und gegenwärtigen Zustandes der Stadt Ephesus, und ihres Tempels, hieher setzen.

(33) Horaz, in der 9 Ode des II Buches.

(34) Strabo, im XIV B. a. d. 950 S.

(35) Man findet sie im 22 Briefe seiner Voyage du Levant.

ßen. Dieser gelehrte Reisebeschreiber, hat nicht das geringste von sämmtlichen Begebenheiten, welche sowohl das eine, als andere, theils in den ältern, theils auch in den mittlern Zeiten, betreffen, aus der Acht gelassen. Die Gelehrten werden daraus noch ihre Erkenntnisse erweitern können; und diejenige, welche blos zu ihrem Vergnügen lesen, werden ebenfalls dabey ihre Befriedigung erhalten.

Der Handel, in dem die Amazonen zu Ephesus, mit denen Seestädten des schwarzen Meeres, darüber sich ihre Herrschaft erstreckte, standen, brachte den Dianen-Dienst ebenfalls dahin. Die Halb-Insel, (Chersonesus Taurica) war der Ort, wo selbiger am berühmtesten ward. Die Göttinn hatte einen Tempel in der Stadt Heraklea (36), und Priesterinnen, welche eben so ordentlich, und regelmäßig, wie die zu Ephesus, lebeten. Die Opfer aber waren daselbst verschieden. Hier opferte man ihr blos (37) die Früchte von der Jagd, und vom Fischfange; Kuchen von reinem Mehl, und die Erstlinge vom Felde (38). Die Opfer, welche man ihr in Tauris bar-

(36) Strabo, im VII B. a. d. 474 S.

(37) CALLIMACH. in Dianam. Natalis Comes, im 8 Kap. des III B.

(38) Man opferte ihr auch Ochsen, wie aus einer Münze der Kayserinn Julie zu ersehen, worauf man eine Amazone erblickt, welche dergleichen Thier der Dianen darbringt. Man findet die Kupfer-Abbildung davon, neben der 149 Blatseite dieses Werkes.

darbrachte, waren der Grausamkeit derer Scythen, und dem Blutdurste derer Amazonen gemäß. Als unversöhnliche Feindinnen von denen Griechen, setzten sie vest, alle diejenige, welche von ohngefähr, oder des Handels wegen, die nordliche Küsten des schwarzen Meeres betreten würden, der Göttinn als Opfer darzubringen (39): in bester Ueberzeugung, daß sie, als ihre Beschützerinn, das Blut ihrer Feinde, zu den Füssen ihrer Altäre mit Vergnügen fliessen sähe. Man hat die Geschichte von der Iphigenia, welche nach Tauris, als Priesterinn der Dianen zu dienen, geschickt worden. Man weiß die Gefahren, in welche ihr Bruder Orest, nebst dem Pylades, gerathen; und die Art, wie sie sich alle drey, mit Hinwegnehmung der Bildsäule der Göttinn, in Sicherheit gebracht.

Dritter Abschnitt.

Die Stadt Smyrna, nebst deren umliegenden Gegenden.

Die Amazonen, als Beherrscherinnen von Jonien, liessen sich nicht blos an den Verschönerungen der Stadt, welche sie sich, um daselbst den

---

(39) Herodot, im IV B. Strabo, im V B. a. d. 366 S. Hygin, im 120, und 261 Kap. Callimach, in Dianam. Servius, über das II B. der Aeneis, n. 13. Tertull. in Scorpiaco, K. 7. S. 624. und andere.

den Siß ihrer Oberherrschaft aufzuschlagen, erwählet hatten, begnügen: sondern, sie erbaueten, oder besserten auch einige andere, von denen man sie als die Stifterinnen ansahe, aus. Hierunter gehörte Smyrna, welches seinen Namen von einer Königinn derer Amazonen, welche das Werk führete, erhielt (40). Es lag selbige an der Einfahrt des Flusses Hermus, oder Meles, ohngefähr achtzehn Meilen jenseit Ephesus, in einer so angenehmen, als zum Handel bequemen Gegend. Der Sicherheit ihres Hafens wegen, den der Meerbusen abgab, ward sie zu einer vollkommenen Handelsstadt, und endlich auf Ansuchen der Epheser, mit unter die zwölf grosse Städte in Jonien (41) gerechnet, welche durch das Band einerley Ursprunges, und vor Alters auch einerley Namens, mit einander vereiniget waren. Ihre berühmten Weine, und der Ueberfluß an Korn, welches daselbst eingeerndtet wurde (42), locketen nicht allein die Griechen, sondern auch die Völker vom schwarzen Meere herbey, und es fanden selbige in ihren Jahren des Kornmangels, allda eine sichere Hülfe. Sie vergrösserte sich solchergestalt in gar kurzem, und ward dadurch, daß sie weiter nichts, als ihren Ueberfluß abgab, ungemein reich. Ihr Ruhm, und Reichthum setz-

ten

(40) STEPHAN. BYZANT. unter dem Worte Smyrna.

(41) Strabo, im XIV B. a. d. 939 S.

(42) Herodot. im 5 Kap. der Lebens-Beschreib. Homers. Strabo, im XIV B. a. d. 945 S.

ten sie öfters in grosse Verlegenheiten. Nach der Herrschaft der Amazonen, bemächtigten sich die Aeolier, als welche, ein vorzügliches Recht darauf zu haben, vorgaben, derselben, und hielten sie eine geraume Zeitlang besetzt. Die Jonier aber nahmen sie ihnen, durch die Gewalt der Waffen, ab. Sie ward darauf der Schauplatz des Krieges zwischen diesen beyden Völkern (43), welche selbige als zinsbar haben wollten, und die beständige Feindseligkeiten, denen sie ausgesetzt war, hatten sie damals, als sie Alexander der Grosse besuchete, in klägliche Umstände versetzet. Es gieng diesem Prinzen nahe, als er die Trümmer, eines in aller Absicht so vortheilhaften Ortes erblickte; und gab den Befehl, selbige aufzuräumen; bezwang die Urheber ihrer Zerstörung, und setzte sie solchergestalt in den Stand, ihren ersten Glanz wieder zu erhalten. Man ersieht dieses aus denen Lobes-Erhebungen, welche ihr zu Anfange des berühmten Smyrnischen Marmors (44) gegeben worden, woselbst sie eine sehr reiche und überaus mächtige Hauptstadt genannt wird.

Indessen behielt sie doch beständig Merkmahle, welche, zum Angedenken der Geschichte der Amazonen dieneten. Der Fluß Hermus, an dem sie erbauet war, wurde auch Thermodon genannt

(43) Strabo, im XIV B. a. d. 940 S.

(44) Selden, Prideaux, und Vaillant, haben uns gelehrte Auslegungen über dieses Denkmahl hinterlassen.

zu d. 101. S.

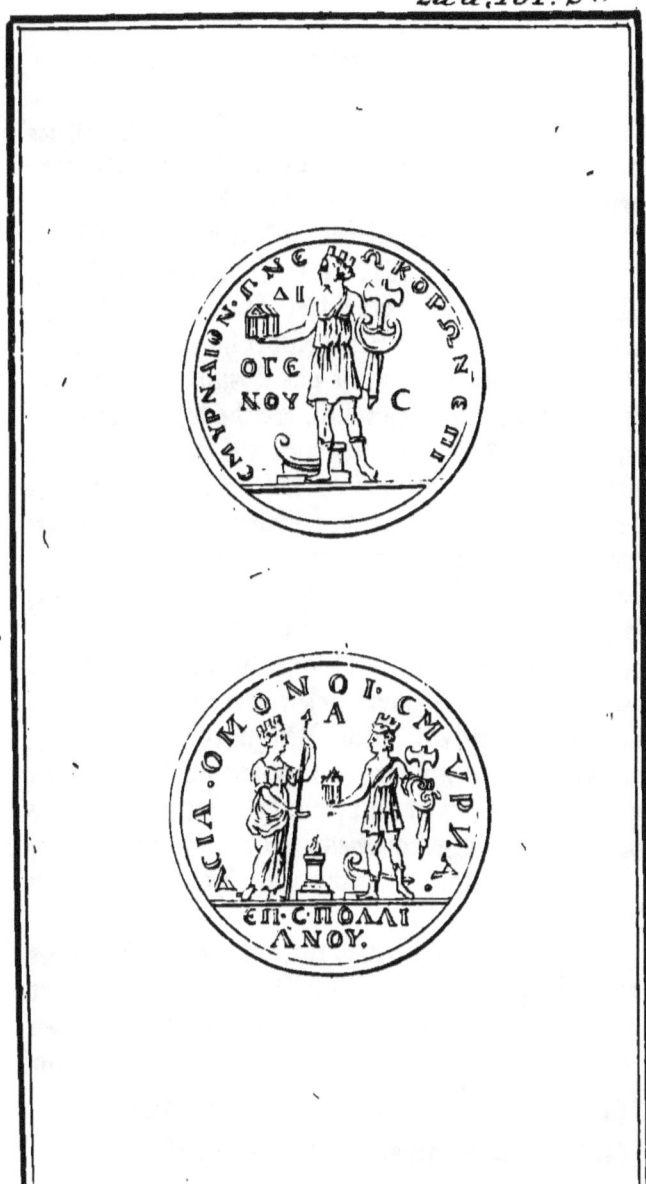

nannt (45), zur Anspielung, auf jenen Cappadocischen, von dem man wußte, daß die Amazonen von da her nach Jonien gekommen waren. Man hat noch verschiedene Smyrnische Münzen; deren eine (46), eine Amazone, in ihrem Waffen-Rocke, in ihrer linken Hand ihre Waffen, und in der rechten, einen Tempel haltend, vorstellt. Auf einer andern (47) ist das Brustbild einer von ihren Königinnen befindlich, welche die rechte Seite, blos, und eine Thurnkrone auf hat. Auf der entgegen stehenden Seite, trift man einen auf einem Schilde sich stützenden Löwen, als ein Zeichen der Stärke, und Herzhaftigkeit an. Auf beyderley Stücken siehet man, daß selbige zu Smyrna, so gar nachher, als Alexander diese Stadt wieder aufbauen lassen, geschlagen worden. Ohnerachtet die Einwohner diesen Herrn als den vornehmsten Stifter, und Beschützer ihrer Stadt, hätten ansehen müssen, so konnten sie doch diejenige, deren Tapferkeit sie bewundert hatten, und aus deren, über sie erhaltenen, Oberherrschaft sie sich eine Ehre machten, nicht aus ihrem Andenken bringen.

Der zwischen Smyrna, und Ephesus, oder vielmehr zwischen den Fluß Meles, und Cayster gelegene Platz, wurde ehedem die Ebene, oder der

Sumpf

(45) Pompon. Mela, im 7 Kap. des I B.
(46) Petit, de Amazonibus, a. d. 187 S.
(47) Eben daselbst, a. d. 237 S.

Sumpf von Asien genannt. Die Benennung Asiens (48), erstreckte sich noch nicht so weit, als heutiges Tages. Noch damals, als die Römer selbiges erobert hatten, ward nichts weiter, als die See-Provinzen des Hellesponts, und des Cyprischen Meeres, darunter begriffen. Einige schränkten selbige blos auf die Gegend zwischen den Berg Tmolus, den Fluß Meles, Cayster, und das Meer, ein. Blos auf diese Gegend, oder eine gewisse, unbekanute Stadt, welche daselbst den Namen Asiens führete, ist eine andere Münze (49), auf welcher man zwo Königinnen der Amazonen, nebst einer Umschrift, erblickt, welche etwa ein Bündniß zwischen der Stadt, oder der Gegend Asien, und Smyrna, bemerkt, zu deuten. Diese Denkmähler der Herrschaft der Amazonen, in Jonien, und Lydien, beweisen auf eine unwiderlegliche Art, die Zuverläßigkeit ihrer Geschichte. Denn, es wäre gar nicht begreiflich, daß so gesittete Städte, auf eine einmüthige Art, dergleichen Blendwerk, ohne dem geringsten Grunde, gemacht haben sollten.

Eine andere Bewandtnis aber hat es mit einer berühmten irrigen Nachricht, welche, aller Wahrscheinlichkeit nach, in diesem Lande ihren Ursprung genommen, und sich weiter verbreitet hat. Es ist nemlich die Erzählung von dem Schwanen-Gesan=

---

(48) S. Cellar, in seiner Geogr. antiq. B. III. K. 1. n. 9, u. 10.

(49) Petit, de Amazon. a. d. 238 S.

Gesange. Homer, welcher nach einiger Vorgeben, aus Smyrna, oder der umliegenden Gegend, gebürtig gewesen seyn soll, vergleicht (50) die Menge derer Griechen, welche zu der Belagerung von Troja gegangen, mit denen vielen Schwänen, Gänsen, und Störchen, welche sich auf denen Wiesen des Caysters, oder der sumpfigen Gegend von Asien, aufhielten. Man blieb aber nicht bey dieser Vorstellung, welche in dem Stück einigermaßen richtig seyn konnte. Man bildete sich ein, daß, so wie der Schwan, in Ansehung der vortreflichen Weiße seiner Federn, vor denen andern Vögeln einen Vorzug habe, er selbige auch durch die Lieblichkeit seines Gesanges übertreffe, oder übertreffen müßte. Da ihn aber niemand in der Nähe gehört hatte, so soll er, dem Vorgeben nach, nur alsdann singen, wann er sich, so hoch er nur irgend fliegen könne, in die Höhe schwinge (51). Es ist nicht zu läugnen, daß er alsdann ein gewisses Geschrey, ohngefähr so wie eine Gans, so jedoch weit angenehmer klingt, erhebe; und eben dieses Geschrey hat man, wegen der durch die Entfernung verursachten Verwirrung, für einen vollkommen lieblichen Gesang aus-

(50) Homer, im II B. der Ilias, V. 459, sqq.

(51) Virgil, im VII B. der Aeneis, V. 699 sqq.
Ceu quondam niuei liquida inter nubila cygni,
Cum sese è pastu referunt, & longa canoros
Dant per colla modos; sonat amnis, & Asia longe
Pulsa palus.

ausgegeben. Andere sind der Meynung gewesen, daß er nur blos einen Augenblick vor seinem Tode sänge (52). Dem Plato zufolge, glaubte Sokrates, sein Lehrer, dieses dermassen steif und vest, daß er daraus Veranlassung genommen, eine Lehre vor die Menschen herzuleiten, als denen er die Furcht vor dem Tode verwies, da sie doch der Schwan lehre, wie sie sich darüber freuen sollten; dieweil er ihnen ein Bote, von der durch ihn zu geschehenden Vereinigung des Menschen mit der Gottheit sey. Der römische Redner erkennt (53), daß man in den vorigen Zeit Recht daran gethan habe, diesen Vogel dem Apollo zu widmen, dieweil er von selbst das Ende seines Lebens, welches denen Weisesten in der Natur verborgen sey, ankündige. Diese für wahr angenommene Meynung hat veranlaßt, daß man selbigen zum Sinnbilde der Menschen von ausserordentlichen Vorzügen gemacht hat. Sokrates, heißt es, meldet (54), daß er einen jungen Schwan im Traume gesehen, welcher sich auf seinen Knien ausgeruhet; da er denn einige Augenblicke nachher wieder aufgeflogen, und die Luft mit seinen wohlklingenden Gesängen angefüllet. Worauf er zum Vater des Plato gesaget, daß sein Sohn ein Gegenstand der Bewunderung bey der ganzen Welt werden würde. Horatz sprach in seinem Alter,
so

(52) Plinius, im 23 Kap. des X B.
(53) Cicero, in seinen Quaestion. Tusculan.
(54) Pausanias, im 30 Kap. des I B.

so sinnreich, als ruhmwürdig, daß er bereits fühle, wie die Haut an seinen Füßen hart werde, die Federn auf seinen Aermen und Schultern hervorkommen; und wie er demjenigen Augenblicke, da er in einen Schwan verwandelt werden würde, nahe sey (55). Endlich hat man auch diesen Vogel, wegen der vermeyntlichen Annehmlichkeit seines Gesanges, als ein Sinnbild bey den Apollo, den Gott der Musik, gesetzet (56). Zephir beseelte die Schwäne durch seinen Hauch, und es veranlaßten selbige das Hüpfen derer Liebes-Götter, auf denen Seen, und Flüssen. Indeß kann man doch auch nicht in Abrede seyn, daß nicht verschiedene unter denen Alten, welche nicht so leichtgläubig gewesen (57), sowohl alles, was man von denen Schwänen behauptet i), als auch die

(55) Horatz, in der 17 Ode, des II B.

(56) S. Philostrats 9 u. 11tes Kap. seiner Iconum, nebst den Anmerkungen des Olears.

(57) Plinius, im 23 Kap. des X B. Pausanias, im 20 Kap. des I B.

i) Man kann über den Schwanen-Gesang folgende Abhandlungen zu Rathe ziehen: P. Abhandlung von dem Schwanen-Gesange: st. im 34 St. der Hannover. gel. Anz. a. d. J. 1750, S. 133-136. Zusatz zu voriger Abhandlung vom Schwanen-Gesange: st. im 73 St. derselben, v. J. 1751, S. 658. *Fr. Lachmund Obs. de cygni lingua ossea*, st. in den Misc. Nat. Cur. A. 1673, & 1674, Obs. 179. *Tho. Bartholini diss. de cygni anatome, nunc aucta à Casp. Bartholino*

die Verwandlung des Cyknus, des Sohnes eines Königs in Ligurien, für eine bloße Fabel sollten angesehen haben.

Vierter Abschnitt.
Die Stadt Thyatira.

Es geben zwar so wenig die ältere Geschicht- als Erdbeschreiber, denen Amazonen die Ehre, und erwähnen, daß sie zu denen Mauren von Thyatira beygetragen haben; indessen ist dieses ein Umstand, der ihnen, so wie verschiedene andere, unbekandt gewesen seyn kann; uns aber aus unwidersprechlichen Denkmählern bekandt geworden ist. Die Münzen stehen wenigstens in einem eben so grossen Ansehen, als Schriftsteller; und öfters sieht man sich genöthigt, letztere durch die erstern zu erklären, und zu berichtigen. Nun sind uns verschiedene dergleichen übrig geblieben (58), auf welchen bewafnete Amazonen, mit der Umschrift der Bewohner von Thyatira, vorgestellet werden. Wann selbige mit denen Amazonen nicht das geringste gemein gehabt, und sie selbige nicht durchaus, oder zum Theil, als ihre Stifterinnen angesehen hätten, würden sie dieselben gewißlich nicht auf ihre Münzen gesetzet haben. Da sie sich

kino F. Hafn. 1668, 8vo. wird in den Philosoph. Transact. Vol. IV. for the year 1669, Numb. 50, S. 1021, recensirt. A. d. Uebers.

(58) Petit, de Amaz. a. d. 253, u. fgg. S.

zu d. 162. u. 166. §.

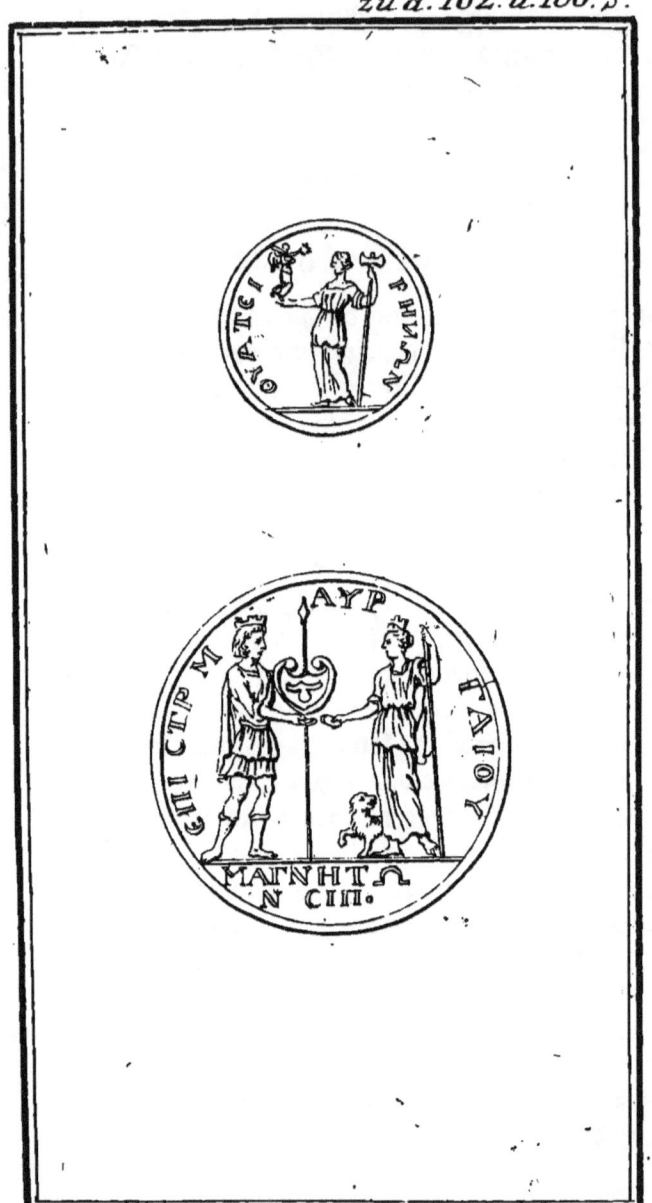

sich aber, sogar in den letztern Zeiten, eine Ehre daraus gemacht, so ist daraus zu ersehen, daß sie ihnen die Grundlegung, oder die Vergrösserung ihrer Stadt zugeschrieben haben müssen.

Fünfter Abschnitt.

Myrine, Cuma, Paphos, und andere.

Man hat diese drey Städte, eben so zuverläßigen Nachrichten zufolge, als Ephesus und Smyrna, bey denen nicht der geringste vernünftige Zweifel statt finden kann, zugeschrieben (59). Die Aehnlichkeit derer Namen, und die Versetzung der Buchstaben haben verursacht, daß Smyrna, und Myrine mit einander verwechselt worden; es ist aber gewiß, daß dieses zwo verschiedene Städte gewesen. Die erstere machte einen Theil von Jonien aus; und die zwote lag in der Aeolischen Gegend. Es hatte letztere ihre Benennung (60) von einer Königinn derer Amazonen, Namens Myrine, erhalten, deren Grabmahl man auf einer Ebene von Troas antraf, und welche sich wegen ihre Stärke, Leichtigkeit, und Beherztheit, berühmt gemacht hatte.

Cuma, welche sonst auch Cynie hieß, lag in eben der Provinz Aeolien, und dienete zum Ange=

---

(59) Strabo, im II B. a. d. 771 S. STEPHAN. BYZANT. unter dem Worte Cuma.

(60) Eben ders. im XIII B. a. d. 924, u. 859 S.

Angedenken der Amazone Cymee (61), welche selbige, auf dem erstern, vom Pelops gelegten Grunde erbauet hatte. Sie ward nachher von einer Colonie Griechen, welche sich, als sie aus der Belagerung von Troja kamen, daselbst niedergelassen hatten, vergrössert (62); und zuletzt machte selbige Larissen die Ehre des Vorzuges, unter den dreyßig Städten, aus denen Acolien bestand, streitig. Man erzählt zwey Umstände, welche eine schlechte Ueberlegung bey ihren Einwohnern anzeigen. Es waren beynahe dreyhundert Jahre seit der Erbauung ihrer Stadt verflossen, als sie zum erstenmal den Einfall bekamen, sich die Gebühren der Ein- und Ausfahrt bezahlen zu lassen. Wegen der Nachläßigkeit, die sie in diesem Stücke bewiesen hatten, sagte man, daß sie es noch nicht gemerkt hätten, daß ihre Stadt am Ufer des Meeres gelegen gewesen. Der zweete Umstand giebt eine noch viel grössere Einfalt, als der erstere, zu erkennen. Sie hatten eine gewisse Geldsumme, im Namen der Republik aufgenommen, wogegen sie ihre bedeckte Gänge (Hallen) verpfändet hatten. Als sie zur gesetzten Zeit nicht wieder bezahlen konnten, glaubten sie, daß sie nunmehro nicht mehr unter diesen öffentlichen Gängen spazieren gehen, oder darunter weg laufen dürften; und es unterstanden sich auch sogar nicht einmal diejenige, welche etwa von einem Regen waren überfallen worden, daselbst

(61) Mela, im I B. im 18 Kap.
(62) Strabo, im XIII B. a. d. 922, u. fgg. S.

selbst unter zu treten: sondern, ihre Gläubiger musten ihnen die Versicherung geben, daß sie sich einer Bequemlichkeit, welche sie mit denen Fremden gemein hätten, dreustiglich bedienen könnten; und durch einen öffentlichen Bedienten ausrufen lassen, daß ihnen diese Freyheit im geringsten nicht verwehret sey. Dieser Umstand gab Gelegenheit, sie deswegen aufzuziehen, und zu sagen, daß man sie erinnern müsse, vor den Regen unter zu treten. Cuma brachte indeß doch grosse Männer hervor. Es ward daselbst der berühmte Ephorus gebohren, welcher, nachdem er den Isokrates zu seinem Lehrmeister gehabt, nachher selbst eine Anweisung zur Redekunst, und jenes grosse Werk über die Geschichte, welches zum öftern, und mit Lobeserhebungen, von denen Alten angeführt wird, geschrieben. Zum Unglück aber sind beyderley Schriften, durch die Zeit, verlohren gegangen. Hesiod meldet, daß er von Cuma gebürtig gewesen, indem er schreibt, daß sein Vater diese Stadt verlassen, und sich nach Böotien gewandt habe. Man muthmaßt, daß auch Homer selbige zu seinem Geburts-Ort gehabt.

Nach dem Strabo gehört Paphos ebenfalls unter die von denen Amazonen erbauete Städte; allein weder er, noch ein einiger von den ältern Schriftstellern, haben etwas zuverläßiges wegen dieser Stadt hinterlassen. Man weiß von keinem andern Paphos mehr, als von dem auf der Insel Cypern belegen gewesenen.

Ich könnte hier noch gar leicht eine Menge von Städten, und Oertern (63), welche das Andenken derer Amazonen aufbewahret haben, oder aus Ursachen, welche wir anjetzt nicht mehr wissen, nach ihnen genannt worden sind, nahmhaft machen. Verschiedene Münzen, oder Zeugnisse derer Alten, dienen hiervon zum Beweise. Da mein Vorsatz aber nicht sowol dahin gerichtet ist, eine Abhandlung vor die Gelehrten, als vielmehr nur eine vor gemeine Leser angenehme Geschichte zu liefern, so übergehe ich alle kritische, trockne, und mit meinem Zwecke in keiner nähern Verbindung stehende Untersuchungen. Nur dieses muß ich noch bemerken, daß der Name, und das in dem größten Theile Klein Asiens verbreitete Angedenken derer Amazonen, ihre Würklichkeit auf eine ganz unwiderlegliche Art bestätige.

(63) Magnesie, Amisus, Amastris, Synope, Pythopolis, Prine, Mitylene, Myrlea, Amasie, Clete, Cynna, Hierapolis, Thiba, und andere, welche man im Gorop, und Petit, nachsehen kann.

Das

Das sechste Kapitel,
Von denen Gräbern, oder Grabmählern derer Amazonen.

Je mehr man alles dasjenige, was auf die Geschichte derer Amazonen eine Beziehung hat, untersucht, um desto mehr muß man sich verwundern, wann man ihre Würklichkeit so vielmal in Zweifel gezogen siehet. An der Würklichkeit derer Helden des Alterthums zu zweifeln, läßt sich niemand in den Sinn kommen, weil man ihre Thaten und Unternehmungen bey verschiedenen Schriftstellern lieset; hierinn haben selbige mit denen Amazonen einerley Vorzüge, und es muß dieses bey letztern sowol, als jenen, einen Beweis abgeben. Hingegen haben die Amazonen, in Ansehung der Denkmähler, welche viele Jahrhunderte nach ihnen vorhanden geblieben sind, und bey denen sich nichts falsches, noch untergeschobenes, argwohnen läßt, vor jenen grossen Männern etwas voraus, indem dergleichen bey denen mehresten unter ihnen wegfällt.

Ausser denen Städten, Gegenden, und besondern Oertern, welche die Benennung, und das Angedenken von ihnen behalten haben, hat man auch noch einige von ihren Gräbern in verschiedenen Län-

Ländern angetroffen, welche zum Gedächtnis ihres Ruhmes, und ihrer Kriegszüge, dieneten. Es war gemeiniglich die Gewohnheit bey denen Alten, denen Oertern, welche durch vorzüglich wichtige Begebenheiten berühmt geworden waren, und vornemlich denen Grabstätten grosser Personen, gewisse Merkmahle beyzufügen. So errichtete Jakob ein steinern Mahl an dem Ort, wo er das geheimnisvolle Gesicht der Engel, welche von dem Himmel herniedergestiegen waren, um ihm den Seegen des HErrn über seine Nachkommenschaft zu verkündigen, im Traume gehabt hatte (64). Eben dergleichen that er an dem Orte, wo er mit Laban einen Bund machte, zum Zeichen ihrer Wiederversöhnung (65). Zur Erhaltung des Andenkens des Ueberganges über den Jordan, befahl Josua, daß man grosse Steine auf denjenigen Ort, wo die Israeliten, durch ein, dem Durchgange durch das rothe Meer, ähnliches Wunderwerk, durch den Fluß gegangen waren, zusammen zu tragen (66). Eben dergleichen Gebrauch war auch bey denen fremden Völkern eingeführet. Die berühmten Pyramiden in Egypten, dieneten zu Grabmählern derer erlauchten Fürsten dieses Königreiches. Herkules errichtete seine Säulen (67), welche nichts anders,

als

(64) 1 B. Mos. Kap. XXVIII. V. 18: u. Kap. XXXV, V. 14.
(65) Eben das. Kap. XXXI, V. 46, f.
(66) Josua IV, 3, fg.
(67) S. Strabo, im III B. a. d. 178. S.

als ein grosser Haufe von Steinen, und Erde, waren, wodurch er die Nachwelt benachrichtigen wollte, daß er mit seinen Thaten bis an die äussersten Enden von Afrika gekommen war. Endlich bezeichnete auch Alexander den Grenzort seiner Eroberungen, durch die Altäre, welche er jenseit des Hypasis aufrichten ließ (68). Diese Gewohnheit ward durchgängig, in Ansehung derer Grabmähler solcher Personen, welche in ihrem Leben ansehnliche Ehrenstellen bekleidet, oder sich durch vorzügliche Tugenden besonders hervorgethan hatten, beobachtet. Man begrub selbige unten an, oder oben auf einem Berge (69), woselbst man mit Fleiß Hügel aufwarf. Bisweilen errichtete man ihnen auch Säulen, oder Pyramiden. Dergleichen Ehrenbezeigungen nach dem Tode, hatten nun auch allerdings die Amazonen, ihres Standes, und grossen Thaten wegen, verdienet: und es wiederfuhren ihnen selbige nicht nur von denenjenigen, mit denen sie Freundschaft gepflo-

(68) Arrian, in seinem Buche de exped. Alex. B. V. Kap. 28. u. in Indicis, Kap. 2. Philostrat, im letzten Kap. des XI B. der Lebens-Beschreib. des Apollonius. *Ambrosiaster*, de moribus Brachman.

(69) Bey denen Vorfahren, wu..... die Vornehmen entweder unter hohen Bergen, oder auf denen Bergen selbst, begraben. Dieserhalb richtete man, bekannter massen, über die Leichname, entweder Pyramiden, oder auch grosse runde Säulen, auf. SERV. über den 849 V. des XI B. der Aeneis.

gepflogen hatten, oder auf deren Seite sie gewesen waren; sondern auch von ihren geschworensten Feinden. Bey diesen letztern überwog die Bewunderung, die Empfindung des Herzens.

Ohnweit dem alten, und unglücklichen Schlosse Ilium (70), war das Grabmahl der Königinn Myrine, deren Tapferkeit, und ungemeine Behendigkeit im Laufen man im geringsten nicht vergessen hatte, anzutreffen. Ohnerachtet das Volk diesen Ort nach der Batia, einer Tochter des Königes Teucer, und Gemahlinn des Dardanus, Batina nannte (71), so belegten ihn die der alten Geschichte Kundige, doch lieber mit dem Namen der Prinzeßinn derer Amazonen. Neben diesem, ohnweit den Stadtmauern gelegenen, Denkmahl war es, wo der tapfere Hektor die erste Musterung derer Trojaner, und ihrer Bundesgenossen hielt. Diejenige, welche Myrinen die letzte Pflicht erwiesen, wollten, daß der blosse Anblick ihres Grabmahles, einen würdigen Begrif von der darinn aufbehaltenen vornehmen Asche beybringen sollte. Der Ort dazu, war durch einen von Menschen-Händen zusammengetragenen Haufen von Erde, welcher einen bereits von weitem in die Augen fallenden Hügel darstellete, erhöhet worden.

Die berühmte Penthesilee, welche in dem Gefechte mit denen Griechen, bey der Trojanischen

(70). Homer, im II B. der Ilias, im 811 u. fg. V.
(71) Eustath, über die eben angezogene Stelle.

schen Belagerung, ausnehmende Tapferkeit bewiesen hatte, bekam ein noch ansehnlicheres Grabmahl. Denn, nachdem die Trojaner ihren Körper, der Gewohnheit nach, und mit einem ausserordentlichen Gepränge, verbrannt hatten, ließ der König Priamus die Asche, in einer kostbaren Urne beysetzen (72); stellete selbige neben der Asche des Königes Laomedon; und ließ, um das Andenken dieser Prinzeßinn auf die Nachwelt zu bringen, einen sehr hohen Thurn daselbst aufführen. Neben ihr scharrete man die übrige Amazonen, welche sich vor die Trojaner aufgeopfert hatten, ein.

Auf dergleichen Art, die berühmte Kriegerinnen, welche ihr Blut vor sie vergossen hatten, zu ehren, trieb sie die Dankbarkeit. Darüber aber muß man sich besonders verwundern, daß man die Griechen, Denkmähler zur Ehre derer Amazonen, welche, um ihnen den Krieg anzukündigen, über das Meer herüber gekommen waren, errichten siehet. Und doch thaten sie dieses allenthalben, wo einige von ihnen durch die Waffen ihren Tod gefunden hatten.

Ehe man in Athen, durch das Jtonische Thor, eintrat, fand man auf dem Wege einen gewissen Ort, welcher die Amazonen-Gegend hieß (73), woselbst eine grosse Säule, einer Amazone zu Ehren, aufgerichtet stand. Der Geschichte

dieser

---

(72) Q. Smyrnaeus, im I B. im 796, u. fg. V.
(73) Plato, im Axiocho.

dieser ältern Zeiten zufolge (74), war dieses das Grabmahl der Hippolyte, oder Antiope, welche dem Theseus auf dem Kriegszuge des Herkuls gefolget war, und von dem Wurfspieße einer andern Amazone, Namens Molpadia, erleget wurde. So ungewiß man indessen, insonderheit in Ansehung derjenigen, welche daselbst begraben lag, ist: so ist doch soviel ausgemacht, daß Theseus dieses Gebäu zum Andenken einer Amazone, deren entseelter Körper daselbst geruhet, habe errichten lassen, indem die Säule, den Namen der Amazonen-Säule führete.

Das beständige Unglück, welches sie bey dieser Unternehmung begleitete, brachte die meisten von denenjenigen, welche dabey gegenwärtig gewesen waren, um das Leben. Ohngeachtet sie aber auf einem fremden, und im höchsten Grade feindlichen Boden waren, so wiederfuhren ihnen dennoch nach ihrem Tode Ehrenbezeigungen, welche zum Beweise der Ehrfurcht, und Hochachtung, so man gegen sie gehabt, dieneten. In Thessalien sahe man die Grabmähler dererjenigen, welche daselbst um das Leben gekommen waren, als sie in Attika einbrechen gewollt. Diejenige die in der Schlacht bey Athen geblieben waren, bekamen ihre Grabstätte neben der Antiope. Die Einwohner von Chalcis, in Euböa, zeigten das Grabmahl von sehr vielen andern, welche daselbst an ihren Wunden gestorben waren. Endlich war

(74) Plutarch, im Theseus.

war auch zu Megare (75), ein Grab, in Gestalt eines rautenförmigen Vierecks, worunter die Königin, welche die Amazonen in diesem Kriegszuge angeführet hatte, und welche, nicht von den Waffen der Feinde, sondern vor Schmerz, wegen des Verlustes ihrer Gespielinnen, gestorben war, begraben lag. Verschiedene Jahrhunderte nach dieser Begebenheit, fanden Soldaten (76), als sie bey Cherronea die Erde aufgruben, um ihr Zelt daselbst aufzuschlagen, die Bildsäule einer Mannsperson, welche Eine von diesen Kriegerinnen, so verwundet war, in seinen Aermen hielt; und der Fluß, welcher nahe an dieser Stadt vorbey floß, hatte lange Zeit hindurch den Namen Thermodon geführet, zur Anspielung auf den Fluß in Cappadocien, woselbst die Amazonen den vornehmsten Sitz ihrer Macht aufgeschlagen hatten.

(75) Eben das. und Pausanias, im I B.
(76) Plutarch, in der Lebens-Beschreibung des Demosthenes.

Gesch. d. Amaz.   M   Das

Das siebente Kapitel,

Von der denen Amazonen wieder-fahrnen göttlichen Verehrung.

Die Geschicklichkeiten, die besondere Wissenschaften, die Stärke, der Muth, und die Heldenthaten, veranlasseten alle Gottheiten bey denen Heyden. Oder, man kann auch sagen: die Heyden verehreten diese verschiedene Eigenschaften an denenjenigen, welche dergleichen in einem gewissen Grade der Vollkommenheit besessen hatten. Blos nach diesem Grundsatze muß man die Vergötterung derer Götter, und Halb-Götter, welche die Vielgötterey bey denen Alten hervorbrachten, beurtheilen. Es waren dieses Menschen, wie andere. Sie unterschieden sich aber durch einige ausnehmende Umstände. Die Nachkommen bewunderten ihre herrliche Thaten; die Zeit, und die Schmeicheley vermehreten die Lobeserhebungen. Man zog ihnen unvermerkt die Menschlichkeit aus; und nachdem man ihnen den Titul göttlicher Personen beygeleget hatte, setzte man sie endlich unter die Götter, und gab vor, daß sie von selbigen abgestammet wären; bis man ihnen zuletzt auch sogar Opfer gebracht.

Dergleichen nun wiederfuhr auch einigen Königinnen derer Amazonen. Es ist wider alle Wahrscheinlichkeit, daß sich eine einige unter ihnen für eine Tochter und Gemahlinn des Gottes Mars ausgegeben haben sollte. Sie stammeten ursprünglich aus dem Lande derer Scythen her, welche weder von der Religion, noch denen Gottheiten Griechenlandes etwas wußten, und welche blos das fürchterlichste Stück ihrer Waffen, nemlich das Schlachtschwerdt, anbeteten. Wegen der besondern Merkwürdigkeit aber der Lebensart derer Amazonen; wegen der Weisheit, und Klugheit ihrer Regierung; wegen der Standhaftigkeit, und Heftigkeit, womit sie ihr Vorhaben durchsetzten; wegen der Stärke, Beherztheit, und Unerschrockenheit, welche sie in denen Treffen von sich blicken liessen: sohe man ihre Königinnen, welche beständig die andern übertrafen, als Personen, so von einem göttlichen Feuer unterhalten, und getrieben würden, an. Orithye, Penthesilee, Myrine, Hippolyte, Ephese, und einige andere, wurden für Töchter, oder Gemahlinnen des Gottes Mars gehalten, zumahl, da man nicht zuverläßig wuste, wer ihre Väter, oder Männer, gewesen waren. Indessen rührten doch diese Zueignungen gar nicht von ihnen her: sondern, man muß sie von denen Griechen, und vornemlich ihren Dichtern, welche an Erfindungen derer Geschlechts-Register, und Abkömmlinge bey denen Göttern, ungemein fruchtbar gewesen, herleiten.

Dergleichen Vorstellungen giengen unter ihnen bereits damals, als die Amazonen, zur Rächung wegen des feindlichen Besuches des Herkules, welchen er in der Absicht, um den Gürtel ihrer Königinn hinweg zu hohlen, vorgenommen hatte, in Attika einfielen, im Schwange. Der Feindseligkeiten, und Verheerungen, welche sie in Thessalien, Phocis, Böotien, und dem Athenienfischen Gefilde ausübeten, ohnerachtet, konnte man sich doch nicht enthalten, ihre unerhörte Tapferkeit zu bewundern, und zu verehren. Man stand in der vesten Meynung, daß sie etwas Göttliches an sich hätten. Man glaubte, sie ohnumgänglich nach ihrem Tode beruhigen, und anrusen zu müssen; und die Athenienser setzten einen eigenen Tag im Jahre vest, daran ihnen öffentliche Opfer gebracht werden sollten. Dieses Fest gieng unmittelbar vor dem Feste des Theseus, welcher der berühmteste unter ihren Königen gewesen, vorher.

Klein Asien war blos durch die griechische Colonien, welche die Abkömmlinge des Hellen dahin geführet hatten, bevölkert worden. Es herrschten daselbst eben die Gemüthsart, Sitten, und Religion, die in Griechenland anzutreffen waren; man betete allda eben dieselben Götter an; und man war auch ebenfalls geneigt, sich neue zu machen. Die weit umher sich erstreckende Eroberungen derer Amazonen; die Anlegung, oder Vergrösserung verschiedener Städte; und ihre sanfte

Regie-

Regierung, vermogten die Einwohner Asiens dahin, selbige unter die Krieges- und wohlthätige Gottheiten zu setzen. Eben darauf gründeten sich auch die dem Saturn, Jupiter, Bacchus, Herkul, Mars, Bel, Decerto, und der Semiramis errichteten Altäre. Zwar melden uns die Schriftsteller älterer Zeiten, nicht das geringste, von der göttlichen Verehrung, welche man denen Amazonen in Asien erzeiget hat. Allein, man muß auch bemerken, daß sie uns, bis auf sehr wenige geheime Nachrichten, in eben solcher Unwissenheit, in Ansehung alles dessen, was sich in diesem Welttheile, vor der Zeit des Cyrus, zugetragen hat, lassen. Man muß also hiebey nothwendig die Münzen zu Hülfe nehmen. Nun lehren uns diese schätzbare Denkmähler, daß es Amazonen gegeben habe, welche mit unter die Göttinnen gesetzt gewesen. So wenige auch von diesen alten Münzen zum Vorschein gekommen, so weiß man doch, daß auf selbigen ein wesentlicher Unterschied in der Art, wie die Götter, oder die Menschen vorgestellet sind, beobachtet worden. Letztere waren beständig nach ihrem Stande bekleidet; die andern hingegen waren nacket, oder bloß mit einem leichten Gewande bedecket; wurden bisweilen von einer Wolke getragen, und waren allemal unter Begleitung derjenigen Eigenschaften, welche ihnen eigenthümlich gewesen, vorgestellet. Auf eben die Art mahlte man öfters die Königinnen derer Amazonen. Ein gewisses Smyrnisches Stück stellt Eine von diesen Prinzeßinnen, mit einer

Thurn-

Thurn-Krone, der Streit-Art in der Hand, auf einem, nach alter Art eingerichteten, Throne sitzend, und bis an den Gürtel fast ganz nacket, vor. Auf einem andern, welches zu Thyatira geschlagen ist, erblickt man eine am ganzen Vordertheile des Körpers ganz nackete Amazone, welche in der einen Hand eine zweyschneidige Streit-Art, und in der andern einen Oelzweig hält. Zu ihrer Rechten steht eine Bildsäule der grossen Diane von Ephesus. Wenn man diese Münze mit denenjenigen, welche Götter und Göttinnen vorstelleten, vergleicht; sieht man augenscheinlich, daß die Amazonen eben so wie letztere gemahlt gewesen, und daß ihnen mithin eben dergleichen Ehrenbezeigungen, in einer Stadt Asiens, von der sie als die Stifterinnen angesehen wurden, erwiesen worden.

Das

zu d. 182. S.

Das achte Kapitel,

Von dem Zeit=Alter, und der Dauer derer Amazonen.

Der minder wichtige Theil der Geschichte derer Amazonen, ist ohnstreitig der verworrenste, und dunkelste. Man sieht zwar offenbarlich die Unrichtigkeit derer Muthmassungen, oder Lehrgebäude, welche verschiedene, sowol ältere, als neuere Schriftsteller (77), über diesen Punkt geäussert haben; auf was für Art man aber selbige berichtigen müsse, läßt sich so geschwind nicht absehen. Man darf sich darüber eben nicht verwundern, daß die meisten der Warheit hierinn verfehlt haben, indem selbige die Zeitrechnungs=Geschichte Griechenlandes niemals gründlich erlernet haben.

Die vornehmste Schwierigkeit bestehet in Bestimmung des Zeit=Alters der Regierung derer Amazonen. Justin ist der einzige, bey dem man sich hierüber einiger maßen Raths erholen kann. Nach dessen Berichte (78), führete Tanaus,

---

(77) Nichts ist seltsamer, als, was man hierüber beym Petit, im 42 Kap. seiner Dissertation lieset.

(78) Justin, im 1 Kap. des I B. desgl. im 3 und 4 Kap. des II B.

naus, König in Scythien, seine siegreiche Waffen, bis nach Egypten, woselbst damals Ocroris herrschete. Er brachte alle diejenige Länder, welche diese beyde Königreiche von einander absonderten, unter seine Bothmäßigkeit; und es blieben selbige so lange unter der Herrschaft dieser nordischen Ausländer, bis sie Ninus, bey der Grundlegung des grossen Assyrischen Reiches, eroberte. Dieses geschahe etwas eher, als sechszehn hundert Jahre vor Christi Geburt.

Sechszehntes Jahrhundert vor Christi Geburt.

Lange nachher (79), fährt Justin fort, (ich nehme hieben eine Zeit von hundert Jahren an,) ereignete sich die Flucht des Plin, und Skolopit, welche, zur Ausweichung der Meuterey derer Grossen, welche sich gegen sie zusammen rottiret hatten, ihr Vaterland verliessen, und nebst ihren Ehefrauen, und einer Anzahl getreuer Freunde, nach das Land der Sarmater flüchteten, woselbst sie insgesammt niedergemacht wurden. Dieses veranlassete die Errichtung des Königreiches derer Amazonen, wie ich bereits oben erwähnt habe (80). Man kann solchergestalt sagen, daß dieses

(79) Justin schreibt: medio tempore. Es bedeutet aber dieser Ausdruck nichts, und nach der Uebereinstimmung anderer Geschichte, nehme ich die Zeit eines Jahrhunderts an.
(80) In dem zweyten Kap. gegenwärtiger Geschichte, auf der 52 Blatt.

ses ohngefähr funfzehn hundert Jahre vor Christi Geburt geschehen sey.

Bis soweit, streitet nichts mit andern zuverläßigern Begebenheiten, noch mit denen Regeln der Wahrscheinlichkeit, noch mit der Ordnung der Zeitrechnung, welche ich zu einer andern Zeit (81) dargethan habe, und welche zur Zeit noch keinen Widerspruch gefunden hat. Das Zusammentreffen der Griechischen Geschichte mit der Geschichte derer Amazonen, bestätigt die Warheit meiner erstern Behauptungen.

Funfzehntes Jahrhundert vor Christi Geburt.

Sobald die Amazonen, ihrer Menge nach, der Ausführung des gefaßten Entschlusses der Eroberung, gewachsen waren, ergriffen sie die Waffen gegen ihre Nachbaren; trugen soviel Siege davon, als sie Treffen geliefert, und drangen nach und nach bis an die Ufer des Thermodon vor. Der Eingang in klein Asien, ward ihnen, wegen der innern Schwäche des Assyrischen Reiches, leicht. Die würkliche Stärke dieses Reiches, war bereits mit der Regierung des Ninus, und der Semiramis, welche dieses Reich angeleget hatten, verschwunden. Nach ihnen schlichen sich

(81) Man sehe meine Geschichte derer Reiche, und Republicken, nebst den Zeitrechnungs-Tafeln, nach.

sich Verschwendung und Ueppigkeit, bey dem Hofe von Ninive, oder Babel, ein (82); und der Scepter ward, bey der Verachtung, darein er sich setzete, von Tage zu Tage schwächer. Die Unterthanen desselben, waren die einzigen, welche davor Scheu hatten; die Auswärtigen hingegen wageten alles, und es widersetzete sich der Fürst ihren Unternehmungen gar selten. Der damals auf dem Throne sitzende Regent, stellete dem Einfalle derer Amazonen in Cappadocien, nicht das geringste entgegen; wenigstens sehen wir keine Würkungen, die seine Gegenwehr gehabt; und es bemächtigten sich selbige solchergestalt des größten Theiles von Klein Asien, und nahmen denen Assyrern dasjenige, was ihr König Ninus denen Scythen weggenommen hatte, wieder ab.

Die Amazonen hatten eben diese Eroberungen zurückgeleget, oder waren vielmehr annoch damit beschäftigt, als Bacchus, Sohn der Semele, und Enkel des Cadmus, auf seinem Zuge nach Indien, einige von ihnen niedermachte, und sie mit in den Krieg gegen die Baktrier führete (83).

Vierzehntes Jahrhundert vor Christi Geburt.

In denen beyden folgenden Jahrhunderten, verbreitete sich ihr Ruhm, und ihre Macht, sehr weit.

(82) Justin, im 2 Kap. des I B. Diodor, im II B. a. d. 102 S.
(83) Polyän, in seinen Stratagem. B. I. K. 1. n. 3.

weit. Es bevölkerten damals die Abkömmlinge des Hellen, Klein Asien; sie errichteten daselbst einen Handel mit Griechenland, woraus sie ursprünglich abstammeten, und legten allda den Grund von verschiedenen Städten. Denen Amazonen aber war es aufbehalten, die Werke, die jene blos angefangen hatten, vollends zu Stande zu bringen. Sie brachten selbige, theils ungezwungen, theils mit Gewalt, unter ihre Oberherrschaft; sie erweiterten, und verschönerten selbige; brachten sie in Aufnahme, und setzten sie, durch gute Bevestungen, gegen feindliche Ueberfälle in Sicherheit. Dieses ist auf verschiedenen ihrer Münzen zu bemerken, als woselbst sie mit einer Thurnkrone auf dem Haupte, als einem Zeichen ihrer Aufmerksamkeit hierauf, vorgestellet sind.

Dreyzehntes Jahrhundert vor Christi Geburt.

Ihre Feldzüge, und kriegerische Eigenschaften, machten sie zu einem Gegenstande der Bewunderung bey denen auswärtigen Völkern. Die Griechen stelleten sich selbige, als Weibspersonen, welche ungemein fürchterlich, und weit gefährlicher, als alle Völker auf der Welt wären, vor. Dieser im Schwange gehende Begrif, veranlassete eben den Eurystheus, König zu Mycenen, den Herkul zur Hinweghohlung des Gürtels der Königinn der Amazonen, welche zu Themiscyra ihre

Resi-

Residenz hatte, auszuschicken. Seine sowohl, als seiner Gefährten Tapferkeit, brachten ihm, in dieser seiner Unternehmung, Glück: zog aber auch die Waffen derer Amazonen auf Griechenland nach sich. Es rächten sich letztere dieserhalb durch die erschrecklichste Verheerungen, die sie anrichteten; bevor sie nach Attika gekommen, woselbst ihnen das Glück zuwider war. Dieserhalb gieng auch Penthesilee, in Gesellschaft der beherztesten von ihrer Nation, vor Troja, woselbst sie insgesamt in Einer Schlacht um das Leben kamen.

Diese beyderley, fast zu gleicher Zeit sich ereignende, Unglücksfälle, richteten das Reich derer Amazonen zu Grunde. Sie verlohren sowohl in der einen, als andern Niederlage, ihre Königinnen, nebst ihren auserlesensten Truppen: und da es ihnen an Personen, diesen Verlust wieder zu ersetzen, fehlete, konnten die übrigen mit gar leichter Mühe unterdrücket, und ihnen dasjenige, was sie durch die Macht der Waffen erhalten hatten, wieder abgenommen werden.

Es blieb indessen doch noch in Cappadocien, eine Art von Abkömmlingen derer Amazonen übrig, welche die Sitten, und Gesinnungen der erstern an sich behielten. Es waren selbige annoch in dem Besitze einer ziemlichen Strecke Landes, zwischen Phasis, und das Gebirg Caucasius (84), als Alexander Asien eroberte. Thalestris,

---

(84) Q. Curtius, im 5 Kap. des VI B. Plutarch, in der Lebens-Beschr. des Alexanders. Diodor, im

lestris, ihre Königinn, welche von denen ausserordentlichen Wundern der Tapferkeit, welche den jungen Held in den Augen der ganzen Welt fürchterlich machten, vieles gehöret hatte, suchte ihn, unter Begleitung von dreyhundert Amazonen, in Hyrkanien auf. Bevor sie die Linien, welche die Verschanzungen derer Macedonier ausmachten, vorbey zog, schickte sie zu ihm, und ließ ihm sagen, daß eine Königinn, welche vor Verlangen, ihn kennen zu lernen, brenne, angekommen wäre, ihren Besuch bey ihm abzustatten, und nicht mehr weit von seinem Lager entfernt sey. Alexander erwiederte hierauf, daß es ihm ebenfalls ein Vergnügen seyn würde, sie zu sehen. Hierauf ließ sie ihr Gefolge von Pferd und Wagen still halten, und ritt, nebst ihren dreyhundert Gesehrtinnen, nach das Gezelt des Fürsten. Sobald sie ihn zu Gesichte bekam, stieg sie vom Pferde herunter, und gieng, zwo Lanzen in der Hand habend, um sich daran zu halten, gerad auf ihn zu. Der König ließ sie durch einen Dollmetscher fragen, warum sie hieher käme? Herr! antwortete ihm Thalestris: ich kann es Ihnen nicht verbergen, daß die Begierde, Nachkommen von Ihnen zu haben, der Grund sey, welcher mich hieher geführet hat. Sollte mir

im 17 B. a. d. 549 S. Justin, im 4 Kap. des XII B. Ich weiß, daß Applan, und Strabo, die Warheit dieses Vorfalles in Zweifel gezogen haben; allein, ihre Gründe beweisen in der That nichts.

mir die Natur eine Tochter schenken, so
will ich sie behalten, und nach unsern Sitten und Gebräuchen, erziehen lassen; sollte
es aber ein Sohn seyn, so will ich Jhnen
denselben, zu Jhrer Besorgung zurück sen-
den. Jch glaube, der Ehre, Erbfolger
Jhrem Reiche zu liefern, vollkommen würdig zu seyn! Alexander behielt die Prinzeßinn
dreyzehn Tage lang bey sich, und vergaß nichts,
was zu ihrem Vergnügen, in Ansehung der prächtigsten Opfer, und Schauspiele, welche er anstellen ließ, gereichen konnte. Er hätte sie gar zu
gern dahin vermogt, ihm auf seinem Feldzuge zu
folgen; allein sie entschuldigte sich desfalls, und
kehrete wieder nach ihr Königreich zurück k).

Endlich sollen auch, einigen Nachrichten zufolge (85), unter denen Truppen der Albanier,
damals, als Pompejus diese Völker schlug, und
ihren König in einer grossen Schlacht um das Leben brachte, Amazonen gewesen seyn. Dieses ist
der letzte Umstand, den man von der Geschichte
dieser berühmten Kriegerinnen antrifft.

Das

k) Man vergleiche hiebey die 73 S. gegenwärtigen
Werkes.

(85) Plutarch, in der Lebens-Beschr. des Pomp.
Appian, de bello Mithridat.

Das neunte Kapitel,

Von denen fremden, oder neuern Amazonen.

Mit der Zerstörung des Königreiches derer Amazonen in den ältern Zeiten, war demnach bey ihrem Geschlechte die Lust und Neigung, welche sie zur Unabhänglichkeit, in denen kriegerischen Verrichtungen hatten, nicht gänzlich ausgerottet worden. Es sey nun, daß beständig einige Spuren von ihnen in denen Gegenden des schwarzen Meeres vorhanden gewesen; oder, daß das Andenken des Ruhmes, den sie sich daselbst erworben, die Lust, selbigen nachzuahmen, wieder rege gemacht habe: so soll daselbst, nach der Erzählung Eines unserer Reisebeschreiber, eine Gesellschaft von ihnen, welche denen erstern ähnlich sind, leben.

Als ich mich in denen Gegenden des Gebirges Caucasus aufhielt, schreibt P. Archangelus Lamberti (86), lief eine schriftliche Nachricht bey dem Dadian, Fürsten von Mingrelien, ein, daß aus diesem Gebirge, Völker, welche sich in drey Haufen vertheilet, gekommen wären;

daß

(86) P. Lamberti, im 1 Th. der grossen Sammlung des Thevenot.

daß der stärkste, Moskau angegriffen, und die beyden andern sich in das Land derer andern Völker des Caucasus, derer Suanen, und Caratcholl, geworfen hätten; daß selbige zurückgeschlagen worden; und daß man unter denen Todten, viele Weibspersonen gefunden habe. Man brachte sogar dem Dadian die Waffen dieser Amazonen, welche ungemein schön anzusehen, und mit einer weiblichen Artigkeit ausgezieret waren. Es waren dieses Helme, Kürasse, und Armschienen von Harnischen, welche aus vielen kleinen über einander gelegten Eisenblechen bestanden. Die an dem Kürasse, und denen Armschienen, bedeckten sich, so wie unsere Federn an denen Blättern, und gaben also denen Bewegungen des Körpers ganz leicht nach. An dem Küraß war eine Art von Waffenrocke bevestigt, welcher ihnen bis auf die Mitte des Beines herab gieng, und aus einem wollenen Zeuge, so mit unserer Scharsche eine Aenlichkeit hatte, jedoch von einer dermassen hochrothen Farbe war, daß man es für den schönsten Scharlach gehalten hätte, verfertigt gewesen. Ihre Halbstiefeln, waren mit kleinen meßingernen Flitterlein, oder Plättgen besetzt, welche von innen durchbohrt, und mit starken, feinen, und auf eine besonders künstliche Art gedreheten Schnüren von Ziegenhaar, zusammen geheftet waren. Ihre Pfeile waren vier Spannen lang, über und über vergoldet, und am Ende ungemein fein verstählt. Sie giengen nicht ganz spitzig zu, sondern waren, an dem Ende, drey oder

vier

vier Linien breit, wie die Schneide an einem Meissel. Diese Amazonen sind zum öftern in Kriegen mit denen Calmuckischen Tartarn verwickelt. Der Fürst Dadian versprach denen Suanen und Caratcholi, die stärkste Belohnungen, wann sie ihm Eine von diesen Weibspersonen, wofern ihnen etwa dergleichen in die Hände gefallen wäre, lebendig hätten liefern können.

Der Ritter Chardin (87), welcher diese Gegend durchreiset ist, meldet, daß das Königreich Cacheti, ehedem verschiedene grosse Städte gehabt, und rechnet unter die Völker, welche selbige zerstöret hatten, auch die Einwohner des Gebirges Caucasus, und das Geschlecht derer Amazonen. Letztere, fügt er hinzu, stossen, nach Norden, an Cacheti. Ich habe niemanden gesehen, welcher in ihrem Lande gewesen; hingegen habe ich aus vieler Personen Munde, Nachrichten davon erzählen gehört; und man zeigte mir bey dem Fürsten eine grosse Frauen-Kleidung von einem dicken wollenen Zeuge, und von ganz besonderer Gestalt, deren sich eine Amazone, welche bey Cacheti in den letztern Kriegen um das Leben gekommen war, bedient haben soll. Ich hatte an einem gewissen Tage, eine ziemlich lange Unterredung hierüber, mit dem Sohn des Prinzen von Georgien. Selbiger sagte mir unter andern, daß jenseits Cacheti, fünf Tagereisen gegen Norden, ein grosses Volk

(87) In seiner Reise nach Persien, a. b. 124 S.

Volk gewesen, welches man fast gar nicht gekannt, und in beständigen Kriegen mit denen Cabmuckischen Tartarn verwickelt gewesen; daß alle Einwohner des Gebirges Caucasus, beständig mit einander Krieg führen, und daß es nichts helfe, Frieden oder Verträge mit ihnen zu errichten, indem dieses wilde Völker seyn, welche weder Religion, noch Gesetze, noch Policey haben. Diejenige, welche am nächsten an Cacheti wohnen, streiffen öfters bis dahin. Ich erzählte diesem jungen Prinzen dasjenige, was die Griechische und Römische Geschichte von denen Amazonen berichten; und nachdem ich eine Zeitlang darüber gesprochen, erwähnte er, daß dieses ein Volk von umher ziehenden Scythen, so wie die Turkomannier, und Araber, seyn müßte, welche die Herrschaft denen Frauenspersonen übertragen haben, wie die Achinoer thun; und daß sich diese Königinnen von Personen ihres Geschlechtes, welche ihnen überall nachgefolget, bedienen lassen. Wir begreiffen leicht, daß sie wie die Mannspersonen, und dazu auch eben so gut, zu Pferde gereiset: dieweil in denen Morgenländern alle Frauenspersonen reiten, und die Prinzeßinnen daselbst den Dolch an der Seite tragen.

Man findet in denen auswärtigen Geschichten verschiedene Beyspiele, welche damit eine Verwandtschaft haben. Libyssa (88), welche den Böh-

(88) Aeneas Sylvius, im 7 Kap. seiner Böhmischen Geschichte. Albert Cranz, im Chron. regnorum Aquilonarium, B. I. Kap. 8.

Böhmischen Thron, nach dem Tode ihres Vaters Crocus, bestiegen hatte, setzte sich, wegen der Art, wie sie ihre Unterthanen beherrschete, der Sonderheit ihrer Grundsätze ohnerachtet, in Verwunderung. In Ansehung des Antheils, den die Frauenspersonen an der Verwaltung des Staates gehabt, könnte man sagen, daß dieses die Zeit ihrer Regierung gewesen. Es blieb nicht bloß dabey, daß sie größtentheils den obersten Rath mit ausmachten; sondern, die mehresten ergriffen eine denen gewöhnlichen Beschäftigungen ihres Geschlechtes ganz entgegen gesetzte Lebensart. Sie übeten sich in denen Waffen, im Reiten, und in Erlernung alles dessen, was zum Kriege gehörte. Diese Art von Geschmack, Betragen, oder Mode, ward in dem Königreiche allgemein, dieweil es der Libyssen gemäß war, und brachte eine Menge von Frauenspersonen hervor, welche eben so viel Neigung zur kriegerischen Lebensart hatten, als sie gegen häusliche Beschäftigungen abgeneigt gewesen.

Nach dem Tode der Prinzeßinn, unterfieng sich eine ihrer vornehmsten Lieblinge, Namens Walaska, ein Frauenzimmer von Verstande, und Ränken, die Gelegenheit, welche sich ereignete, ihr Geschlecht in Ansehen zu setzen, sich zu Nutze zu machen. Sie versammlete alle diejenige, welche sich in denen Kriegs-Uebungen vestgesetzt hatten, begab sich an ihre Spitze, und setzete sich, da sie solchergestalt von diesem muthigen Heere unterstützet war, in den Besitz des Königreiches Böhmen, und blieb in selbigem, sieben Jahre nach einander, ungestöhrt.

gestöhrt. Ihr Absehen gieng aber nicht allein, und
blos auf die Thronbesteigung; sondern, da sie sich
auf selbigem zu erhalten, und ihr Geschlecht sogar
darauf recht vest zu setzen, gedachte; so setzte sie
Verordnungen auf, welche auf die Ausführung
dieser Absicht gerichtet waren, und diejenige Gesetze,
welche vormals unter denen Amazonen statt gefunden, wiederum in Ansehen brachten. Es ward
vestgesetzet, daß diejenige, welche keine Männer
hätten, die Freyheit haben sollten, zur Aufrechterhaltung des Staates, Männer zu nehmen; daß
sie die Töchter, so sie bekommen würden, auf das
sorgfältigste erziehen, denen Knäbgen hingegen das
rechte Auge ausreissen, und die Daumen abschnei-
den sollten; damit sie solchergestalt, mit dem Bogen
zu schiessen, oder irgend eine Art von Waffen zu
führen, untüchtig gemacht würden. Diese unmenschliche Verordnung ward, so lange Valaska
regierte, aufs strengste vollzogen. Die Frauenspersonen hatten sich dermassen mächtig, und furchtbar gemacht, daß sich die Männer, ohne dabey, ihr
Leben zu verlieren, in Gefahr zu lauffen, ihnen im
geringsten nicht widersetzen durften. Mit dem
Tode der Prinzeßinn kam alles wieder in seine natürliche Ordnung.

Kann man gleich nicht alles dasjenige, was
Diodor von Sicilien (89), in Ansehung der
durch die Afrikanische Amazonen in denen ältern
Zeiten, geführten Eroberungen, geschrieben hat,
für wahr annehmen, so dient es wenigstens doch
dazu,

————————————————
(89) *Diod. Siculus*, im III B. a. d. 185 S.

dazu, daß wir daraus den Ursprung dererjenigen, welche man seit dreyhundert Jahren in Afrika angetroffen hat, ersehen können. Ein gewisser Portugiesischer Reisebeschreiber (90) erzählt, daß er in dem Königreiche Damum, im Mohrenlande, eine zahlreiche Gesellschaft von Frauenspersonen, welche die Sitten, und Gebräuche derer Amazonen am schwarzen Meere gänzlich beybehalten hatten, gesehen habe. Die WaffenUebung, sowol auf der Jagd, als im Kriege, war ihre vornehmste Beschäftigung. Man brannte ihnen die rechte Brust ab, sobald sie so alt waren, daß sie diese Operation aushalten konnten. Gemeiniglich blieben sie unverheyrathet. Diejenige aber, welche den Ehestand erwählten, zogen nur blos ihre Töchter auf; und die Knaben schickten sie, so bald sie selbige entwöhnet hatten, an ihre Ehemänner zurück, damit selbige vor sie sorgen mögten. Der Thron konnte von niemanden, als von einer Königinn besessen werden, welche ein Beyspiel von einer strengen Ordnung abgab, und welche sich, wegen ihrer Tugend, nicht allein bey ihren Unterthanen, sondern auch bey fremden Fürsten in Hochachtung setzete. Letztere errichteten eben solche Verträge mit ihr, als sie unter einander gethan haben würden; sie schätzten sich glücklich, unter der Anzahl ihrer Bundesgenossen zu seyn; und, weit gefehlt, daß sie auf den Untergang ihrer Macht bedacht gewesen wären, schickten sie ihr vielmehr,

---

(90) P. *Jean Des Saints*, Dominikaner, in seiner Description de l'Ethiopie Orientale.

mehr, zu ihrer Vertheidigung gegen die Feinde, welche sie angriffen, Hülfe zu. Sie war niemanden, ausser denen Nachfolgern des insgemein so genannten *Prete Gianni*, (Presbyter oder Pretiosus Joannes,) dessen Herrschaft sich über die gesamte Fürsten in Aethiopien erstreckete, unterworfen. Eine nach der östlichen Küste dieses Landes zu gelegene Insel, war von lauter Weibspersonen bewohnt, welche dieselbige Lebensart angenommen hatten.

Am sonderbarsten ist, daß man in Amerika, eine Art von Amazonen angetroffen, welche mit denen Thermodontinischen beynahe einerley Sitten gehabt. Es mögen nun selbige für einen Ursprung, welchen sie wollen, gehabt haben, so hat die Sache selbst ihre völlige Richtigkeit, und ist durch ausdrückliche Zeugnisse von Männern, welche alle Achtung verdienen, bestättigt: deren eigene Worte hierüber ich gegenwärtig nur anführen will.

Die Toupinambous, spricht Pater von Acugna (91), bekräftigen uns das Gerücht, welches auf unserm ganzen grossen Flusse, von diesen berühmten Amazonen im Schwange gieng; von denen selbiger seinen eigentlichen Namen erhalten hat, und unter welchen er, von Anfange an, da er entdecket worden, bis auf den heutigen Tag, nicht allein denenjenigen, welche selbst eine

(91) Der P. Christoph von Acugna, ein Spanischer Jesuit, im 70 Kap. seiner durch Gomberville übersetzten Beschreibung des Amaz. Flusses.

eine Reise dahin angestellet; sondern auch allen Verfassern der Weltbeschreibungen, welche mit Zuversicht davon geschrieben haben, bekandt gewesen. Es wäre etwas sehr seltsames, wann dieser grosse Fluß, seine Benennung des Amazonen-Flusses, ohne dem geringsten vernünftigen Grunde bekommen haben, und, da man ihn mit einem Namen, wodurch er berühmt geworden wäre, hätte belegen können, blos unter einer fabelhaften Benennung bekannt gewesen seyn sollte. Dieses läßt sich durchaus nicht gedenken; und es ist gar nicht glaublich, daß ein Fluß, wie der unsrige, welcher so viele Vorzüge vor allen übrigen besitzt (92), seinen Ruhm aus einem Titel, so ihm

_____

(92) Man siehet diesen Fluß, mit Rechte, als etwas ausserordentliches an; denn es hat selbiger vor allen übrigen Flüssen in der Welt, in aller Absicht betrachtet, gar vieles voraus. Man giebt ihm zum wenigsten zwölfhundert Meilen im Lauffe. Gemeiniglich ist er vier bis fünf, und niemals unter zwo Meilen breit. Seine Einfahrt beträgt vier und achtzig derselben. Es ist selbiger an verschiedenen Orten unergründlich. Er tritt eben so, wie der Nil, aus, wodurch er Fettigkeit und Fruchtbarkeit über die Felder verbreitet. Die Ebenen, und Hügel daselbst, sind mit Gehölz, Früchten, und Getreide bedeckt. Die benachbarte Völker, belustigen sich daselbst auf allerhand Art mit Fischen, und Jagen. Sie sind sinnreich, und hurtig; und finden das Gold, und Silber, theils in dem Amazonen-Flusse; theils in sämmtlichen, welche sich in ihn ergiessen; theils auch auf dem,

von

im geringsten nicht zuständig ist, hergenommen haben sollte; wie wir wohl dergleichen bey Personen antreffen, welche, da sie nicht so viel Tugend besitzen, daß sie sich durch ihre eigene Kräfte, den Ruhm, wornach sie streben, erwerben könnten, sich kein Gewissen daraus machen, sich mit denen Vorzügen eines andern zu schmücken. Es sind aber die Beweisthümer, welche uns versichern, daß an denen Ufern des Amazonen=Flusses, ein Amazonen=Land liege, dermaßen wichtig, und stark, daß man ihnen seinen Beyfall im geringsten nicht versagen kann: jener Untersuchungen anjetzt nicht zu gedenken, welche auf Befehl des Hofes zu Quito angestellet worden sind (93), welche durch Zeugnisse verschiedener aus diesen Gegenden selbst gebürtig gewesener Personen bekräftigen, daß Eins von diesen ohnweit dem grossen Amazonen=Flusse belegenen Ländern, mit kriegerischen Frauenspersonen besetzt sey, welche ohne Mannspersonen leben, und sich allein beherrschen; daß sich selbige zu einer gewissen Zeit im Jahre, mit Mannspersonen aus den benachbareen Gegenden fleischlich vermischen, um Kinder von ihnen zu bekommen; und daß sie die ganze übrige Zeit des Jahres hindurch in ihren Flecken leben, und sich mit weiter nichts, als dem Landbau, und der

Erar=

von einer Seite zur andern selbigen einschränkenden, Gebirge. Graf Pagan, im 1 Kap. der Beschreibung des Amazvnen=Flusses.

(93) Hauptstadt, und Statthalterschaft von Peru, vor den König von Spanien.

Erarbeitung derer zum Leben nothwendigen Dinge, beschäftigen. Eben so wenig will ich mich auch bey den eingezogenen Nachrichten des Statthalters von Pasto, in dem neuen Königreiche Granada, aufhalten, woselbst man verschiedene Indianer, und absonderlich eine Indianerinn, versichern gehöret, daß sie in demjenigen Lande gewesen, wo dergleichen muthige Frauensperfonen ihren Wohnplatz gehabt; wie denn auch alle ihre Erzählungen mit demjenigen, was man bereits aus denen vorigen Nachrichten davon gewußt hat, vollkommen übereingestimmet.

Ich will mich gegenwärtig blos auf dasjenige, so ich selbst gehöret, und die ganze Zeit über, da ich auf dem Amazonen=Flusse gewesen, untersuchet, und der Warheit gemäß befunden habe, beziehen. Die Bewohner der Ufer desselben, haben mir bezeuget, daß in ihrem Lande solche Frauensperfonen, als ich ihnen abschilderte, vorhanden gewesen; und es gab mir ein jeglicher insbesondere, dermaßen zuverläßige, und einstimmige Beweise, daß, wann es mit der ganzen Sache nichts seyn sollte, die größte Lüge in der ganzen neuen Welt, für die alleruntrüglichste historische Warheit gelten müste. Wir bekamen aber die umständlichste Nachrichten von der Provinz, welche diese Weibspersonen bewohnen; von ihren sonderbaren Gewohnheiten; von denen Indianern, welche mit ihnen einerley Glaubens=Bekenntniß hegen; von denen Wegen, die in ihre Gegenden führen; und von denen Landes-Einwohnern, mit welchen sie sich in dem letzten Dorfe, so ihnen, und denen Toupinambous zur Grenze dient, fleischlich vermischen.

Es wohnen selbige auf hohen, und ungeheuern Bergen, von denen Einer ausserordentlich über die andern hervor ragt, und welcher dermassen stark vom Winde betroffen, und von der Hitze des Welt-Gürtels (der Linie) verbrannt wird, daß nicht das geringste Kraut, oder Gewächs daselbst hervor kommen kann. Es haben sich diese Weibspersonen allemal mit ihrer Republik, ohne Beyhülfe von Mannspersonen, erhalten. Wann ihre Nachbaren zu der verabredeten Zeit auf ihren Grund und Boden kommen, empfangen sie selbige so lange mit ihren Bogen und Pfeilen bewafnet, bis sie gewiß überzeugt sind, daß sie, sie zu überfallen, nicht willens seyn. Alsdann legen sie ihre Waffen ab, und laufen zu denen Nachen, oder andern kleinen Schiffen ihrer Nachbaren. Eine jede von ihnen nimmt denjenigen, der ihr anstehet; führt ihn in ihr Haus, und weiset ihm ihr Hängebette, welches ein an Stricken hängendes baumwollenes Bette ist, an, und bewirthet ihn, die ganze Zeit dieses Aufenthaltes über, aufs beste.

Die Töchter, welche von diesem Besuche gebohren werden, halten sie zur Arbeit, und Waffenübung an, und sind auf alle Art und Weise selbigen von Kindesbeinen an, die Tapferkeit, und Liebe zur Unabhängigkeit von Mannspersonen, ein=

anzuflössen, bedacht. Was sie aber mit denen Knäbgen vornehmen, weiß man eigentlich nicht. Ein gewisser Indianer sagte mir, daß er einsmals in seiner Jugend seinen Vater auf dieser Zusammenkunft begleitet hätte, und versicherte mir, daß sie selbige in dem folgenden Jahre an die Männer, von denen sie selbige bekommen hatten, wieder abgäben, und daß diese sie mit Vergnügen annähmen. Andere sind der Meynung, daß sie selbige, sobald sie zur Welt gekommen, um das Leben bringen; und es wird selbiger am durchgängigsten beygepflichtet. Es kann aber beydes, nach dem Unterschiede der Gegenden, und Gebräuche, statt finden. Man weiß zuverläßig, daß sie Schätze, wodurch sich viele Königreiche reich machen könnten, besitzen; es hat sich aber noch niemand unterstehen wollen, sie ihnen wegzunehmen. Man fürchtet sich, nicht ohne Grund, eine ganze Nation von streitbaren Weibern anzufallen, denen die Freyheit lieber ist, als alle Reichthümer der Welt; und die vor selbige nicht anders, als mit Pfeilen, die mit einem Gifte, welches in demselbigen Augenblicke denjenigen, so er trift, tödtet, benetzt sind, streiten.

Es ist zwar der Graf Pagan eigentlich nicht persönlich an dortigen Oertern, wie der Pater von Acugna, gewesen; indessen hat er doch die besten Nachrichten von der neuen Welt gelesen; und man siehet aus seinen, in der Geschichte davon befindlichen Abhandlungen, daß er sich sehr gut davon unterrichtet gehabt. Nur muß man

man nicht auf die Schreibart, eines Mannes, welcher bereits, beynahe vor hundert Jahren geschrieben hat, sehen.

Es sey demnach Asien auf seine alte Amazonen nicht mehr so stolz (94)! Amerika weiß sich ebenfalls dergleichen Vorzuges zu rühmen. Die Felder von Themiscyra müssen nicht mehr mit dem Ruhme dieser erlauchten Heldinnen so groß thun! Die Provinz Aspante, ist durch die ihrigen eben so berühmt geworden. Und, der Fluß Thermodon rühme sich nicht mehr des Glückes, allein furchtbare Kriegerinnen getragen zu haben! Coruris ist nicht weniger durch diejenige, die an seinen Ufern wohnen, in Ruf gekommen. Die Guyanische, an Gold= und Silber=Bergwerken reiche Gebirge, machen ihre Grenzen von der Nordseite aus; und der Berg Yacamabe, welcher über die andern hervor ragt, steht mitten unter ihren schönen, und fruchtbaren Thälern. Die allererste Nachricht, welche die Spanier davon erhielten, bekamen sie von dem Prinzen Aparia, im Jahre 1541; und von dem einstimmigen Zeugnisse der sämmtlichen Nationen des grossen Amazonen=Flusses, in Ansehung dieser Warheit, hat selbiger seine Benennung erhalten l).

Ohn=

(94) Graf Pagan. im 49 Kap. der Beschreibung des Amazonen=Flusses.

l) Der Amazonen=Fluß, oder Rio de los Amazonas, im südlichen Amerika, wurde erstlich *Orelhana*,

Ohnerachtet man bisher noch keine zuverlässige Nachricht von den eigentlichen Umständen ih-
... ...
... ...
von seinem Entdecker, genennet. Man kann von ihm, und denen amerikanischen Amazonen, folgende Beschreibungen nachsehen. Die kriegerische Frauen, oder historische Beschreibung einer neuentdeckten Insul, Berl. 1736, 8. *Voyages and discoveries in South America: the first up the River of Amazons to Quito in Peru, and back again to Brazil, performed at the Command of the King of Spain, by Christopher d'Acugna: the second, up the River of Plate, and thence by Land to the Mines of Potosi, by M. Acarete: the third from Cayenne into Guiana, in Search of the Lake of Parime, reputed the richest place in the world, by M. Grillet, and Bechamel: done into English, from the Originals, being the only accounts of those Parts hitherto extant, with Maps*; wird im XX Bande der *Philosophical Transactions, for the year 1698, Numb. 240, S. 196 - 199*, recensirt. *Relation abregée d'un voyage fait dans l'intérieur de l'Amérique meridionale, depuis la côte de la Mer du Sud, jusqu'aux Côtes du Bresil & de la Guiane, en descendant la rivière des Amazones*, par M. de la Condamine, à Paris, 1745, 8. 216 S. wird im *Journal des Scav.* v. Jun. 1746, S. 187 - 206, recensirt: und ist auch in denen *Memoires de l'Acad. R. d. Sc. à Paris*, an. b. J. 1745, S. 391 - 492, befindlich: und deutsch unter dem Titel: Nachricht von einer Reise in das Innerste von Süd-Amerika von der Küste des Südmeeres an, bis zu den Küsten von Brasilien, und Guiana, längst dem Amazonen-Strome; im Hamb. Magaz. VI B. 1 St. 1750, 8. S. 1-70; und 3 St. S. 227-288. Anm. d. Ueb.

rer innern Regimentsfassung hat; so bestättigen
doch die herrliche Thaten, welche sie in denen bey
Eroberungen dieses Landes vorgefallenen Kriegen,
gethan haben, alles dasjenige, was man von ih=
nen, durch ihre Nachbaren erfahren hatte. Nach
dem Berichte des Akosta, und Herrera, hat
man selbige öfters bewafnet, an der Spitze ganzer
Schaaren, dem aus allen Kräften versuchten Ein-
bringen der Feinde widerstehen, und denen Indianern ein Beyspiel der Tapferkeit geben, gesehen.
Der Muth eines jungen Mädgens aus der Provinz Bogore, welches nicht eher unterlag, als bis
es fünf Spanier mit ihren vergifteten Pfeilen
durchbohret hatte, wird ewig denkwürdig bleiben;
und diejenige, welche sich an der Spitze von Ame-
rikanern, an dem Ufer des Flusses, sehen liessen,
jagten denen Europäern ein dermassen heftiges
Schrecken ein, daß sie sich, die übrigen anzugreif-
fen, nicht unterstunden. Die Obrigkeit zu Quito erachtete es für ihre Pflicht, Nachricht darüber
einzuziehen, und erfuhr von denen nach der Grenze abgeschickten Personen, daß in dem weitläuftigen Lande dieses Theiles von Amerika eine mit
streitbaren Weibspersonen besetzte Gegend befindlich sey, welche mit denen Mannspersonen im geringsten keinen Umgang, ausser an gewissen Tagen des Jahres, pflegeten. Der Rath zu Pasto
erhielt eben den Bericht; und die Zeugnisse waren mit demjenigen, was man durch den Ruf von
ihnen erfahren hatte, einstimmig. Endlich redete
auch die ganze Nation derer Touplinambous
davon,

davon, als von einer ganz unstreitigen Sache; und erzählte von ihrer Staatsverfassung und Tapferkeit, eben dergleichen Umstände, als uns die Griechen von denen Amazonen in Asien hinterbracht haben.

Hierbey läßt sich nur dieses sogleich nicht ausfündig machen, woher dergleichen Uebereinstimmung der Sitten zwischen Frauenspersonen, welche in Ländern, die beyderseits einander völlig unbekannt gewesen, gewohnet, habe entstehen können. Man kann aber zuvörderst glauben, daß gewisse grosse Veränderungen, oder besondere Umstände, ihre Absonderung von denen Mannspersonen veranlasset haben; und daß eine zur Ungebundenheit, und zum Hochmuth geneigte Gemüthsart, denjenigen Vorsatz, den Widerspenstigkeit, oder ein gewisser Zufall eingegeben, befördert habe. Hiernächst giebt es, ohnerachtet ich nicht gern behaupten mögte, daß die Amazonen der neuen Welt eine Colonie derer vormahligen, und in denen ältern Zeiten berühmt gewesenen, Amazonen seyn, dennoch gewisse Gründe, um dessen willen man dergleichen vielleicht muthmassen könnte. Diodor (95) schreibt, daß die Afrikanische Amazonen, mit ihren Eroberungen, oder vielmehr ihren Zügen, bis an die Ufer des Atlantischen Meeres gekommen; und man versichert (96),

daß

---

(95) Im III B. seiner Bibliothek, a. d. 183 S.

(96) Buno, in seinen Anmerkungen über den Cluver, a. d. 662 S.

daß noch einige in Monomotapa übrig geblieben seyn sollen. Konnte es sich nun nicht ereignet haben, daß einige, um dieser oder jener Ursach willen, zu Schiffe gegangen, und nach Amerika übergesetzet, woselbst sie ihre Lebensart, bis auf das Abnehmen der Brust, als welches ein Umstand, so bey der Verfassung dieser streitbaren Weiber von keinem sonderlichen Nutzen mehr ist, eingeflösset? Ich finde in dieser Meynung nichts, welches als unmöglich anzusehen wäre; vielmehr ist selbige wahrscheinlicher, als man sich einbilden sollte.

Das aber ist gar zu ungegründet, wenn man sagen will, daß Amerika durch die unbekannte Gemeinschaft dieses Theiles der Welt, mit Asien bevölkert worden sey. Da niemand dieses vorgegebene Stück Land, welches an der Nordseite belegen gewesen seyn soll, mit seinen Augen gesehen hat, so ist es wenigstens ungewiß; und folglich kann auch der Beweis von keiner Kraft seyn. Es muß demnach Amerika seine erstern Bewohner entweder aus Europa, oder aus Afrika, bekommen haben (97). Die Gelehrten läugnen dieses, oder getrauen es sich nicht zu behaupten, aus dem Grunde, weil die ältern Geschicht= oder Erd=Beschreiber, dessen nicht ausdrücklich Erwähnung gethan haben. Allein, hätte man nicht aus eben dem Grund auch nicht die Wüklichkeit der unbekann-

(97) S. den Grotius, de orig. gentium American. und Calvetan, in seinen novis novi orbis Historiis.

kannten Länder gegen Süden, der westlichen Enden von Europa, den nordlichen Theil von Afrika, die Insel Madagascar, und das Land Japonien, in Zweifel ziehen können? Wir finden bey keinem einigen unter denen Alten, Erwähnung davon. Da ihr Stillschweigen nichts weiter, als die Unvollständigkeit ihrer Kenntnisse in der Erdbeschreibung, anzeiget: so kann es keinen Beweis gegen die Würklichkeit der Gemeinschaft, welche zwischen denen Völkern der alten, und neuen Welt statt gefunden haben muß, abgeben. Zwar will ich wohl, wofern es jemand verlangt, zugeben, daß dergleichen lange Reisen eben nicht sehr oft vorgenommen worden seyn mögen. Indessen müssen doch würklich dergleichen statt gefunden haben, dieweil man nicht beweisen könnte, daß Amerika auf eine anderweitige Art bevölkert worden sey.

Der Handel, der Fischfang, die Neugierde, ein ohngefährer Zufall, ein heftiger Sturm, haben anfänglich Reisende zur See, in ein Land geführet, auf welches ihre Gedanken gar nicht gerichtet gewesen waren. Einige sind aus selbigem, voll Verwunderung, und vielleicht mit grossen Reichthümern, wieder zurück gekommen, und haben denen andern Muth gemacht, eben dergleichen Reise vorzunehmen. Es kann uns also im geringsten nicht befremden, daß die Geschicht- oder Erd-Beschreiber in diesen entfernten Zeiten, von dergleichen Reisen zur See nichts gewußt

gewußt haben. Wegen ihrer Seltenheit, sowohl, als der Beschaffenheit dererjenigen, welche selbige gewaget; und des Bewegungsgrundes, der sie dazu vermogt haben konnte, war es nicht möglich, daß dergleichen weit und breit hätte bekannt werden können; und wäre auch dieses geschehen, so hätte es sich doch ereignen können, daß die Nachricht davon nicht zu den Ohren dererjenigen, welche selbige auf die Nachkommen hätten bringen können, gekommen wäre.

Wir haben keinen einigen Schriftsteller von dem westlichen Europa, und Afrika, vor den erstern Jahrhunderten der Kirche; und wir wissen nicht das mindeste von allen demjenigen, was daselbst, bis auf die Eroberung derer Römer, vorgefallen ist. Die Griechen, von denen wir die Alterthums=Kunde erhalten haben, standen nicht in der geringsten Verbindung mit demjenigen Lande, welches wir bewohnen, und wußten nicht, was daselbst vorgieng. Julius Cäsar, Einer derer ersten Römischen Geschichtschreiber, die wir haben, ist auch der erste, welcher uns von denen alten Galliern Meldung gethan hat. Vor ihm scheinen selbige allen Völkern, eben so wie das südliche und westliche Afrika, unbekannt gewesen zu seyn. Es wäre demnach ein sehr schlechter Schluß, wenn man sagen wollte, daß so lange keine Gemeinschaft zwischen diesen beyden Welt=Theilen, und Amerika, statt gefunden habe, weil die Griechische oder Lateinische

nische Geschichtschreiber keine Erwähnung davon gethan haben.

Dieser Umgang war zwar würklich, ohne dem See-Compaß, als welcher erst gegen das zwölfte Jahrhundert erfunden worden, weit schwerer, und gefährlicher. Inzwischen war selbiger doch nicht ganz und gar unmöglich, dieweil die Phönicier, und Egyptier, nach Indien, und von einer andern Seite, nach denen Canarien-Inseln, über das Vorgebirg der guten Hofnung, reiseten, welches doch, eine weit grössere Fahrt, als von Europa nach Amerika, ist, und welche die Portugiesen, gegen das Ende des vierzehnten Jahrhunderts, bey allen Hülfsmitteln, die wir bey der Schiffahrt haben, dennoch nicht anders, als mit vieler Mühe und Vorsicht, haben anstellen können. Die Alten halfen sich, an statt des See-Compasses, auf eine gewisse Art, oder durch ein Astrolabium, davon wir gegenwärtig nichts mehr wissen, zurecht.

Hiernächst konnte man auch durch die berühmte Insel Atlantis, in Ansehung deren die geschicktesten Erdbeschreiber nicht in Abrede seyn können, daß sie ehemals nicht würklich vorhanden gewesen seyn sollte, ganz bequem in wenig Tagen nach Amerika kommen; und es ist wahrscheinlich, daß, weil selbige zu Grunde gegangen, die Europäer, und Afrikaner, die

Reisen eingestellet haben. Plato gedenkt ihrer ausführlich in seinen Gesprächen; und, ohnerachtet dasjenige, was er davon anführt, mit vielen Fabeln untermengt ist, so sind doch heut zu Tage verschiedene Gelehrten darüber einstimmig, daß bey seiner Erzählung eine würkliche Warheit zum Grunde liege. In dem einen beschreibt er selbige (98), und in dem andern meldet er ihren unglücklichen Untergang (99). Er schreibt, daß, als Solon nach Egypten, um die Geseke, und die weise Regierungs-Verfassung kennen zu lernen, gereiset wäre, ein Priester desselben Landes ihm versichert habe, daß jenseits der Säulen des Herkuls eine Insel, welche weit grösser, als Asien, und Afrika zusammen genommen, befindlich sey; daß man von da zu denen benachbarten Eylanden, und von diesen auf ein vestes Land, welches gegen über, und nahe an dem würklichen Meere, das ist: dem grossen Welt-Meere läge, kommen könne. Da die Epyptier rings um Afrika herum schiffeten, konnte der Priester dem Solon Dinge davon erzählen, welche

(98) PLATO, in Critia.

(99) Eben derselbe, *in Timaeo*. Er handelt davon nach Maaßgebung des vom Solon hierüber geschriebenen Buches. Strabo, im II B. a.d. 160 S. Diodor, im V B. Voßius schreibt, daß dieser Schriftsteller davon in seinem wahren fünften Buche, welches blos von diesen Inseln gehandelt, so aber verlohren gegangen ist, spreche. Im zweyten Kap. des II B. *de Historicis graecis*.

che denen Griechen gänzlich unbekannt waren. Auf dieser Insel, welche Atlantis genennet wurde, befanden sich überaus mächtige Könige (100), deren Herrschaft sich über die ganze Insel, über verschiedene andere, und selbst über den grössesten Theil von Afrika, erstreckete. Es begab sich aber, sagte ferner der Egyptier zum Solon, daß sich durch ein gewaltiges Erdbeben, und einen entsetzlichen Regen, die Erde von einander that, und die Insel Atlantis verschlang, und das Meer daselbst nicht mehr schifbar blieb. Aus dieser kurzgefaßten Erzählung ersehen wir, daß ehedem daselbst eine grosse bewohnte Insel, gerade der so genannten Meer-Enge von Gibraltar über, gewesen; und daß dieselbe nahe an andern Inseln, und einem gegen über befindlichen vesten Lande, gelegen habe. Alles dieses ist vollkommen möglich.

Wegen der Grösse dieser Insel, sind einige bewogen worden, zu glauben, daß selbige Amerika sey (1). Es ist aber weit wahrscheinlicher (2), daß es eine grosse Strecke Landes gewesen,

(100) Einsmals sind die Carthaginenser Herren davon gewesen; und sie liessen keine Europäer daselbst hinein. Cluver, im 11 Kap. des VI B. aus dem V B. des Diodor.

(1) Baudran, und Ortel, im Thesaur. Sanson, Cluver, und andere. Cellarius getraut sich nicht, dieser Meynung beyzutreten.

(2) Der P. Kircher, in seinem *Mundo subterraneo*, Th. II. B. II. Kap. 12, und 13.

wesen, von der die Canarien- und Azorischen Jnseln, vielleicht einen Theil ausgemacht. Letztere sind denen erschrecklichsten Erdbeben ausgesetzt, und während dieser Empörungen der Natur, richtet das Meer daselbst entsetzliche Verwüstungen an. Die Alten hatten, in Ansehung dieserley Begebenheiten, eine schätzbare Nachricht, welche man nicht genug in Erwägung zieht, aufbehalten. Dahin gehört der Austritt des schwarzen Meeres, dessen Diodor von Sicilien Meldung thut (3), und welcher dermassen gewaltige Unordnungen auf denen Inseln, über welche sich selbiges ergossen, angerichtet, daß die Insel Samothracien, bis an die höchsten Berge, dadurch überschwemmt worden. Wofern, wie die Alten geglaubt haben, Afrika und Spanien vor diesem an einander gegrenzet, so hat, wahrscheinlicher Weise, der entsetzliche Ungestüm des Gewässers des Mittelländischen Meeres, welches sich damals in das grosse Weltmeer ergossen, den größten Theil dieser gegen über gelegenen Insel, überschwemmt, und mit fortgerissen. Dieser Meynung war Einer unserer gelehrtesten Reise-Beschreiber (4), und es zweifelt selbiger, ob nicht Amerika selbst ein Theil von der alten Insel Atlantis seyn mögte. Es ist aber weit natürlicher, zu glauben (5), daß Amerika jenes von

dem

(3) Diodor, im V B.
(4) Herr von Tournefort, in seiner *Voïage du Levant*, im II Th. a. d. 65 S.
(5) la Martiniere, unter dem Artikel: *Atlantide*.

dem Plato angedeutete veste Land, jenseit Atlantis, und der benachbarten Inseln, sey. Aus dem Daseyn dieser Insel, läßt sich auf eine leichte Art begreiflich machen, auf was für Art Amerika frühzeitig habe bevölkert werden können, und warum man keinen weitern Handel dahin fortgesetzt habe. Man kann mit dem Plato annehmen, daß Atlantis von dem alten vesten Lande nicht sehr weit ab gelegen (6), und sich in einer ziemlichen Weite nach Westen, woselbst Amerika befindlich ist, woran es angrenzen konnte, erstrecket habe.

Auf solche Art haben also die Afrikanische Amazonen nach den andern Welt-Theil kommen, und ihre Lebensart andern Frauenspersonen daselbst beybringen können, wofern etwa nicht diejenige, welche man daselbst, nahe an dem grossen Flusse, welcher nach ihnen genannt worden, ange-

(6) Dergleichen Nachricht hatte Seneka gehöret; und es gab ihm dieses Gelegenheit, vorher zu verkündigen, daß man dereinst eine neue Welt entdecken würde. Seine Verse davon, in der II Handlung seines Trauerspieles, *Medea* betitult, sind merkwürdig, und lauten also:

> Venient annis saecula seris
> Quibus Oceanus vincula rerum
> Laxet, & ingens pateat Tellus;
> Tethysque nouos detegat Orbes;
> Nec sit terris vltima Thule.

angetroffen hat, von ohngefähr darauf gefallen sind m).

m) Zur Ergänzung der Geschichte derer Amazonen, ist auch noch zu bemerken, daß *Adamus Bremensis*, der gegen das 1070 Jahr gelebet, und eine Kirchen-Geschichte hinterlassen hat, in dem zu Ende derselben angehängten kleinen Traktat von der Lage Dännemarks, und anderer Mitternächtigen Länder, im 228 Kap. eines Volkes gedenke, so aus lauter Weibern bestanden, und an denen Ufern des Balthischen Meeres gewohnet. Er sagt beynahe von ihnen eben das, was man bisher von denen andern gesaget hat. Aber, er macht die Dinge zu groß, und aus allen mehr, als lauter Wunder. Denn, er spricht, daß sie, wie einige vorgäben, schwanger würden, dafern sie gewisse Wasser kosteten; daß sie, nach dem Vorgeben anderer, mit denen fremden Kaufleuten; oder mit denen Gefangenen, die ihnen in die Hände fielen; oder auch mit Misgeburten, so bey ihnen nicht selten wären, sich fleischlich vermischten. Wann sie darnieder kämen, so brächten sie entweder ein schönes Mädgen, oder einen Cynocephalum zur Welt; so nennet er Leute, die den Kopf, wo andere die Brust, haben. Anm. d. Uebers.

www.ingramcontent.com/pod-product-compliance
Lightning Source LLC
Chambersburg PA
CBHW020323240426
43673CB00039B/901